KB068452

필로소피 유니버스

WOMEN OF IDEAS: INTERVIEWS FROM PHILOSOPHY BITES, FIRST EDITION
© Suki Finn, David Edmonds, and Nigel Warburton 2021

WOMEN OF IDEAS: INTERVIEWS FROM PHILOSOPHY BITES, FIRST EDITION was originally published in English in 2021. This translation is published by arrangement with Oxford University Press. RH Korea Co., Ltd. is solely responsible for this translation from the original work and Oxford University Press shall have no liability for any errors, omissions or inaccuracies or ambiguities in such translation or for any losses caused by reliance thereon.

Korean translation copyright © 2022 by RH Korea Co., Ltd.
Korean translation rights arranged with Oxford University Press
through EYA (Eric Yang Agency).

이 책의 한국어판 저작권은 EYA(에릭양 에이전시)를 통해
Oxford University press 사와 독점계약한
㈜알에이치코리아에 있습니다.
저작권법에 의하여 한국 내에서 보호를 받는 저작물이므로
무단전재 및 복제를 금합니다.

29인 여성 철학자들이 세상에 던지는 물음

WOMEN OF IDEAS

수키 핀suki finn 지음
전혜란 옮김

대학에서 철학과 수업을 들을 때마다 매번 묘한 이질감을 경험했다. 여성이 교실의 절반가량을 차지하고 있다는 사실이 무색하게 모든 교수와 강사는 남성이었고 다루는 철학자 역시 모두 남성이었기 때문이다. 하지만 한편으로는 그 사실이 큰 문제가 되지 않았는데, 적어도 내가 교실에서 배운 철학은 여성과 남성을 명확히 구분짓거나 능력에 차별이 있다고 말하지 않았기 때문이다. 철학은 늘 추상적인 '인간'을 다루는 학문이었고 그 '인간'에는 나도 포함되어 있었다. 그것이 철학의 본질이라고 생각했고 실제로도 그랬을 것이다.

그러나 '인간'을 다루는 학문이라면 왜 강단의 '인간'은 모두 남자인가? 누군가는 여성에게 어울리지 않는 직업이라는 편견을, 누군가는 가정을 꾸리고 아이를 기르는 동안 주어지는 경력 단절을 마주해야 했을지도 모른다. 철학이 얼마나 인간의 본질을 파고들든지 간에, 어떤 시대에는 그 '인간'에 여성이 포함되지 못했고 어떤 시대에는 포함은 되었으나 직접 뛰어들 환경이 여성에게 주어지지 못했다. 하지만 당연하게도, 여성은 인간이고, 철학을 연구할 수 있고, 철학과 교수가 될 수 있고, 철학적인 주제를 논할 수 있다. 이 책이 보여 주듯이.

이 책의 철학자들 역시 자신이 여성이고 철학자라는 사실에 별다른 이질감이나 불편을 느끼지 못한다. 물론 실제 삶에서 느끼는 불편은 존재할 수 있으나 '생각하고 연구하고 쓰는' 철학자로서의 역할을 수행하는 데에 있어서는 아무런 문제가 없다. 그렇기에 내용 역시 '여성 철학자'라는 책의 취지에 국한되지 않고 언어, 주체, 편견, 지식, 종교 등 철학의 다양한 주제를 폭넓게 다루고 있다. 자신의 영역을 깊이 연구한 철학자들이 편안한 분위기에서 나누는 대화는 늘 지적 즐거움을 선사하며, 이 책도 여전히 그렇다. 읽다 보면 어느새 이 철학자들이 '여성'임을 잊는 순간이 찾아온다. 그 순간은, 철학을 사랑하는 인간에게, 순수한 희열이다.

작가, 유튜버 김겨울

목차

여자로서 철학을 한다는 건?

아미아 스리니바산 프랑스 철학자 미셸 르 도Michèle Le Doeuff는 이런 글을 남겼어요. '여자이면서 철학자인가? 페미니스트가 되면 현재 겪는 일들을 이해할 수 있다.'

크리스틴 M. 코스가드 여자로서 철학한다는 건 뭐 없어요. 여성학자, 여성 교수, 여성 직원일 때 뭐가 있겠어요. 그러나 학교 측근들이나 동료들이 여자라고 다르게 대우해요. 좋은 방식은 아니죠. 하지만 철학 그 자체는 누구에게나 똑같아요. 하면 할수록 매력적이고 무서울 정도로 어려워요. 우림에서 특이한 새를 쫓는 과학자처럼 분간이 안 돼요. 복잡한 덤불을 깊이, 더 깊이 들어가요. 멈출 수가 없어요. 도무지 다다를 수 없을 것 같은 그 이해의 영역에 닿기 위해서라면 말이에요.

아쉬위니 바산타쿠마르 할 만해요. 다른 철학하는 여성들 덕분에요.

미란다 프리커 여성으로서 철학을 하는 게 어떤 의미냐고 물으신다면…… 철학과 수만큼이나 많은 답변을 들을 수 있겠는데요. 부정적인 답변이 여전히 많겠죠. 안타까워요. 제 경우, 저는 제가 진심으로 복 받았다고 생각해요.

킴벌리 브라운리 두 가지 욕심 때문에 이 길에 접어들었는데, 알고 보니 절대 채워질 수 없는 욕심이더라고요. 하나는 좋은 사람이 되고 싶은 욕심이었고, 다른 하나는 깊은 깨달음에서 오는 지적인 충격을 계속해서 받고 싶은 욕심이었어요. 나름 매력적인 삶을 살고 있다고 생각해요. 든든한 동료들을 만났고, 학생들에게서 배울 점도 있고, 일도 아주 만족스럽거든요. 하지만 강의실에 저 혼자 여자일 때가 많았어요. 발표자일 때는 어렵지 않은데 듣는 입장이 되면 지금도 움츠러들 때가 있어요. 극복하는 방법은 사명감을 가지는 거 말고는 없어요. 발표자가 생각을 발전시킬 수 있도록 도와야 한다는 사명감이요.

세라 파인 힘들었어요. 하지만 철학자로서 두각을 나타낼 뿐만 아니라 서로 응원하며 분위기를 바꾸려고 노력하는 여성 철학자들 덕분에 버틸 수 있었어요. 또 훌륭한 학생들이 주변에 많아요. 이 학생들을 보면서 저는 철학의 미래가 밝다고 생각해요.

앤 필립스 저도 한나 아렌트Hannah Arendt처럼 저 자신을 정치철학자가 아닌 정치이론가로 소개해요. 일터도 철학과가 아니라 정치학과이고요. 초창기 진로를 정할 때 대학생이었던 저는 똑똑한 사람이나 철학자가 될 수 있다고 생각했고 저는 제가 그만큼 똑똑하지 않다고 생각했어요. 그럼에도 지금의 선택을 했다니 재밌네요. 그 당시 누구도 제게 철학은 여자의 일이 아니라고 말하지 않았어요. 그러니 지금의 길을 택하지 않았을까요?

제니퍼 솔 음, 똑같은 질문을 제 블로그에서 다루고 있어요. 그래서 답변이 얼마나 다양한지 알아요. 저를 포함해 일부 여성 철학자들은 현재 직업에 아주 만족하지만 상당수는 정말 힘들다고 말해요. 자세히 알고 싶다면 제 블로그를 방문해 주세요.

http:// beingawomaninphilosophy.wordpress.com

엘리자베스 슐레켄 질문을 과거형으로 바꾸면 상황이 얼마나 많이 바뀌었는지 알 수 있어요. 10년 전에는 일상다반사로 치부됐던 수많은 행동과 말들이(호의적일 때도 있지만 대개 그렇지 않았죠) 지금은 성희롱이나 성차별이라는 것을 대개가 알아요. 이제 성희롱이나 성차별이라는 단어도 경력이 망가질까 봐 두려워하지 않고 상대적으로 편하게 언급할 수 있잖아요(다 그렇지는 않지만 일반적으로요). 갈 길이 여전히 멀지만 예전과 달리 남자 교수들은 더 이상 함부로 동료 여자 교수들의 신체와 경력에 영향력을 행사할 수 없어요. 여성단체도 많아졌고요.

저도 개인적으로 두 가지 이정표를 남겼어요. 11년 전 철학과에서 제가 제1호 육아휴직 신청자였거든요(일부 동료들은 제가 왜 이런 경력에 방해되는 행동을 하는지 그리고 다시 일할 마음이 없는 건지 좋은 마음으로 궁금해했어요). 그리고 저는 박사학위 취득 후 10년 만에 여성들만 참석하는 공식 여성 학술대회에 참석했어요.

여전히 해결되지 않은 문제들이 있지만 실제로 발전은 있었다고 생각해요. 비록 저는 활동가이기보다 철학자이지만 학생들이 제 경험을 되풀이하지 않도록 사력을 다해 노력할 거예요. 박사과정의 학생들이 성별을 떠나서 이런 철학 내 성차별 문제를 인식하는 방식이 너무 좋아요. 근본적으로 우리는 모두 철학을 사랑하는 마음으로 그리고 공정과 관용, 평등과 같은 개념을 수호하는 마음으로 뭉쳐야 해요.

엠마 보그 여자로서 철학을 한다는 건 전부터 힘들었어요. 철학은 남자들의 전유물이었거든요. 성차별 때문에 똑똑한 많은 여성들이 이 분야를 떠났거든요. 기회조차 얻지 못했을 거예요. 그래도 지금은 바뀌고 있다고 생각해요. 느리긴 하지만요. 한편으로는 얼마 없는 여성 철학자라서 좋기도 해요. 남자라면 겪지 않아도 될 일들을 많이 겪기도 했지만 뭔가에 사로잡혀 생각을 몰두하고 훌륭한 사람들과 함께 일할 수 있어서 만족해요. 그래서 저는 여성으로서 철학을 한다는 건 굉장히 멋진 일이라고 다음 세대에게 말해 주고 싶어요.

리베카 로치 철학은 지금도 남자들이 지배하고 있어요. 학부 과정에서도 테스토스테론이 낳은 생각들을 주야장천 공부하죠. 남자들이 쓴 책들만 나열한 목록을 보면 눈살이 절로 찌푸려져요. 10년 전이라면 그다지 주목을 끌지 못했을 남자들일 텐데 말이에요. 그래도 발전 중이에요. 다양성을 주장하는 사람들이 점점 많아지고 있거든요.

요즘 똑똑하고 에너지 넘치는 여성 철학자들이 많아요. 소셜미디어 덕택에 서로 응원하고 강의자료를 공유하죠. 또 저마다 다른 배경을 가진 학생들을 대상으로 어떻게 강의해야 두루두루 포용할 수 있을지 등 이런저런 생각을 공유하기가 아주 쉬워졌어요. 적어도 10년 뒤에는 훨씬 다양한 과목을 만날 수 있기를 바라요.

테레샤 M. 베잔 음, 여자 정치이론가로 산다는 건 신나기도 하고, 짜증나기도 해요. 실망스러운 순간도 있고, 어떨 땐 너무 좋지만 지치기도 하고, 그저 그럴 때도 있고. 이런 마음이 번갈아들어요. 철학자로 대우받기보다 그냥 여자로 취급되는 경우가 좀 있기도 하고요.

캐서린 홀리 지금은 대부분 은퇴한 세대지만, 당시 멋진 여성들이 있었어요. 그분들 덕분에 제가 훨씬 수월하게 철학을 할 수 있는 거라 생각해요. 지금은 그때보다 여자들이 많아요. 하지만 서로 같은 사람이 아니냐고 오해할 정도이긴 하죠(특히 헤어스타일이 비슷하면 더 그래요). 여성 철학자 수만큼이나 여성이 철학을 할 수 있는 길이 많아졌으면 좋겠어요.

오노라 오닐 1960년대 초에 저는 옥스퍼드대학교 철학과 최초의 여학생이었어요. 엘리자베스 앤스콤Elizabeth Anscombe과 필리파 풋Philippa Foot에게 배웠어요. 두 분이 공부하던 시절에는 여자가 철학을 한다는 건 말 그대로 정말 힘든 일이었대요. 여성 철학자가 있다면 그건 남자들이 전쟁에 참전하는 바람에 가능했다고 말할 정도로요.

제가 처음 공부할 때만 해도 여자가 철학을 하려면 고난의 연속이었어요. 하지만 지금은 어느 영역이든 이름을 날리는 여성 철학자들이 있어요. 이런 변화가 얼마나 기쁜지 몰라요. 물론 양질의 일자리를 구하기가 여전히 쉽지는 않지만요.

카탈린 파르카스 14년 동안, 이 학과에 여자는 저뿐이었어요. 그런데 지금은 눈에 띄게 바뀌고 있어요. 여자인 제가 철학을 하며 생각한 건 오로지 '철학'이었지 '여자'가 아니었어요. 철학은 재밌고 해 볼 만하며 굉장히 보람 있어요. 저는 운이 좋았나 봐요. 이 분야에서 직업도 얻었고 단 한 번도 동료들 때문에 나 자신을 '여자'라고 의식해 본 적이 없거든요.

제니퍼 나겔 제가 성에 대해서도 잘 모르고 이 분야 사회학에 대해서도 잘 몰라서 '여성으로서 철학을 한다는 건 어떤지' 묻는 질문에 어떻게 답변을 해야 할지 모르겠어요. 여자라는 성으로 인해 이 분야에서 겪은 일을 묻는 건지, 여자인 제가 철학을 하기 때문에 어떤 특별한 일을 겪었냐는 건지…… 어느 쪽인지 정확히 모르지만 일단 둘 다 서로 관련이 있어요. 저는 다른 사람과 그 일을 공유할 기회가 있으면 기꺼이 공유해요.

예를 들어 누군가 더 큰 문제에 관심이 있다면 그 문제를 깊이 연구할 수 있도록 응원하고요. 성에 대해 누가 질문을 하면 저는 특히 트랜스젠더를 연구하는 로빈 뎀브로프Robin Dembroff와 탈리아 매 뱃처Talis Mae Bettcher가 쓴 글을 읽어 보라고 말해요. 여자가 된다는 게 어떤 건지 그리고 특정한 성을 갖는다는 게 어떤 건지에 대해 대단히 날카롭고 창의적으로 분석하거든요.

철학과 학부생일 때 여자 교수님이나 여자 강사님은 본 적이 없어요. 고급논리라는 강의를 들었을 때도 여자는 저뿐이었고요. 강의 도중 할 말이 있어서 손을 들면 모두 일제히 저를 쳐다봤어요. 마치 제가 여성 전체를 대표해서 말하고 있다는 듯이요. 증명과 관련된 사소한 질문을 할 때조차도 그랬어요. 다들 아예 몸을 제 쪽으로 틀어서 저를 쳐다봤죠. 조금 외롭기도 했고요.

어떤 책들을 읽을 때면 저는 더 외로웠어요. 거기서 여자들이 하는 생각은 선천적으로 추상적이지 않고 현실적이며 배려 지향적이라고 했기 때문이죠. 그러다 장 그림쇼Jean Grimshaw가 1986년도에 발표한 논문 「철학과 페미니즘적 사고*Philosophy and Feminist Thinking*」를 읽게 되었어요. 그제야 마음이 편해졌죠. 여자의 사고 체계가 근본적으로 다르다는 주장에 제가 느꼈던 불편함이 서술되어 있더라고요. 동시에 저를 페미니즘에 발 담그게 해 줬던 '정의'에 관해 깊게 다뤘고요. 대학원은 학부 때보다 훨씬 좋았어요. 아네트 바이어Annette Baier와 타마라 호르비츠Tamara Horowitz에게 배우는 기쁨을 누렸거든요. 지금도 제가 강의할 때면 이 환상적인 두 여성 철학자를 생생하게 떠올려요. 닮고 싶은 분들이에요.

교수로 임용되고 얼마 안 있어 성희롱을 당한 적이 있어요. 그 이후로 어떤 교수님들을 의식적으로 피하기도 하죠. 하지만 이 때문에 철학이 다른 분야보다 별로라고 생각하지는 않아요. 우리 분야는 철학적 사고능력을 키우기 위해 직접 얼굴을 맞대고 토론을 벌여야 한다고 생각해요. 이게 철학 분야만의 독특한 점이라 할 수 있죠. 하지만 생대방을 자신과 동등하게 대하면서 질문과 이의를 제기하는 동료라면 도움이 되겠지만 문제는 차별이 익숙한 집단에서 그런 동료를 만나기란 어려워요. 철학 토론에서 자신감을 되찾기까지 오랜 시간이 걸렸어요. 누군가 나를 차별하면 나도 당신과 똑같은 사람이라고 강하게 말할 수 있을 정도로 말이에요.

자신감을 되찾았을 때 얼마나 행복했는지 지금도 또렷이 떠올릴 수 있어요. 정교수가 되고 얼마 되지 않았을 때예요. 오스트리아 빈에서 일부 남자들이 말끝마다 '레이디'를 붙이며 저를 부르더라고요. 초반의 저라면 평정심을 잃었겠지만 그때부터는 웃어넘길 수 있겠더라고요. 제가 자신감을 되찾을 때까지 저와 건설적인 대화를 나눠 준 여성분들, 남성분들 그리고 제3의 성을 지닌 분들 모두에게 감사드려요. 이제는 빈에서 만난 그 남성분들에게도 감사를 표하고 싶어요. 초반의 저라면 당황해서 아무 말도 못 했을 텐데 자신감을 되찾자마자 그런 일을 겪으니 자신감이 한층 더 높아지더라고요.

이런 적도 있어요. 기관에서 제게 강연이나 글을 청탁한 이유가 알고 보니 제가 여성이라는 점 때문이었다는 거예요. 10 대 1의 비율로 남성 철학자에 비해 여성 철학자가 훨씬 적었으니까 일종의 희소성이 있었던 거죠. 이런 식으로 남성 10명이 무대에 서고 책을 쓸 수 있는 게 오로지 고정관념 때문은 아닌지 반대로 반문하고 싶어요. 선구자적 사상가는 당연히 남성 철학자이고 여성 철학자는 의도적으로 특별한 범주에 포함해야 할 부류로 봤다면, 기관 측이 현 상황을 몰라도 한참 모르는 거예요.

저는 지금 학술지 편집장으로도 일하고 있는데, 제출된 논문에 적힌 참고문헌을 보면 죄다 남자 이름뿐이에요. 분명히 말하는데 그런 논문은 대개 부족한 정보로 인해 중요한 걸 놓쳤더라고요. 남자만 중시하는 경향이 예전보다는 덜하지만, 지금에 오기까지가 전쟁이었어요. 당연히 우리 여자들만의 싸움이 아니고요. 또한 아직 싸움은 안 끝났어요. 주류 철학이 배제해 온 집단이 있고, 성 고정관념을 지배해 온 규범에 저항해 새롭게 생겨난 집단도 있어요. 어떤 성을 가졌든 어떤 집단에 속해 있든 모두가 동등하게 철학적 대화에 참여할 수 있어야 해요. 시급한 문제예요.

수전 제임스 남자가 철학하는 거보다 힘들어요. 돌이켜보면 이 분야에서 자리를 잡은 동료 여성 철학자들과 연대하고 이분들에게서 응원을 받았던 기억이 제일 머릿속에 남아요. 제게 자신감을 심어 준 분들이에요. 안타깝게도 여전히 자신감이 중요하네요.

케이트 커크패트릭 '여성'과 '철학'은 둘 다 얘깃거리가 많은 개념이라서 짧게 대답할 수가 없어요. 그런데 이 질문을 받으니 궁금하네요. '남자로서 철학을 하는 건 어떤지'(생각을 많이 하게 할 질문인데) 말이에요. 철학하는 남자들은 이런 질문을 받아 본 적이 없을 듯싶네요.

캐서린 J. 모리스 남자들이 주류를 이루고, 여자들은 자신의 능력을 의심하고(아직도!), 철학 토론은 그저 점수 따기에 불과한 (아니면 권위 과시에 불과한) 이 세상에서, 여학생들은 롤 모델을 필요로 해요. 제 롤 모델은 어머니였어요. 장 폴 사르트르Jean-Paul Sartre 철학을 연구한 저명한 철학자 필리스 서턴 모리스Phyllis Sutton Morris가 바로 제 어머니예요. 제게 그런 어머니가 계시다니, 이보다 더한 복이 있을까요?

앨리슨 고프닉 인간은 아이를 낳아요. 여자들은 이 사실을 너무나도 잘 아는데 남자들은 잘 모르는 것 같더라고요. 다른 건 몰라도 철학을 주로 지배해 온 사람들은 관념상 금욕주의를 표방하는 남자들이었어요. 1967년 판 『철학백과사전*Encyclopedia of Philosophy*』에는 아이가 고작 4번 언급돼요. 저는 옥스퍼드대학교에서 박사학위 논문을 쓸 때 아이에 주목해야 인식론에서 윤리학에 이르는 다양한 철학적 문제를 설명할 수 있다고 주장했어요. 그때 선배 철학자가 어리둥절한 표정을 짓더니 "물론" 하면서 하는 말이 "아이를 생각한 사람이 있긴 있었겠지. 근데 지금 누가 그런 얘기를 해"였어요.

카트린 플릭스호 가나 출신 철학자 크와시 위레두Kwasi Wiredu가 한번은 이런 말을 했어요. 칸트Kant와 흄Hume이 아프리카 사람들에게 보인 태도를 보면, 흑인은 상당한 수양을 해야 칸트와 흄의 글에서 어떤 가치를 발견할 수 있다고요(칸트와 흄 말고도 많아요). 위레두는 고통스러울 만큼 그런 수양을 했어요. 위레두가 왜 진정한 철학자인지 보여 주는 대목 중 하나예요.

여성도 비슷한 일을 겪어요. 철학사를 돌아보면 상당한 수양이 필요하죠. 제도나 일에서도 그렇고요. 차별은 계속 있어요. 이 차별은 앞으로도 꽤 오래 가리라 생각해요. 여성 철학자들이나 여성 정치이론가들 개개인이 그 차별에 맞서 뭘 할 수 있을까요? 그저 계속 나아갈 뿐이에요. 때로 정치적 연대가 힘들 수 있어요. 기질적으로 정치적 연대가 힘든 사람도 있으니까요(저는 아침에 커피를 마시며 여성문제를 논하라고 하면 힘들어요. 차라리 조깅이 편해요). 더욱이 정치문제는 철학과 별개기도 하고요.

날 때부터 선택받은 집단(남성 철학자–옮긴이)으로 살아가지 못해서 얻는 장점도 있어요. 굴하지 않고 전진하다 보면 자립심이 강해지는데, 덕분에 일시적인 칭찬을 위해서가 아니라 나를 위해 목소리를 내게 돼요. 그 과정에서 비주류 영역을 연구하기도 하고요. 즉, 변두리에 서 있는 것을 두려워하지 않게 된다는 장점이 있어요. 물론 단점도 셀 수 없이 많지만요.

앤지 홉스 여학생들에게 철학을 권하거나 다른 학문 분야처럼 일과 가정생활 사이에서 양립을 가능케 하려면 아직 해야 할 일이 많아요. 그 균형이 남자에게도 필요하긴 하지만 여자들은 임신과 출산, 수유를 하니까요. 제가 일을 시작했을 때는 상황이 조금 나아지긴 했어요.

1990년대 초에 번영의 윤리ethics of flourishing를 주제로 논문을 발표한 적이 있는데, 그때 이런 말을 들었어요. "저희가 논문에 별 관심이 없더라도 마음 쓰지 마세요. 말하자면 윤리학은 분홍색이고, 종잡을 수 없으며, 여자로 생각해서 그러는 거니까요."

헬렌 비비 가끔 분통 터지고, 가끔 재밌어요. 사실 제 경우에는 남자가 철학하는 거랑 별반 다를 바가 없는 거 같아요. 제 생각일 뿐이지만요.

타마 자보 겐들러 매년 나아지고 있어요!

리베카 뉴버거 골드스타인 1970년대, 제가 대학원생일 때도 조교수일 때도, 강의실에 여자라고는 저뿐이었어요. 당시 제 전문 영역은 과학 철학이었는데 남자가 압도적으로 많았어요. 불쾌한 일을 많이 겪었죠. 한편으로는, 제가 이방인 같은 기분을 느끼지 않았더라면 틀에 박힌 그 좁은 영역을 벗어나 소설을 쓸 수 있었을까 싶어요. 소설 쓰기는 이방인 같은 저에게 위로였어요. 덕분에 삶이 재밌어졌거든요.

데이비드 에드먼즈
David Edmonds

12권의 철학책을 집필 및 편집한 철학자. 『슐릭 교수 살해사건*The Murder of Professor Schlick*』, 『저 뚱뚱한 남자를 죽이겠습니까?』를 비롯해, 어린이 소설 『언더커버 로봇』(버티 프레이저*Bertie Fraser*와 공동 집필) 및 전 세계 베스트셀러인 『비트겐슈타인과 포퍼의 기막힌 10분』(존 에이디노*John Edinow*와 공동 집필) 등이 있음. 옥스퍼드대학교 우에히로 실천윤리센터 연구원. 2007년 철학자 나이절 워버턴과 팟캐스트 〈철학 한입〉 개설.
트위터 주소는 @DavidEdmonds100

나이절 워버턴
Nigel Warburton

20년 동안 대학교에서 철학을 강의. 현재 프리랜서 철학자로서 온라인 잡지 〈이온Aeon〉과 책 소개 전문 사이트 〈파이브북스Five Books〉에서 편집 고문으로 활동 중. 저서로는 『철학의 역사』, 『철학의 근본문제에 관한 10가지 성찰』, 『스무 권의 철학』, 『논리적 생각의 핵심 개념들』, 『그래서 예술인가요?』, 『언론의 자유에 관한 짧은 설명*Free Speech: A Very Short Introduction*』 등이 있음. 데이비드 에드먼즈와 팟캐스트 〈철학 한입〉을 공동 개설한 후 함께 〈철학 한입〉 시리즈 책을 출간함.
트위터 주소는 @philosophybites

여자는 여자로 길러질 뿐이다

01

여자란 누구인가?

아미아 스리니바산

Amia Srinivasan

옥스퍼드대학교 올소울스칼리지 사회·정치이론 교수. 인식론과 정치철학, 페미니즘의 역사와 이론을 주제로 글을 썼다. 최근 페미니스트 에세이집 『성에 대한 권리 *The Right to Sex*』를 출간했다.

데이비드 에드먼즈(이하 '데이비드') '여자란 누구인가?' 역사상 가장 대답하기 어려운 질문은 아니었을 겁니다. 그런데 20세기에 와서 일부 페미니스트들이 생물학적 여자와 인간으로서의 여자는 다르다고 주장했어요. 특히 많이들 알고 계시는 프랑스 여성 철학자 시몬 드 보부아르Simone de Beauvoir는 '여자는 여자로 태어나지 않고 사회가 여자를 길러낼 뿐'이라고 주장했습니다.

이 질문은 비교적 최근에 등장한 논쟁으로 더 복잡해졌어요. 본래 가진 성과 성 정체성이 일치하지 않는 트랜스젠더는 어디에 속해야 하는지 묻는 논쟁이에요. 페미니스트의 입장은 극명하게 갈렸어요. 자, 오늘 나와 주신 분은 아미아 스리니바산 씨입니다.

나이절 워버턴(이하 '나이절') 〈철학 한입〉에 나와 주셔서 감사합니다. 오늘 우리가 토론할 주제는 '여자란 누구인가'입니다. 이 주제에 대해 철학적으로 어떤 얘기를 나눌 수 있을까요?

아미아 스리니바산(이하 '아미아') 과거에 '여자란 누구인가' 하고 묻는다면 웬 멍청한 질문이냐고 했겠죠. 하나 마나 한 질문이었으니까요. 여자는 여성성을 가진 성숙한 인간이니까요. 난소가 있어서 난자를 생산하고 아이를 잉태해 출산할 수 있는 인간이요. 꽤 오랫동안 이렇게 생물학적으로 여자를 정의했어요.

그러다 1949년 시몬 드 보부아르가 『제2의 성』이라는 책을 출간하게 돼요. 보부아르는 여성성은 생물학적인 것이고 여자는 그와 별개라고 했어요. 보부아르가 남긴 유명한 말이 있어요. '여자는 여자로 태어나지 않고 길러질 뿐이다'라고요.

인간은 생물학적으로 성별을 갖고 태어나요. 사회화를 통해 소녀나 소년에서 성인 여자나 남자가 되고요. 보부아르는 성sex은 주어지지만 성별gender은 사회적으로 만들어진다고 생각했습니다.

나이절 성별이 사회적으로 만들어진다는 말이 무슨 뜻인가요? 사회가 여자에게 어떤 역할을 부여한다는 말씀이신지, 아니면 각기 다른 사회가 여자에게 각기 다른 역할을 부여한다는 말씀이신지요?

아미아 좋은 질문이에요. 우리가 어떤 사회화 과정을 거치며 여자로 길러지는지, 이 문제를 두고 보부아르 이후 페미니스트들 사이에서 의견이 분분했어요.

그러나 대부분 그 사회화 과정이 강압적 형태이리라 생각했어요. 생물학적 여자는 특정한 방식으로 여자답게 행동하도록 강요받는 거죠. 옷차림, 말하는 방식, 몸짓 등 우리가 여자답다고 생각하는 모든 행동을 포함해서요.

나이절 모두 그런 똑같은 방식으로 길러졌기 때문에 여자들은 여자다움에 대해 모두 똑같이 생각한다는 말씀이신가요?

아미아 그게 바로 지난 수십 년 동안 페미니즘이 근본적으로 다뤄 온 질문이에요. 보부아르의 입장인 페미니스트들은 대부분 '그렇다'고 대답합니다. 보부아르는 여자들이 동일한 사회화 과정을 거쳤기 때문에 여자들끼리만 공유하는 게 있다고 생각했어요.

특히 보부아르에 따르면 여자들은 남자들에게 '타자'로 취급받으면서 길러졌어요. 남자들은 자신들의 주체성을 확립하고자 여자를 부수적 존재인 타자로 취급했고요.

그래서 책 제목이 『제2의 성』이에요. 보부아르는 여자들이 동일한 경험을 한다고 생각했죠. 물론 다 똑같지만은 않다고 인정했어요. 보부아르가 하고 싶은 말은, 여자는 '여자'라는 사회적 지위를 부여받고 남자가 주인공이 되도록 타자의 기능을 수행한다는 겁니다.

나이절 보부아르는 유명한 실존주의자예요. 그래서 아마 이렇게도 생각하지 않았을까 싶은데요. '어쨌거나 다른 사람이 부여한 그 역할을 수락하든 안 하든, 그건 개인의 선택일 뿐이다.' 맞나요?

아미아 네, 맞아요. 보부아르는 실존주의자이기 때문에 사회적 강요와 억압 속에서도 자유롭게 행동하는 인간의 완전한 능력을 믿었어요. 그래서 보부아르는 여자들이 여자가 되라는 강요를 받아 그렇게 행동할지언정 스스로 거기서 벗어나 주체성을 가질 수 있다고 말했습니다.

나이절 또 다른 실존주의자, 장 폴 사르트르와 비교해 봤을 때 흥미롭네요. 보부아르는 성별이 사회적으로 만들어진다고 했지만 사르트르는 사회적 요소를 그다지 중요하게 생각하지 않았어요.

아미아 맞아요. 하지만 사르트르처럼 돈 많은 백인 남자라면, 자신은 완전히 자유로운 존재며 사회적 구속으로부터 자유로울 수 있다고 생각하기가 쉬워요.

반면에 보부아르처럼 많은 걸 누리긴 했어도 타고난 성의 굴레에 갇힌 사람은 사회구조를 분석하지 않을 수 없어요.

나이절 『제2의 성』이 발간되고 나서 '여자란 누구인가'를 논하는 페미니즘 논문이 많아졌어요. 아미아 씨 생각에, 보부아르 뒤를 이을 만한 주장이 있을까요?

아미아 있습니다. '성별이 사회적 산물인가'를 논하는 페미니즘 논문은 넘쳐날 정도로 많아요. 대부분의 페미니스트들은 보부아르의 입장을 받아들여 성과 성별은 다르고 사회가 성별을 형성한다고 생각합니다.

이런 성별을 폐지해야 하는지에 대해서는 페미니즘 내에서도 이견이 있어요. 보부아르는 실제로 사회가 성을 구분하고 있고, 이는 우리가 성 구분을 제도화했기 때문이라고 말해요.

보부아르의 말에 따르면 성별 폐지는 가능합니다. 그래서 성별을 폐지해 남녀를 구분하지 말아야 하는지, 아니면 여전히 남녀를 구분해야 할 이유가 있는지는 페미니즘 안에서도 중요한 문제예요.

나이절 그런데, 실제로 남녀를 구분하지 않고 살 수 있을까요? 전 세계를 막론하고 남녀를 구분하지 않고는 인간사를 논할 수가 없는걸요. 성별이 없어지면 많이 이상할 것 같아요.

아미아 성별 폐지를 이상하게 생각하는 사람들이 분명 많을 거예요. 성별이 없는 세상은 지금과 아주 많이 다를 테죠. 하지만 인종 구분이 없는 세상도, 경제적 압박이 없는 세상도 낯설기는 매한가지죠.

나이절 주디스 버틀러Judith Butler도 이 분야에서 유명하잖아요. 성별 폐지에 대해 버틀러는 어떤 입장인가요?

아미아 버틀러는 1990년에 『젠더 트러블』이라는 아주 의미 있는 책을 출간했어요. 버틀러는 이 책에서 우리는 성이 없고 성의 역할을 수행할 뿐이라고 말했습니다.

이상하게 들리겠지만 버틀러의 근본적인 생각은 이렇습니다. 내가 '여자' 역할을 수행한다고 해서 여자인 것은 아니라고요. 버틀러는 옷차림과 말하는 방식, 사람을 사귀는 방식, 또 나 자신에 대해 생각하는 방식 등 모든 면에서 여자다움을 연기하면서 여자 역할을 수행한다고 봐요.

그런데 이 점을 인지하면서 성의 역할을 수행 중인 사람은 없다고 말했어요. 우리는 대부분 모른대요. 대개 우리는 '나는 여자다',

'남자다' 이렇게 의식할 뿐 우리가 성에 따른 역할을 수행하고 있다고는 생각지 못해요. 다시 말해, 우리는 성 역할을 자발적으로 수행하는 것이 아니고, 그저 그런 역할을 수행 중인 나 자신을 발견할 뿐이에요.

버틀러는 특히, 사회적 기대와 반대로 행동함으로써 이 성별 체계를 무너뜨릴 수 있다고 생각해요. 여자는 이래야 하고 남자는 저래야 한다는 등, 남녀의 역할을 규정하는 고정관념을 따르지 않음으로써요.

나이절 그런 반규범적인 행동을 버틀러가 실제로 지지하나요?

아미아 엄밀히 말하자면 버틀러는 그런 행동을 칭찬하는 입장이에요. 성 고정관념에 반하는 그런 행동들에는 대가가 따르고, 사람마다 치러야 하는 대가가 다르다는 점 또한 버틀러는 알고 있습니다.

그래서 성별을 없애야 한다는 주장을, 모든 사람이 하지는 않는 거 같아요. 성별 체계에 도전했다가 죽은 사람이 많거든요. 그럼에도 불구하고 성 고정관념에 반하는 행동들에서 희망을 보기 때문에 우리가 그런 행동들을 칭찬했으면 하는 거죠.

나이절 페미니즘이 또 한 번 눈에 띄게 발전했어요. 교차성이요. 1980년대에 생겨났는데, 어떻게 여자가 되는지에 대해 보부아르와는 꽤 다르게 접근하더라고요.

아미아 지난 40년 동안 페미니즘은 상당히 의미 있게 발전해 왔어요.

교차성이 그러한 발전 중 하나예요. 말씀하신 대로 1980년대와 1990년대 사이에 페미니즘은 전환점을 맞았어요. 흑인과 라틴계 페미니스트들 덕분에요.

교차성은 흑인 페미니스트 킴베를레 크렌쇼Kimberlé Crenshow가 만든 용어예요. 아마 이 개념을 흑인 페미니스트인 벨 훅스Bell hooks와 엔젤라 데이비스Angela Davis, 그리고 컴바히강Combahee river 집단(1974년 미국 보스턴에서 결성된 유색인 페미니스트 집단–옮긴이)이 발표한 글에서 이미 접하셨을 겁니다.

교차성이란, 개개인이 경험한 저마다 다른 다양한 종류의 차별과 억압을 다루는 개념이에요. 그렇기 때문에 여자는 모두 똑같을 수 없다고 봐요. 계층과 민족성, 인종, 환경 등 조건별로 여자들이 다 다르기 때문이죠.

2세대 페미니즘이 전개되었던 1960년대와 1970년대에는 여자들에게 일할 기회가 주어지지 않았어요. 그래서 페미니스트들은 노동만이 여자를 해방할 수 있다는 공통된 주장을 펼쳤어요. 그런데 이 주장의 저변에는 중산층 백인 여자의 경험이 곧 모든 여자의 경험이라는 인식이 깔려 있는 거죠. 중산층 백인 여자는 실제로 일할 기회가 없었어요. 하지만 노동 계층의 백인 여자와 흑인 여자들은 이미 일터에 있었거든요.

교차성 페미니즘은 인종과 민족성, 계층, 환경 등 조건에 따라 여자들이 각기 다른 경험을 한다는 점에 주목합니다. 예를 들어, 누군가 흑인 여자로서 차별을 받았다면, 단지 여자이기 때문에 흑인이기 때문에 그런 차별을 받은 게 아니에요. '흑인 여자'라는 이유로 받은 차별이에요.

공통점에 초점을 맞추는 페미니즘은 인종, 계층 등 저마다 다른 종류의 경험을 하는 여자들이나, 가장 소외된 여자들의 경험과 목소리에는 귀 기울이지 못해요. 교차성 페미니즘은 바로 이 점을 지적해요. 그래서 사회가 여자를 만들어 낸다는 생각에 의문을 제기합니다.

정통 페미니즘은 여자를 여자로 길러 내는 동일한 사회화 과정에 대해 얘기하잖아요. 예를 들어 남자들에게 타자로 취급받는다든지 하는 것들이요. 하지만 여자들마다 경험이 다르다고 하면, 각각 어떤 똑같은 사회화 과정을 거치는지 콕 집어 알 수가 없습니다.

나이절 페미니즘을 세분화해야 한다는 말씀이신지요? 아미아 씨가 지지하는 페미니즘은, 노동 계층의 흑인 여자와 같은 소수의 여자들이 따르는 페미니즘인가요? 그런 페미니즘은, 공통점에 주목하는 페미니즘 대신에, 여러 사회구조를 두루 고려하는 페미니즘이 될 수 있나요?

아미아 네, 그렇게 생각해요. 어떤 페미니스트들은 개개인의 다양한 경험을 제대로 다루기 위해서는 상황에 따라 연대하는 방식을 달리하는, 좀 더 세분화된 페미니즘이 필요하다고 말해요.

바로 주디스 버틀러나 버니스 존슨 리거Bernice Johnson Reagon, 찬드라 모한티Chandra Mohanty 같은 페미니스트들이 그렇죠. 물론 공통점이 무엇인지 알아내기를 원하는 페미니스트들도 있긴 있어요.

나이절 트랜스젠더들이 가시화되면서 인간의 범주도 늘어난 듯 보입니다. 인간을 단순하게 분류하기 힘들어졌어요. 덕분에 페미니즘이 최근에 더 복잡해졌다고 생각합니다.

아미아 트랜스젠더는 옛날부터 있었어요. 그런데 최근에 와서 페미니즘이 트랜스젠더 특히 트랜스젠더 여성을 인정하고 받아들이라는 압박을 받아요. 제가 저 자신을 여자라고 느끼듯, 트랜스젠더 여성들도 자신을 여자라고 생각하고 실제 여자로 느껴요.

하지만 생물학적 특성이 남자라는 이유로 주변 사람들에게 남자로 분류되는 사람들이에요. 사회가 여자를 길러 낸다고 주장하는 보부아르의 정통적 페미니즘에 따르면 동일한 사회화 과정을 거쳐야만 여자가 될 수 있어요.

이 논지에서 보면, 트랜스젠더 여성을 실제 여자라고 생각하기는 힘들어요. 최근에 성이 여자로 바뀌었을 뿐, 항상 여자는 아니었으니까요. 즉, 여자를 길러 내는 사회화 과정을 거쳐서 여자가 되지 않았으니까요.

나이절 트랜스젠더 여성이 실제 여자이고 늘 여자였다고 주장할 수는 없는 건가요?

아미아 있어요. 저는 페미니즘 내에서 트랜스젠더 여성의 경험에 비추어 여자란 누구인지 다시 논의해야 한다고 생각합니다. 이 문제를 두 가지 방식으로 다룰 수 있어요.

첫 번째는 교차성을 이용하는 거예요. 교차성에 따르면 여자들의 경험은 다양하잖아요. 예를 들어, 여자들 대부분이 생리나 출산,

성희롱을 경험하지만 모두는 아니잖아요. 경험이 다양하다는 점을 인정하면 트랜스젠더 여성들의 어린 시절도 생각해 볼 수 있겠죠. 남자라는 잘못된 성을 부여받는 바람에 남자로 취급받으며 다른 종류의 소녀 시절을 보냈잖아요.

두 번째는 '여자란 누구인가' 이 질문이 묻는 바를 다시 생각해 보는 겁니다. 보부아르나 버틀러가 이 질문을 한다면, 아마 형이상학적 질문이라고 생각할 거예요. '형이상학적으로 말해서 여자는 누구인가? 이 세상에서 여자라는 개념에 포함되는 것은?'처럼 자유롭게 대답할 수 있는 질문들이에요.

규범에 따라 대답해야 할 질문도 있어요. '여자라는 개념을 정치나 도덕적으로 어떻게 정의해야 하는가?' 같은 질문이요. 저는 여자의 범주는 상당히 포괄적이어야 하며 자신을 여자로 인식하는 사람들은 모두 여자의 범주에 포함시켜야 한다고 생각합니다.

나이절 여자의 범주가 곧 연대의 필요성을 말하고, 그 범주에 속하는지 아닌지는 스스로 결정할 수 있어야 한다는 뜻인 것 같습니다. 그렇다면 스스로 생각하기에 여자면 그 자체로 여자라는 말씀이시죠?

아미아 정확하시네요. 페미니즘은 정치적 운동이에요. 정치적 운동은 누구를 포함하고 배제할 것인지, 누구와 연대하고 연대하지 않을 것인지가 중요합니다. 포괄적이지 못한 페미니즘은 정치적으로나 도덕적으로나 아주 좋다고 할 수 없어요.

정치적 목적과 페미니즘이 궁극적으로 원하는 바를 이루기 위해 우리가 어떤 식으로 연대해야 하는지, 다시 말해 가부장제에 맞서 누구와 함께 싸울 것인지를 두고 '여자란 무엇인가' 이 질문을 다시 생각해야 합니다.

저는 트랜스젠더 여성들이 그 싸움에서 중심 역할을 해야 한다고 봅니다. 사실 이미 싸움터에 있고요.

집안일을 위해
태어난 사람은 없다

02

남녀의 본질

재닛 래드클리프 리처즈

Janet Radcliffe Richards

옥스퍼드대학교 실용철학 명예교수이자 동 대학 우에히로 실천윤리센터 선임연구원. 영국 킬대학교에서 철학 학사를 취득하고 캐나다 캘거리대학교에서 철학 석사를 취득했다. 이후 옥스퍼드대학교에서 철학 박사를 취득한 후 유니버시티칼리지런던 대학병원 생명윤리학센터 소장으로 근무했다. 1980년 『회의주의적 페미니스트 *The Sceptical Feminist*』를 펴낸 이후, 논란이 끊이지 않는 여러 다양한 분야에서 철학이 어떤 역할을 할 수 있을지 고민하기 시작했다.

나이절 남자와 여자는 본질적으로 다른가요? 다르다면, 그다음은요? 직업을 구분해서 가진다든지 가정 내 역할이 다르다든지, 남녀를 각기 다른 공간에 밀어 넣어야 하나요?

19세기 철학자 존 스튜어트 밀John Stuart Mill은 『여성의 종속』이라는 책을 발표해 세상을 깜짝 놀라게 했습니다. 이 책에서 밀은 남녀의 타고난 기질과 합당한 역할을 둘러싼 기존의 생각을 일관적으로 반박합니다.

『다윈 이후의 인간의 본성*Human Nature After Darwin*』과 『회의주의 페미니스트*Sceptical Feminist*』의 저자인 재닛 래드클리프 리처즈 씨는 남녀의 타고난 기질에 대한 밀의 생각과 밀에 반대하는 사람들의 생각, 그리고 이들이 왜 그렇게 생각하는지를 연구합니다.

데이비드 재닛 씨, 〈철학 한입〉에 나와 주셔서 고맙습니다. 오늘 인간의 타고난 기질에 대해 이야기를 나눠 볼까 합니다. 남녀는 본질적으로 다른지, 다르다면 어떻게 해야 하는지 이 점에 대해 토론해 볼 거예요. 먼저 밀의 생각을 살펴볼까요?

재닛 래드클리프 리처즈(이하 '재닛') 밀이 책을 발표한 19세기 후반만 해도 법과 제도는 남자와 여자를 상당히 다르게 대우했어요. 고등교육과 전문직, 사업과 같은 분야는 남자의 전유물로서 여자에게는 제도적으로 허락되지 않았어요.

당시 여자는 결혼하면 남편에게 종속되었는데 밀은 '노예'로 표현하기까지 했어요. 밀은 이런 현실이 상당히 잘못되었다며 자신이 '완전한 평등원칙'이라 명명한 원칙에 의거해 남자와 여자를 대우해야 한다고 생각했습니다.

데이비드 밀에 반대하는 사람들의 생각은 뭔가요? 여자는 태어나기를 부엌일에 알맞게 즉, 집안일을 하도록 태어났다고 주장하나요?

재닛 네, 그렇게 주장합니다. 이 사람들에게 여자와 남자는 본질적으로 다르다는 생각이 뿌리 깊게 박혀 있어요. 일부는 남녀의 차이지 불평등이 아니라고 말하지만 대부분은 여자가 모든 면에서 태생적으로 남자보다 약하고 열등하다고 생각합니다.

그래서 여자를 남자와 똑같이 대우하면 이치에 어긋나고 잔인하기 때문에 남녀를 다르게 대우해야 한다고 말하죠. 이들의 주장에 따르면 여자는 남자의 전유물인 그 일들을 할 능력이 없고, 선천적으로 내조와 집안일에 적합한 사람들이에요. 내조와 집안일이 바로 여자가 할 일이고 여자는 그 일을 하면서 진정한 성취감을 느낄 수 있다고 말합니다.

데이비드 밀의 입장은 뭔가요? 밀은 남자와 여자가 본질적으로 같다고 생각합니까?

재닛 밀은 모든 면에서 여자를 남자보다 열등한 존재로 보는 건 터무니없다고 생각했어요. 단, 신체적인 힘은 제외하고요.

밀은 남녀가 선천적으로 무엇이 다른지 현재로서는 알 수 없다고 했어요. 역사를 통틀어 여자와 남자는 늘 제도적으로 차별 대우를 받아 왔기 때문이에요. 서로 다른 교육을 받았고 사회적 위치와 법 앞에서 지위도 달라요. 그래서 눈에 보이는 남녀 간 차이가 선천적 기질 때문인지 사회제도 때문인지 정확히 알 수 없어요.

그렇더라도 밀은 여자를 두고 하는 말들이 사실이 아님을 누구나 알고 있고, 여자들이 못 하는 일이라 치부되는 일들이 적어도 일부 여자들은 이미 해낸 것들이라고 말합니다. 그것도 훌륭하게요.

여자들이 제대로 된 교육과 기회를 누리지 못했다는 사실을 누구나 알고 있어요. 그런 불리한 환경에 놓이지 않았더라면 자신의 능력을 보여 줄 수 있는 여자들이 더 많았을 겁니다. 여자들이 집안일에 만족해한다는 주장에도 같은 이유로 반박할 수 있겠네요. 알다시피 글을 써서 자신의 처지에 불만을 표한 여자들도 있어요. 당시에 글은 여자들에게 유일한 저항 수단이었어요. 이런 의심도 합리적이에요.

만약 여자들이 집안일만 하도록 교육을 받지 않았더라면, 그 역할을 거부하는 여자들이 더 많지 않았을까요? 더군다나 여자들은 남편에게 종속되어 있었기 때문에 이의를 제기하고 반항할 경우 얼마나 위험해질지 알았어요. 전반적으로 밀은 남녀가 본질적으로 다르다는 주장이 엉터리임을 우리가 이미 안다고 말했어요.

데이비드 알고 봤더니 여자와 남자는 실제로 달랐고 이를 밀에게 증명했다면, 밀이 남녀에게 가해지는 법적 차별 대우를 납득했을까요?

재닛 아니요. 생물학적인 성의 차이를 전제로 한다고 해도 그 주장은 밀에게 여전히 통하지 않아요. 설사 그렇다 치더라도 여자들이 남자들의 영역에 못 들어갈 이유는 없어요.

수행해야 할 어떤 일이 있다면 그 일에 적합한 사람을 뽑는 기준도 있잖아요. 여자들이 그 기준에 부합하지 않으면 자동 탈락시키면 됩니다. 여자는 안 된다는 규칙이 추가적으로 왜 필요하겠어요. 역으로 그런 규칙이 있으면 기준에 부합하는 사람이라도 여자라는 이유로 제외당하겠죠.

어느 쪽이든, 이른바 성의 차이로 법의 불평등을 정당화할 수는 없어요. 반대파는 여자가 가정생활에서 자신들의 역할을 자발적으로 선택했다고 주장했어요. 설사 그게 정말 사실이라면 나머지 역할을 전부 막으면서까지 여자에게 그 역할을 강요할 이유가 없죠. 공정한 법 위에서 스스로 어떤 선택을 하는지를 지켜봐야 합니다.

데이비드 빈틈이 없네요. 반대파 사람들이 그 말에 납득했나요?

재닛 아니요. 납득하지 못했어요. 밀은 참정권을 둘러싼 논쟁이 한창이던 시절에 하원의원이었어요. 이 논쟁으로 결국 1867년 개혁법이 제정됐죠.

그 당시 누구에게나 참정권이 있던 건 아니었어요. 심지어 남자들도 전부 참정권을 갖지는 못했어요. 의회는 투표 자격 기준을 마련하기 위해 애쓰고 있었죠. 밀은 법안에 '남자' 대신 '사람'이라는 단어를 쓰고 싶어 했어요. 어떤 기준이 채택되든, 여자도 포함되니까요. 하지만 그 당시에는 받아들여질 가능성이 없었죠.

데이비드 왜 그들을 납득시키지 못했습니까?

재닛 페미니스트들은 권력을 포기하기 싫었던 남자들 때문이라고 말해요. 물론 이 말은 사실이에요. 그런데 저는 더 큰 이유가 있다고 생각해요. 하지만 저는 철학자로서 그 심리나 동기에는 관심이 없고 그보다 반대파 주장이 왜 통과될 수 있었는지가 궁금해요. 서로 관련이 없어 보이거든요.

반대파 중에 제임스 피츠제임스 스티븐James Fitzjames stephen이라는 보수성향의 판사가 있었어요. 여자와 남자는 늘 제도적으로 다른 대우를 받아 왔기 때문에 남녀가 본질적으로 다른 게 무엇인지 알 수 없다고 밀이 지적했었잖아요. 여기에 대한 스티븐의 반응은 간단했어요. 대답이라고 볼 수도 있겠네요. 스티븐은 세상이 뭐라고 얘기하든 남녀가 머리부터 발끝까지 다르다는 사실은 변함없다고 말했어요. 그리고 모든 면에서 남자가 더 강하다고요.

그런데 스티븐은 남녀에게 주어지는 교육과 기회가 서로 다르다는 사실을 누구보다 잘 아는 사람이었어요. 본인이 그래야 한다고 지지했으니까요. 밀은 남녀 간의 차이가 선천적 기질 때문인지 사회제도 때문인지 알 수 없다고 주장했는데, 스티븐의 이런 말은 밀의 주장에 대한 답변이 될 수 없어요.

밀은 또한 남녀의 역할을 둘러싼 기존의 합의가 최선의 합의인지도 알 수 없다고 했어요. 다른 식의 합의는 시도조차 안 해봤기 때문이에요. 하지만 스티븐은 현재 합의가 최선이라는 말을 다시 되풀이할 뿐이었죠. 역사적으로 남녀의 역할은 항상 지금과 똑같았다는 이유로요.

스티븐이 말하길, 법은 사회를 처음 모습 그대로를 유지하는 데 그 목적이 있다고 해요. 하지만 자연히 발생할 일을 구태여 법으로 정해 놓을 필요가 없다는 밀의 주장에는 아무런 대답이 없어요. 저는 도통 무슨 말인지 이해가 안 가더라고요. 다윈 이론을 연구한 지 몇 년이 지나서야 이해할 수 있었어요.

데이비드 그게 뭐죠?

재닛 밀과 스티븐은 세상의 본질을 근본적으로 완전히 다르게 이해한 채 주장을 펼쳐 나갔던 거예요.

당시에는 정치적 논쟁을 할 때 많은 사람들이 종교에 호소했어요. 스티븐처럼 직접적으로 종교를 언급하지는 않지만 사실은 종교적 세계관에 기반을 두고 있어요.

복잡하고 많은 설명이 필요하지만 핵심은 이거예요. 스티븐과 당대 대부분 사람들은 세상이 특정하게 설계된 대로 작동한다고 믿었어요. 말하자면, 세상을 유기적 조직체로 봤어요. 서로 다른 요소들이 모두의 이익을 위해 각자 기능을 조화롭게 수행해 나간다고요. 각각의 요소들이 제자리에서 맡은 바 기능에 충실해야 세상이 잘 돌아간다고 믿었던 거죠. 즉, 하나님이 만물을 보기 좋게 설계했다는, 그런 기독교 전통에서 바라보는 시각이죠. 세상이 제대로 작동하려면 원래 설계된 대로 따라야 한다는 말이에요.

데이비드 구체적인 예를 들어 주세요.

재닛 음, 스티븐은 신체 기관의 이해관계가 서로 다르듯이 여자와 남자도 이해관계가 서로 다르다고 했어요. 신체 기관들이 서로 자리를 바꿀 수 없고 자신의 기능을 성실히 다해야 하는 것처럼요.

스티븐은 가정에서 남편과 아내의 관계가 유지되려면 남편과 아내는 각자 정해진 역할을 수행해야 하고, 남자가 선천적으로 더 강하고 우월하니 아내는 남편의 말을 따라야 한다고 말했어요. 스티븐에 따르면 남편과 아내는 한배를 탄 선장과 일등 항해사 관계예요. 일등 항해사는 자신의 판단이 맞을 때에도 항상 선장에게 복종해야 하거든요.

스티븐은 남녀 역할에 대한 기존의 합의를 거부하는 사람이 있다면 그 사람은 비도덕적이고 반항적이며 존경받을 가치가 없다고 말해요. 아내가 자신의 소명을 다하지 않는다면, 이는 자신의 이해관계는 물론 가족 구성원의 이해관계뿐만 아니라 사회적 이해관계에도 반하는 행위라고요.

이게 스티븐과 스티븐의 추종자들이 생각하는 방식이에요. 스티븐은 세상이 자연 질서에 따라 설계되었고 우리는 그 질서를 유지해야 할 의무가 있다고 했습니다.

데이비드 왜 그래야 하죠? 스티븐도 남자의 영역에 들어가길 원하는 여자를 목격한 적이 있을 텐데요.

재닛 스티븐의 관점으로 보면 개인의 일탈은 사회 전체에 해를 끼쳐요. 잊지 마세요. 핵심은 개인의 일탈이 아니에요. 우리는 지금 법과 교육 및 사회조직을 구성하는 정책 등 사회 인프라에 대해 논하고 있습니다.

복잡한 사회구조 속에서, 다시 말해 모두의 이익을 위해 설계된 세상에서, 여자가 자신에게 부여된 역할이 잘못되었다고 생각한다면, 교육과 제도를 통해 그런 생각을 못하도록 더욱 견고하게 역할을 정착시키려고 하겠죠.

데이비드 스티븐은 사회가 어지러워질까 봐 걱정했던 건가요?

재닛 여자들이 자신의 역할에 의문을 던질 때 어떤 일이 일어날지, 스티븐을 비롯한 반대파들이 예상해 본다면 그들은 아마 소스라치게 놀랄 거예요. 제가 스티븐과 같은 보수파 생각의 뿌리를 설명한 이유는, 보수파 생각과 밀의 생각을 대조하고 왜 서로 엇박자로 가는지 보여 주기 위해서예요.

스티븐과 달리 밀은 계몽주의를 따랐어요. 계몽주의는 자연과학이 발달해 여러 성과를 보이면서 생겨났어요. 기본적으로 자연계의 질서, 다시 말해 자연적 인과 작용이 우리가 말하는 도덕 질서나 계획과 아무런 상관이 없다고 봐요. 자연계에 도덕이란 없어요. 오히려 잔인하다고 봐야죠.

또 다른 글에서 밀이 말한 대로 사람들이 교수형을 당하고 옥에 갇히게 되는 그런 일들이 자연계에서는 매일같이 일어나요. 그러니까 더 나은 세상을 만들고 싶다면, 자연계를 따라 봤자 아무 소용없다는 것을 알아야 해요. 과학을 통해 세상이 어떻게 작동하는지 이해하고 우리 스스로 세상을 변화시켜 더 나은 세상을 만들어야 해요.

근본적인 목적 없이 이런 세상이 가능할까 의심하는 사람들은 과거에도, 그리고 지금도 여전히 많아요. 많은 사람들이 신의 존재를 증명하는 전통적인 논증 중 하나인 목적론적 증명Argument from Design을 직관적으로 받아들여요. 놀라우리만큼 복잡하고 조화로운 자연이, 설계자와 근본적인 계획 없이 생겨났을 리가 없다고 보죠.

밀이 글을 쓰고 있을 때, 다윈도 글을 쓰고 있었어요. 바로 자연선택에 따라 종이 진화한다는 진화론을 집필하고 있었죠. 다윈의 위대한 발견이라 불리는 바로 그거예요. 다윈의 진화론은 근본적인 계획 없이도 무질서에서 질서가 어떻게 생겨날 수 있는지 처음으로 보여 줬어요. 자연 질서와 도덕적 목적이 서로 아무 관련 없다는 이 주장은, 밀을 비롯한 공리주의 철학자의 주장과 본질적으로 맞닿아 있어요.

데이비드 남녀가 선천적으로 다른지 아닌지 다윈주의가 그 답을 준다고 생각하십니까?

재닛 네, 맞아요. 밀은 남녀 간의 차이가 선천적 기질 때문인지 사회제도 때문인지 현재로서는 모른다고 했어요. 과학을 믿긴 하지만 대조실험을 해 본 적은 없다고 인정했어요.

지금 우리는 기회와 평등이라는 측면에서 커다란 진전을 이뤘어요. 그리고 밀이 예상한 대로, 여자의 능력이 남자 못지않다는 것도 증명됐죠. 여전히 남녀 간의 차이는 존재해요. 상당수의 페미니스트들은 사회가 그 차이를 만들었다고 봐요. 여성들은 오랫동안 사회적 관습과 기대에 따라 유아기 시절부터 성장기까지 계속해서 남성들과 다르게 대우받았다고요.

하지만 다윈이 질문에 접근한 방식은 상당히 달랐어요. 다윈은 어떤 종이든 수컷과 암컷의 생식 기능이 서로 다르다면, 이 둘은 다를 수밖에 없다고 주장해요. 어떤 종이든 자연선택에 따라 번식에 성공할 수 있는 특성들을 정신적으로든 심리적으로든 또는 신체적으로든 선호해요. 수컷과 암컷은 생식 기능이 서로 달라서 선호하는 특성도 서로 달라요. 번식 전략에 따라 특성이 다 다르지만, 우리의 번식 전략을 생각해 볼게요.

여성은 1년에 기껏해야 한 명만 출산할 수 있어요. 실제로는 그보다 훨씬 적어요. 반면에 남자는 번식능력에 한계가 없어요. 이 차이는 자연선택에서 성에 따라 선호하는 특성이 다를 수밖에 없다는 점을 보여 줘요. 가능한 많은 암컷을 사귀면 수컷은 자신의 흔적을 많이 남길 수 있어요. 한 수컷이 여러 암컷들을 독차지하면, 다른 수컷은 사귈 암컷이 없어서 흔적을 남길 수 없어요.

반대로 암컷은 수컷을 많이 사귄다고 한들 번식능력이 향상될 리 없고 얻는 게 없어요. 암컷은 내 자식에게 지원을 아끼지 않을 좋은 아버지를 찾아야 할 뿐이에요. 이는 자연선택에서 암컷과 수컷이 서로 다른 특성을 선호하는 이유예요.

데이비드 수컷이 왜 더 문란한지에 대한 설명도 되겠네요. 그런데 대부분, 수컷은 공격성이나 지배욕이 더 강하다고들 말하잖아요. 이것도 번식과 관련이 있나요?

재닛 수컷은 같은 수컷에게는 공격성을, 암컷에게는 지배욕을 드러내요. 이 차이를 구별하셔야 돼요. 공격성과 지배욕 모두 번식 전략과 관련 있어요. 자연선택에 따르면, 암컷을 얻지 못한 수컷은 번식이 불가능하기 때문에 다른 수컷과 경쟁에서 이겨 권력과 지위를 차지하는 것을 선호할 수밖에 없어요. 권력과 지위가 있어야 암컷에게 다가갈 수 있고 다른 수컷의 접근을 막을 수 있거든요. 또 암컷에게 매력적으로 보일 수도 있고요.

암컷을 지배하려는 욕구도 설명 가능해요. 수컷이 자신의 자손에게 투자해야 하는 경우, 수컷에게는 암컷을 감시하고 통제하는 일이 몹시 중요해요. 그래야 다른 수컷의 자손에게 투자하는 불상사가 일어나지 않을 테니까요.

이 같은 추론 덕분에 기존의 대조실험과는 완전히 다른 방향의 연구가 가능해졌어요. 인간을 대상으로 하는 대조실험은 사실상 힘들거든요.

데이비드 그렇다면 여성 CEO보다 남성 CEO가 더 많은 이유가 남자가 여자보다 선천적으로 야망이 더 크고 경쟁심이 더 강하기 때문일지도 모르겠네요. 페미니스트들은 반대로 그런 기질과는 하등 상관없다고 말할지도 모르고요. 차별이나 문화적 현상일 뿐이라고요.

재닛 차별은 여전히 있어요. 남녀 역할 구분이 오랜 관습과 문화로 굳어져 왔으니까요. 진화론적 사고를 바탕으로 남자의 경우 경쟁심이 더 크게 작용했고, 여자의 경우에는 경쟁심이나 지위에 대한 욕심을 기를 이유가 별로 없었다는 주장이 있어요. 이는 남자 CEO가 왜 여자 CEO보다 많은지 설명해 주는 이유 중 하나가 될 수도 있을 거예요.

그런데 페미니스트들은 왜 이런 진화론적 사고를 거부해야만 할까요? 그 주장이 사실이라면 우리는 그 진화론적 사고가 무엇인지 알아야만 해요. 그렇지 않고서는 진화론적 사고에 대해 어떤 태도를 취해야 할지 정할 수가 없어요.

어떤 능력이나 소질을 갖춘 여자들이, 남자들에게 밀려나는 처지라면 우리가 해야 할 일은 그 사람들에게 능력을 발휘할 수 있는 자리를 찾아 주는 거예요. 플라톤Plato이 말한 대로, 수호자계급(플라톤은 국가론에서 계급을 통치자, 수호자, 생산자 세 계급으로 나눈다－옮긴이)에 가장 적합한 사람은 그 자리를 원하는 자가 아닌, 그 자리에 뽑힌 자일 거예요.

다윈Darwin과 공리주의 철학자들은 자연계 질서와 도덕 질서는 근본적으로 완전히 다르다고 생각했을 거예요. 뭔가를 더 발전시키고 싶은지와 어떤 형태의 발전이 좋을지는 완전히 다른 문제예요.

데이비드 진화론에서 말하는 남녀 간의 일반적인 차이를 사람들이 받아들인다고 해도, 페미니스트들은 여전히 진화론적 주장에 반대할 수밖에 없나요?

재닛 그렇지 않을 거예요. 만약 과학이 지능이나 능력 면에서 여자가 남자보다 열등하다고 했다면 저는 분명히 실망했을 텐데, 다행히 과학은 그러지 않았어요. 진화론적 추론이나 과학연구 그 어디에도 이 같은 주장은 없어요. 변수가 있어도 아주 사소해서 고려해야 할 정도는 아니에요.

종류에 상관없이 모든 활동과 직업을 남녀가 차별 없이 향유하는 게 성평등의 목적이에요. 이 목적이 양쪽 어디에도 적합하지 않다면 성평등을 추구해 봤자 의미가 없다고 생각해요. 그리고 더 구체적으로 말하자면, 페미니스트들이 반대하는 건 생물학적 본질주의에요.

데이비드 꽤 위험한 생각이 아닐까요? 남자들이 왜 돈을 더 많이 받는지 그리고 여자들이 왜 가족과 더 많은 시간을 보내려고 하는지 그 이유를 이제 진화론으로 설명할 수 있으니, 평등한 직장생활을 만들어 가기 위해 노력할 필요가 없잖아요.

재닛 아니죠. 그 반대예요. 지금보다 더 노력하고 훨씬 급진적으로 생각해야 한다는 말이에요. 지금의 직장 구조가 남자는 밖에서 일하고 여자는 아이와 가정을 돌보던 그 시대에 만들어졌다는 걸 잊으면 안 돼요.

여자만이 육아와 집안일을 할 수 있고 이 일을 더 원한다는 뜻이 아니에요. 새롭게 재편해야 해요. 조금씩 개선해 나가고 있지만 사회는 모든 게 복잡하게 서로 얽혀 있기 때문에 실제로 변화하는 건 힘들어요. 여자들이 주축이 되어 대단히 급진적으로 생각할 필요가 있어요.

더욱이 지금의 일의 구조와 형태는 과거 남자들이 만들었어요. 여자들의 취향과 선호, 감정이 남자와 다르다면 지금의 구조가 여자들한테는 편하지 않을 거예요. 다른 구조가 필요할 텐데 어떤 구조가 최선일지는 아직 아무도 몰라요. 선택에 있어서도 남녀가 서로 다르다면, 남자들이 만들어 놓은 지금의 구조 안에서 여자들에게 선택을 강요해서도 안 돼요.

데이비드 그렇다면 남녀의 기질이 선천적으로 다르다고 한들 페미니스트들이 굳이 불안해할 필요는 없겠네요.

재닛 그렇죠. 하지만 왜 불안해하는지는 이해해요. '여자들은 남자들처럼 지위를 추구하지 않고 집안일과 육아에만 더 신경을 쓴다'는 이런 식의 주장을 들을 때면 꼭 스티븐과 보수파 사람들의 말처럼 기분 나쁘게 들려요. 그러니 페미니스트들은 남녀의 기질이 선천적으로 다르다는 진화론적 주장을 전면 거부하고 싶을 거예요. 성 역할에 대한 기존의 고정관념과 진화론적 주장이 본질적으로 맞닿아 있는 듯 보이잖아요.

그렇지만 그건 오해예요. 진화론적 입장이 보수파와 같아 보일지라도 이 둘은 서로 결이 다르고 아무런 관련이 없어요. 진화론 측 과학자들은 절대 변할 수 없는 타고난 남성성과 여성성을 이야기해요. 남녀는 다르다는 둥 서로 그만의 특징이 있다는 둥 이런 식의 말을 하는 게 아니에요. 단지 남녀의 타고난 기질과 일반적인 차이에 대해 말할 뿐이에요. 남녀를 다르게 대우해야 한다는 의미가 전혀 아니에요. 과거 보수파 주장과 현대 진화론적 입장 간의 차이를 분명히 이해해야 해요.

페미니스트들이 원하는 변화가 무엇이든 생물학적 작용을 거부하거나 무시할 수는 없어요. 페미니스트들이 맞서야 하는 건 광범위하게 퍼진 진화론적 주장에 대한 잘못된 해석과 왜곡이에요.

도덕은 본능일까?

03

신경과학과 도덕

퍼트리샤 스미스 처칠랜드

Patricia Smith Churchland

캘리포니아대학교 샌디에이고 철학 명예교수 및 소크 연구소 겸임교수. 철학과 신경과학 간의 상호 영향을 연구한다. 신경철학 분야에서 선구적 역할을 한 저서 『뇌처럼 현명하게』를 출간했다. 머신러닝 및 신경과학 분야 석학인 테런스 J. 세즈노스키Terrence J. Sejnowski와 『컴퓨터 두뇌*The Computational Brain*』를 공동 집필했다.

데이비드 과학이 도덕성에 관해 우리에게 해 줄 얘기가 있을까요? 대부분 철학자들은 아마 전혀 없다고 대답할 거예요. 철학자들은 사실이라고 해서 무조건 가치가 있는 건 아니라고 말하거든요. 세상과 나 자신에 대한 실상을 알아도, 앎에서 결론으로 나아가려면 수많은 논증을 거쳐야 해요.

예를 들어 인간은 대부분 이타적이에요. 내 가족과 내 친구가 평안하도록 마음을 다해 돌보고, 심지어 모르는 사람의 안위도 걱정해요. 전혀 모르는 사람을 돕고자 자선단체에 기부할 때도 있잖아요.

우리가 왜 이타적인지 과학이 설득력 있게 설명해 준다고 칩시다. 그렇다면 과학이 이타성의 필요 여부까지 판단해 줄 수 있을까요? 오늘 나와 주신 퍼트리샤 스미스 처칠랜드 씨는 철학과 신경과학을 접목한 연구로 유명하신 분입니다.

퍼트리샤 스미스 처칠랜드(이하 '퍼트리샤') 이야기를 하나 들려드릴게요. 포유동물은 진화하면서 뇌 조직과 구조에 커다란 변화를 겪었습니다. 굉장히 중요한 변화가 수도 없이 일어났죠. 그중 하나는 엄마들이 새끼를 돌보고 양육하게 되었다는 거예요. 이와 달리, 파충류나 개구리, 뱀의 경우 암컷은 알을 낳으면 그뿐이에요.

포유류의 새끼는 굉장히 미숙한 상태로 태어나요. 그래서 포유류의 경우 남을 돌보는 회로가 진화를 거치면서 발달했어요. 고통과 기쁨의 회로가 발달했기 때문에 젖먹이를 엄마에게서 떼어 놓으면 엄마도 새끼도 모두 고통스러워해요. 그러다 재회하면 기쁨과 행복을 느끼고요.

옥시토신에 대해 들어 봤을 거예요. 우리 몸에서 가장 필수적인 호르몬은 아니지만 어떤 의미에서는 중심 역할을 수행하는 호르몬이에요. 엔도카나비노이드endocannabinoid 호르몬도 기쁨의 정도를 조절한다는 점에서 중요한 호르몬이고요.

나이절 옥시토신이 정확히 어떤 호르몬이며, 어떤 역할을 수행하나요?

퍼트리샤 옥시토신은 아주 오래된 호르몬이에요. 아마 어떤 동물이든 몸 안에서 옥시토신이 분비될 거예요.

파충류의 경우, 알을 낳을 때 근육이 부드럽게 수축되도록 옥시토신이 분비돼요. 포유류의 경우에는 옥시토신의 기능이 조금 다른데, 부모와 자식 간 애착 정도를 조절하는 기능까지 담당해요. 기존에는 나 자신만 돌보았다면 이제는 뇌가 진화하면서 남까지 돌보게 됐어요. 그 결과 애착을 가지게 되었죠.

남을 돌볼 줄 아는 이 유연성은 파충류에는 없고 포유류에만 있는데, 우리 뇌에 피질이 있기 때문이에요. 모든 포유동물은 피질을 가지고 있어요. 사실 조류에도 포유류의 피질과 기능 면에서 유사한 회로가 있기는 한데, 조금 달라요.

나이젤 옥시토신이 자녀를 돌보는 행위와 관련이 있다는 말씀이시네요. 자녀를 돌보는 행위에는 자신의 유전자를 가꾼다는 측면에서 유전적인 요소도 분명히 있다고 생각되는데, 그렇다면 우리는 유전적으로 아무 관련 없는 남을 왜 돌보는 걸까요?

퍼트리샤 유전자 변형이 약간만 일어나도 유대를 맺는 이의 범주가 달라져요. 대략 10년 전에 한 연구 결과가 발표됐어요. 자손 외에 친구 등 나와 관련 없는 남까지 어떻게 아끼고 돌볼 수 있는지 그 구조를 밝히는 연구였죠.

해당 연구에서 옥시토신과 옥시토신 수용기 분포에 관한 실험을 진행했는데, 실험 대상은 들쥐였고 비교군은 산쥐였어요. 들쥐의 행동에서 상당히 놀라운 점이 발견됐는데, 첫 번째 짝짓기가 끝난 후 수컷과 암컷이 함께 살기 시작한 거예요.

수컷은 보금자리를 지키며 새끼 양육을 도왔고, 수컷과 암컷은 서로 한시도 떨어지지 않았어요. 떨어지면 고통스러워했고 한쪽이 스트레스를 받으면 다른 한쪽이 이를 눈치채고 보듬어 주고 쓰다듬으며 위로했어요.

반대로 들쥐는 애착을 형성하지 않았어요. 암컷 혼자 새끼를 길렀어요. 이처럼 반대되는 행동을 보이자, 신경생물학자들은 뇌에 어떤 차이가 있기에 들쥐와 산쥐가 서로 다른 사회적 행동을 보이는지 연구했어요.

그 결과 옥시토신과 결합하는 수용기나, 옥시토신과 아주 유사한 호르몬인 바소프레신과 결합하는 수용기가 관건이었어요. 좀 더 정확하게 말씀드리면, 들쥐 뇌의 한 특정 영역에서 수용기 밀도가 산쥐보다 높게 나타났어요. 과학자들이 들쥐의 뇌에서 옥시토신 수용기와 바소프레신 수용기를 차단하자 들쥐는 더 이상 짝짓기 상대와 애착을 형성하지 않았습니다.

옥시토신과 바소프레신 수용기를 형성하는 단백질이 있는데, 이 단백질을 만들어 내는 유전자 발현 차이로 인해서 들쥐와 산쥐가 애착 형성에서 차이를 보인 게 아닐까 싶어요. 들쥐와 산쥐는 유전적으로 거의 똑같거든요.

들쥐는 왜 짝짓기 상대와 애착을 형성할까요? 들쥐의 생태 환경을 살펴보면 들쥐는 확 트인 들판이 생활 터전이에요. 황조롱이에게 잡아먹히기 딱 좋은 환경이죠. 그렇기 때문에 짝짓기 상대와 사회적으로 강한 애착 관계를 맺고 집단을 이루어 생활하도록 진화했을 가능성이 커요. 애착 관계를 형성하는 회로를 수정 또는 확장하면 사회적 행동 양상도 달라집니다.

가령, 늑대와 비버는 동족과 오랜 기간 유대를 이어 가지만 개코원숭이는 그렇지 않아요(암컷과는 강한 유대 관계를 맺지만요). 개와 늑대 같은 동물은 사회성이 뛰어나 동족뿐만 아니라 인간과 까마귀 같은 다른 종족과도 개별적인 유대를 형성해요. 서로 보듬고 껴안는 느낌이 좋아서요.

도덕과 관련해 간단히 말씀드리면, 애착은 보살핌을 낳고 보살핌은 도덕성을 낳아요. 사회가 어떤 특정한 행동을 중요하게 평가

한다는 말이 아니에요. 행동은 생태 환경과 문화적 관습, 그리고 처한 환경에 따라 달라져요.

나이절 가까운 친척이 아니라도 다른 종족과 무리를 형성해 살아가면 좋은 점이 있나요?

퍼트리샤 무리 속에서 생활하면 적을 방어할 수 있으니 더욱 안전하게 지낼 수 있죠. 또 자녀 돌보기도 수월하고 보다 성공적인 채집 및 사냥도 가능해요. 다시 말해, 생활 방식에 주로 달려 있기는 해도 무리를 지어 생활하면 자손 생존율을 높일 수 있고 번식하기에도 유리해요.

늑대를 한번 생각해 보세요. 늑대가 무리를 지어 다니면 카리부(북미 순록-옮긴이)나 무스(북미 큰사슴-옮긴이)와 같은 먹잇감을 쉽게 쓰러뜨리지만 단독으로는 성공할 가능성이 낮아요.

또 덩치가 큰 회색곰도 다 같이 몰아서 사냥할 수 있어요. 게다가 포식자의 공격을 막아 내기에도 유리하고요. 늑대든 코요테든, 개코원숭이든 침팬지든 혼자서는 장기간 살아남지 못해요. 먹이를 구하기도 힘들고 오히려 먹잇감이 되기 쉽죠.

다윈은 이 점을 통찰해 1871년 『인간의 유래』라는 책을 발표했어요. 흄과 스미스Smith도 인간이 집단생활을 하며 얻는 장점을 인정했어요. 아리스토텔레스Aristotle도 인간은 본래 사회적 동물이라며 집단생활의 장점을 언급했고요. 최근 발표되는 신경생물학 연구 결과를 보면, 앞서 말한 것처럼 초기에 논의된 집단생활의 장점과 사회성을 결부시켜서 설명하고 있어요. 저는 이 점이 만족스러워요.

나이절 왜 동물에 대해서만 이야기하는지 의아해하는 분들이 계시지 않을까 싶습니다. 침팬지도 무리생활을 하지만 인간의 도덕은 단순히 집단생활하고만 관련되어 있는 게 아니거든요. 인간의 도덕에는 자기반성적인 측면과 문화적 측면이 있어요. 지금까지는 도덕에 대한 설명이라기보다, 과거로 거슬러 가서 도덕 발달의 전조 현상만 설명해 주셨어요.

퍼트리샤 진화론적 접근도 비인간동물이 서로 협력하고, 식량을 공유하며, 서로를 위하고, 제3자를 처벌하며, 평등하게 살아가는 여러 가지 사례를 보여 줘요. 저는 비인간동물의 이런 생활 모습이 도덕과 닮아 있다고 생각해요. 구조나 조직 면에서 포유동물의 뇌는 모두 깜짝 놀랄 정도로 비슷해요. 포유동물은 모두 피질을 갖고 있거든요. 차이는 주로 뉴런의 수인데, 인간의 뇌가 많이 큰 편이에요. 말씀하신 대로, 지난 2,000년의 세월을 살아온 인간의 경우 복잡한 문화가 크게 한몫을 하기는 해요.

하지만 문화 외적인 측면도 여러 가지 고려해야 합니다. 30만 년 전에 아프리카에 나타난 호모사피엔스나 또는 180만 년 전에 나타나 불과 돌 도구를 사용했던 호모에렉투스를 생각해 보세요. 인류의 조상은 20명에서 30명씩 집단생활을 했습니다. 생활 모습과 구조도, 지금 우리가 침팬지와 개코원숭이에게서 관찰할 수 있는 그것과 매우 유사했을 거예요. 호모사피엔스는 고작 1만 년 전에 농경 생활이 시작되고 나서야 사회적 계약과 계급, 그리고 사유

재산을 고려하기 시작했어요.

인류 역사에서 도덕은 대개 소규모 집단의 도덕이었죠. 이누이트족을 통해서도 알 수 있듯 관습으로 삶을 꾸려 나갔을 거예요. 목축과 경작 같은 농경 기술이 발달한 후에 인간은 대규모 무리를 이루어 생활할 수 있게 되었고, 그러자 자원 분배와 사유재산, 범죄 처벌, 유산 처리 등 새로운 문제가 생겨났어요. 동시에 이 문제들을 해결할 제도들이 등장했고요. 이 제도들은 모두 실효성을 따져서 생겨난 제도들이었어요.

나이절 관습이 바로 지금의 도덕이라는 말씀이시군요. 그렇다면 현재 인간이 관계를 맺는 방식과 어떤 식으로 관계를 형성해야 하는지에 대해 설명해 주시면 좋을 것 같습니다.

퍼트리샤 우선 제 도덕 개념은 그 범위가 조금 더 넓다고 말씀드리고 싶어요. 제 개인적인 생각으로, 이누이트족이나 아메리칸인디언 부족 중 하나인 샤이엔족, 그리고 하이다족과 같은 원주민들에게 제가 도덕이라 부르는 사회적 관습이 있었을 것 같아요. 문자가 있든 없든, 자기 성찰을 하든 안 하든 이와는 상관없이 말이에요.

도덕의 기본 특징은 남을 위해 자기를 희생할 줄 아는 거예요. 이누이트족과 하이다족뿐만 아니라 늑대와 개코원숭이, 꼬리감는원숭이에게서도 이 점이 관찰돼요. 포유류와 조류의 사회적 행동은 '커다란 희생'을 동반해요. 어떤 사회적 행동은 예의 및 배려와 관련되어 있고요.

예의와 배려는 사회성이라는 바퀴에 기름칠을 해 주지만 죽고 사는 중대한 문제와는 관련이 없죠. 또 어떤 행동은 사회생활과 밀접하게 연결된 관습과 관련되어 있어요. 도덕이 시작되는 지점, 그리고 예의와 배려가 사라지는 지점. 이 둘 사이의 경계는 모호해요.

사실 우리는 중대한 도덕 문제가 무엇인지 그 전형을 알고 있고, 무엇이 전형적인 예의에 속하는지도 알아요. 하지만 도덕에 있어서만 이 같은 구분을 할 줄 아는 건 아닙니다.

실험심리학에 따르면 야채나 강, 대머리, 친구와 같은 부류는 일반적으로 방사형 구조를 갖고 있어요. 무슨 말이냐면, 이런 부류의 중심에는 모두가 해당 부류를 대표한다고 인정하는 전형적인 유형이 있어요. 중심에서 멀어질수록, 다시 말해 전형적인 유형과 유사성이 떨어질수록 어떤 사물이 해당 부류에 속하는지 그 경계가 모호해져요.

감자와 당근은 전형적으로 야채 부류에 속하지만 버섯과 파슬리는 어떤 부류에 속하는지 그 경계가 모호해요. 이런 부류를 보고 방사형 구조를 갖고 있다고 말해요. 해당 부류에 속할 필요충분조건을 만족시키지 못하고 그 부류에 맞는 본질적 속성이 없는 유형도 포함하기 때문이에요.

우리가 사회 안에서 사용하는 정의, 공정 등 많은 개념도 이런 방사형 구조를 가지고 있어요. 대략적으로 말씀드리면, 사람들은 전형적인 유형을 통해서 그 부류를 이해해요. 해당 부류의 경계에 있는 사물에 대해서는 저마다 의견이 다르겠지만 소통에는 문제가 없어요.

어떤 행동을 두고, 그 행동이 전형적인 도덕 행동인지, 아니면 사회·관습적 행동인지 묻는다면 정답을 말하기가 어려워요. 개념

분석을 아무리 해도 정답을 얻기는 힘들 거예요. 막대한 사회비용을 야기하는 도덕이 방사형 구조라고 생각한다면, 공정성과 같은 문제를 다루는 방식에 집단들이 왜 서로 다른 반응을 보이는지 그 이유를 이해할 수 있을 겁니다.

나이절 도덕의 핵심은 우리가 다른 사람을 보살핀다는 거예요. 그런데 지금까지 말씀해 주신 바에 따르면, 다른 사람을 보살피는 행위는 곧 내 유전자를 보살피는 행위와 다르지 않아요. 이 경우, 타인을 보살피는 걸 도덕으로 볼 수 있을까요?

퍼트리샤 포유동물의 사회적 본능 중에는 무엇보다도 자기 자손과 가족, 친족, 동족을 보살피려는 본능이 있어요. 이 본능은 회로가 있어야만 표출 가능한 본능이에요.

칸트주의자들은 도덕이 순수이성에서 비롯된다고 말하지만 그렇지 않아요. 모노플레이 게임을 할 때처럼 내 이익을 의식적으로 극대화하는 게 아니에요. '오 이런, 내 유전자를 반드시 퍼트려야 해' 하고 다짐한 다음, 일부러 사랑에 빠지는 게 아니잖아요.

사춘기에 접어들면 그전까지는 유치하다고 생각했던 특정 사회적 상호작용에 참여하고 싶어져요. 유전자로 인해 뇌가 우리를 그렇게 조종해요. 바로 사랑에 빠지는 거예요. 그런데 사랑은 우리가 짝을 짓고 자손을 낳도록 하는 진화론적 수단이에요. 이를 알고 사랑에 빠지는 건 아니지만요. 그저 사랑이라고 생각할 뿐이죠. 섹스가 즐거운 이유도 우리가 그렇게 진화했기 때문이에요.

도덕의 경우, 뇌가 진화하면서 굉장히 흥미로운 일이 일어났는

데 바로 나 자신을 보살피는 회로가 생겨났어요. 나중에는 이 회로가 확장되어 남까지 보살피게 되었고요. 우리는 비용을 지불해서라도 남을 도와요. 이런 의식적인 행동과 유전자는 하등 관련이 없어요. 마찬가지로 인류 역사상 유전자에 대해 알고서 자손을 낳은 사람은 아무도 없잖아요.

우리는 지금 우리를 있게 한 궁극원인(역사·진화적 측면의 원인–옮긴이)과 근접원인(유전학, 생리학, 신경발생학적 측면의 원인–옮긴이)을 구별할 필요가 있어요. 인간이 사회성을 갖고 태어났다는 말밖에 달리 설명할 길이 없어요.

나이절 흄을 언급하셨네요. 흄은 '세계의 현재 모습을 기술하고, 바람직한 세계의 모습을 논하기란 불가능하다'라는 유명한 말을 남겼죠. 기술적 설명에서 도덕적 설명으로 넘어가면 일종의 묵시적인 전제가 있어야 한다는 말이에요.

퍼트리샤 철학자 오언 플래너건Owen Flanagan이 지적한 대로 그리고 방금 그 말에서도 느껴지듯 흄은 굉장히 예민한 사람이었어요. 그 문장을 자세히 들여다보면 흄이 사실 성직자를 맹비판하고 있다는 걸 알 수 있어요.

성직자들은 마땅히 그래야만 하는 것의 사례를 통해 간단한 추론이 가능하다고 생각했거든요. 예를 들어, 몸집이 작은 소년들이 굴뚝 청소부로 일을 하고 있으므로 몸집이 작은 소년들은 앞으로도 굴뚝 청소부 일을 해야 한다는 식이에요.

흄은 이런 식의 일차원적이고 간단한 추론을 어리석다고 생각했어요. 흄은 윤리학에 있어 뼛속까지 자연주의자였어요. 흄의 관점에서 도덕감정(즉 사회적 본능)은, 나 자신을 보살피는 행위 및 이해타산적인 행동과 더불어 일종의 동기로 작용해요.

간단히 말해서 도덕감정은 타고난 특성으로, 이것 때문에 우리는 타인과 어울리면서 이익을 얻는 사회적 동물일 수밖에 없어요. 어떤 사회성을 가지느냐는 처한 환경과 상황에 따라 다르지만요. 이것은 단순하지 않아요. 간단한 규칙으로 축소할 수 있는 성질의 것도 아니에요.

도덕감정과 이해타산은 사회적 맥락 안에서 동기로 작용하고, 제도와 문화규범은 우리에게 무엇을 해야 하는지 알려 주는 역할을 해요. 흄은 자연주의자로서 우리가 타고난 사회적 본능에서 벗어나 상황별로 무엇을 해야 하는지 분명히 안다고 말했어요.

나이절 흄이 살아 있었더라면 신경과학의 발전에 지대한 관심을 보였을 것 같아요. 그런데 신경과학의 어떤 발전이 도덕을 조명하는지 여전히 궁금해요. 어떻게 신경과학이 나 자신을 되돌아보게 하는지 말이에요. 내가 마땅히 되어야 할 모습과 관련해서요.

퍼트리샤 오래전부터 외로움은 큰 고통이라고 했어요. 신경과학은 사회적 고립이 정신 건강과 육체 건강에 얼마나 큰 비용을 초래하는지 증명해 왔어요. 외로움은 면역체계에도 영향을 주기 때문에 외로운 사람은 감염에 취약하다고 해요. 이런 신경과학을 이용한다면, 범죄자에게 어떤 처벌이 적당할지 몇 가지 결론을 내릴 수도 있을 거예요.

일례로, 청소년기에는 전두엽 뉴런이 충분히 수초화髓鞘化되지 않을뿐더러 성년 초반까지 거의 발달하지 않는다는 연구 결과가 있었어요. 해당 연구 결과는 아동 범죄자에 사형을 선고하려고 했던 법원 판결에 영향을 주었고요. 전두엽은 행동 제어와 밀접한 관련이 있다고 해요.

즉, 전두엽은 충동을 제어하고 내가 한 선택의 결과를 미리 짐작하게 함으로써 감정에 휩싸이지 않도록 하는 중요한 역할을 해요. 18세 이하의 청소년들은 뇌가 아직 충분히 발달하지 못해서 어른들만큼 충동을 조절하지는 못한다고 해요. 미국에서는 판결을 내릴 때 이 점을 참작해요.

하지만 어려운 질문들도 있어요. 가령 상속세는 타당한지, 장기 기증은 의무화해야 하는지, 전쟁은 정당한지와 같은 질문에는 앞으로도 신경과학이 어떤 구체적인 답을 주기는 힘들 거라고 생각해요. 그래도 신경과학은 육아에 있어서 초기 애착 형성이 아기의 사회성 발달에 얼마나 중요한지 등을 말해 줄 수 있어요.

나이절 퍼트리샤 씨는 신경과학이 우리가 특정 도덕 문제를 해결하는 데 영향을 줄 수 있다고 생각하시나요?

퍼트리샤 우선, 뇌 크기와 관련해 생각해 볼 수 있어요. 컬럼비아대학교의 최근 연구에 따르면, 가구소득은 아동의 뇌 크기와 깊은 관련이 있대요. 가구소득이 증가하면 극빈곤층 아이들의 뇌가 가장 많이 발달한다는 결과를 내놓았어요. 이게 사실이라면, 어떤 제도를 만들 때 도덕적으로 충분히 고려해 볼 만하죠.

하지만 도덕적 사고와 신경과학 간의 관련성을 인정하지 않는 일부 철학자들은 제가 일차원적인 추론을 하도록 덫을 놓을 거예요. 저는 흄에게 그런 덫에 갇히지 말라고 배웠어요. 신경과학이 큰 영향을 줄 수 있을지는 사실 답변드리기 힘들어요.

현재 도덕의 테두리 안에서 우리가 다루는 많은 문제들은 사실 복잡한 사회문제도 포함하고 있어요. 신경생물학이 '전쟁은 정당한가?'와 같은 질문에 우리가 참고할 만한 어떤 연구 결과를 내놓지는 못할 것 같아요. 생명이 위독한 환자에게 장기기증을 해야 하는지, 아마존의 면적을 줄여야 하는지와 같은 문제도 마찬가지고요.

하지만 신경생물학 덕분에 우리는 반사회적 행동이나 광적인 행동을 보다 폭넓게 이해할 수 있게 됐고, 지금은 그것들을 좀 더 효과적으로 대응할 수 있어요. 도덕적 동기의 근원도 마찬가지예요. 우리는 도덕적 의사결정에 대해 그 전보다 훨씬 넓고 깊게 이해하고 있어요. 신이 도덕 규칙을 만들었다는 주장이나, 순수이성으로 도덕 규칙이 생겨났다는 기존의 생각이 사회에 별 도움이 안 된 것과 달리요.

칸트주의자 중에는 자기희생을 만족스럽게 여기거나 자랑스러워하는 태도를 도덕적으로 옳지 않게 보는 사람도 있어요. 칸트주의자에 따르면 이성은 내리는 눈처럼 순수한 성질인데, 생물학적으로 봤을 때 말이 안 되는 소리죠.

나이절 음식에 어떻게든 옥시토신을 넣을 수 있다고 상상해 봅시다. 이 음식을 먹은 사람들은 보다 협동적이고 유순하게 행동할지도 몰라요. 신경과학 분야에서 앞으로 이런 식의 논의가 이뤄질 수 있을까요?

퍼트리샤 음, 판타지네요. 옥시토신은 여러 신체 기능에 관여해요. 여자의 경우 옥시토신은 성욕을 조절하고 남자의 경우에는 사정을 조절하죠. 저라면 이런 기능을 어지럽히지 않겠어요.

어떤 실험에서 연구진들이 비강스프레이에 옥시토신을 주입했어요. 코카인처럼 옥시토신이 뇌로 들어가기를 바라면서요. 이렇다 할 결과를 내놓지는 못했어요. 그다지 실험 동기가 충분치 않아 중요한 실험도 아닌 듯싶고요.

코카인과 달리 옥시토신이 뇌혈관 장벽을 뚫는 건 어려운 일이에요. 그리고 이를 해결할 방법도 없어 보여요. 비강스프레이로는 충분하지 않아요. 차라리 어떻게 하면 협동을 강화하고 폭력을 줄일 수 있을지 생각해 보는 게 빠르고, 우리에게는 이와 관련한 좋은 아이디어들이 많아요. 엄밀히 말해서, 호르몬을 이용하는 지름길은 비현실적이에요. 신경생물학 측면에서 봐도 그렇고요.

고양이에게 선이란?

04

동물의 지위

크리스틴 M. 코스가드

Christine M. Korsgaard

하버드대학교 철학 교수. 도덕철학과 도덕철학의 역사를 연구했다. 저서로 『규범성의 원천』, 『목적의 왕국』, 『행위의 구조*The Constitution of Agency*』, 『자아의 구성: 행위, 정체성, 통일성*Self-Constitution: Agency, Identity, and Integrity*』, 『같은 종족: 동물에 대한 인간의 의무*Fellow Creatures: Our Obligations to the Other Animals*』를 펴냈다.

데이비드 많은 윤리학자들은 동물을 어떻게 다루느냐가 아주 중요한 문제라고 해요. 사람들은 공장식 축산이나 동물실험 등을 용납하지 않아요. 크리스틴 코스가드 씨도 동료 윤리학자들과 의견을 같이하지만 그 이유가 남다르더라고요.

나이절 오늘 우리가 논의할 주제는 '동물의 도덕적 지위'예요. 다윈 이후로 비인간인 동물이 우리 인간과 생물학적으로 아주 밀접하다는 사실은 잘 알려져 왔습니다. 하지만 동물의 도덕적 지위를 명확하게 정의하는 개념은 여전히 정립 중이에요. 동물의 도덕적 지위에 대한 크리스틴 씨의 의견이 듣고 싶습니다.

크리스틴 M. 코스가드(이하 '크리스틴') 음, 여러 동물권 옹호자들과 달리 저는 인간과 동물 사이에 확실하고 뚜렷한 차이가 있다고 봐요. 그 차이가 무엇인지는 진부하지만 '이성'이라는 단어로 설명할 수 있겠네요. 하지만 이성이 있다고 해서, 인간이 반드시 동물보다 도덕적으로 우월하다는 건 아니에요.

나이절 이성적인 게 어떤 거죠?

크리스틴 자의식이 있는 상태예요. 자의식이란 이를테면 내가 왜 그렇게 생각하고 행동하는지 그 이유를 스스로 아는 거예요. 자의식이 있어야 내 생각과 행동이 촉발된 이유를 알고, 그래야 그 이유를 검토하고 평가해 타당한지 아닌지 결정할 수 있거든요.

나이절 동물의 권리와 동물복지 사항에 대해 공리주의가 팽배하다고 말해도 무리는 아닐 듯싶어요. 동물에게 해를 입히는 행동이 잘못됐다는 건 그 결과를 보면 알 수 있어요. 동물이 느끼는 고통 말이에요. 그러니까 해를 입힐 경우, 그렇지 않은 경우보다 고통이 있는 건 맞잖아요.

크리스틴 제가 생각하는 선과 악은 대체로 이래요. 누군가에게 이롭다면 선이고, 이롭지 않다면 악이라고요. 그 가치는 '누군가'라는 대상에 달렸어요. 고통과 기쁨이 아니라요.

공리주의는 의식을 가치 발생 지점으로 보는데, 이는 잘못 이해했다고 봐요. 반면에 칸트는 생명체와 이들의 가치에 주목해요. 그 가치는 자기 자신이 목적이라는 거예요.

나이절 자기 자신이 목적이 된다는 게 무슨 뜻인가요?

크리스틴 나를 위해 나 자신을 스스로 가치 있게 여기는 것을 의미해요. 내가 누군가의 목적에 쓰이기 좋은 한낱 도구 따위가 아니라는 거죠. 이게 핵심이에요.

덕분에 인간은 해야 할 일이 많아요. 스스로 선택에 이르러야 하고, 억압받거나 속아서 또는 억지로 타인의 목적에 동원되어서도 안 되고, 어떤 식으로든 학대를 받아서도 안 돼요. 내 권리를 존중받아야 해요. 동물의 경우도 마찬가지예요. 동물을 이용하는 방식이 동물의 이익에 부합해야 하죠.

나이절 음, 칸트는 '존중받을 권리'라는 개념에 동물을 포함하지 않았어요. 그런데도 칸트의 말과 입장에서 동물을 존중해야 하는 이유를 찾고 계시네요.

크리스틴 네, 맞아요. 칸트의 정언명령 공식은 여러 가지예요. 그중 한 가지가 '인격은 수단이 아닌 그 자체로 목적이다'인데요. 이 공식을 주장할 때 저는 칸트가 그 속에 내포된 중요한 의미를 전달하지 못했다고 생각해요.

칸트는 인간이 선택을 통해 자기 자신을 목적으로 나타내고, 이는 행동의 주관적 원리라고 말했어요. 저는 이 말을 이렇게 이해해요. 대개 선택을 할 때 우리가 아는 건, 그 선택이 나에게 선이라는 거예요. 그런데 이성적인 우리는 절대 선으로 보이는 것만 목적으로 추구하거든요. 그래서 선택의 본질에는, 나에게 선인 건 절대 선이라는 입장이 원래부터 반영되어 있어요. 다시 말해 나에게 선인 건 누구에게든 선이고 타당하다는 이야기죠.

칸트가 주목한 이 선택에는, 사실상 서로를 위한 법을 만든다는 의미가 내포되어 있어요. 내가 뭔가를 선택한 다음, "좋아, 내가 이걸 택했으니, 이건 절대적으로 선이야"라고 말한다면, 상대방은 이제부터 내가 선택한 것을 바탕으로 타당성을 따져야 하죠. 이처럼 나는 선택을 함으로써 상대가 지켜야 할 법칙을 만들었어요.

그런데 이게 다가 아니에요. 선택은 나와 타인 간이 아닌, 나와 나 자신 간에 일어나요. 나에게 선인 것이 절대 선이기 때문에 나는 스스로 목적이 돼요. 이 경우, 나는 선을 가진 존재로서 스스로 목적이고, 그렇다면 선을 가진 모든 존재는 그 자체로 목적이라는 뜻이죠.

나이절 그러니까, 나에게 선인 것을 가지기 위해 꼭 이성적일 필요는 없다는 말씀이신가요?

크리스틴 네. 꼭 이성적이지 않아도 돼요. 그저 일종의 유기체로서 나에게 선인 건 매력적이고 악인 건 해롭다는 걸 알면 돼요. 또 선의 실용적인 측면에서 자신만의 선을 추구하면 되고요. 건강과 복지가 실용적인 측면에서 선이겠네요. 이게 다예요.

나이절 그럼 동물에게 건강 말고도 무엇이 선일지는 어떻게 결정할까요? 왜냐하면 어떤 종들의 경우, 건강하게 지내고 생존할 수 있는 방법이 여러 가지로 많거든요. 예를 들어, 고양이에게는 선은 뭘까요?

크리스틴 동물에게 선은, 건강한 삶이 가능한 환경에서 건강하게 살아가는 거겠죠. 야생을 벗어난 동물의 경우에는 좀 복잡해요. 예를 들어, 반려동물에게 무엇이 선일지는 결정하기가 좀 어려워요.

대개 야생동물에게는 생존과 번식이 선이거든요. 동물은 생존과 번식을 좋아해요. 그런데 그런 야생동물을 인간 세상에 데려오면 주인들은 가장 먼저 중성화 수술을 고민해요. 동물을 위해서요. 하지만 그 동물은 더 이상 번식을 못해요. 인간 세상에 맞춰지는 거죠. 그러니 자연에서 데려온 동물에게 뭐가 선일까 물으면 의견이 여러 가지로 갈려요.

나이절 인간세계에 적응하는 동물들에 대해 말씀해 주셨는데, 인간이 동물과 관계를 맺는 양상은 여러 가지예요. 중요한 건 그 관계가 우리를 위해서지 동물을 위해서가 아니지 않나요?

크리스틴 글쎄요. 저는 그건 틀린 생각이라고 봐요. 동물은 친구가 될 수 있어요. 내 인생을 돌보는 만큼 동물의 인생도 돌봐 줄 수 있고요.

나이절 공리주의 철학자 피터 싱어Peter Singer도 동물복지를 주장했어요. 방금 말씀하신 대로 접근한다면 싱어와 즉, 공리주의와 다른 결론을 얻을 수 있을까요?

동물의 이익을 인간의 이익만큼 소중히 다루는 것과 비교해, 그 자체로 목적인 동물로서 대하면 어떤 결론에 도달할 수 있을까요?

크리스틴 경우에 따라 결론이 다를 거예요. 싱어는 특히 이런 말을 한

적이 있어요. '동물을 죽이는 행위가 인도적 차원이라면 용납 가능하다'고요.

싱어는 한 가지 장면을 상상해서 소개했어요. 그 장면에서 싱어는 자신이 키우는 강아지인 맥스에 대해 딸과 이야기 중이에요. 딸은 싱어에게 맥스의 삶과 그 가치에 대해 물어봐요. 싱어는 맥스가 죽으면 다른 강아지를 데려와도 되고 그 강아지가 맥스의 자리를 대신할 수 있다고 말해요. 그러면 새로 데려온 그 강아지도 행복할 테고 이런 식으로 세상의 모든 강아지가 행복할 수 있다고요.

칸트주의에서 보면 얼토당토않은 말이에요. 동물은 그 자체로 목적이지 오로지 행복만을 위해 존재하는 생명체가 아니거든요.

나이절 해를 입히는 동물이면 이야기가 달라지지 않나요? 농장에서 작물을 기르다 보면 쥐도 몇 마리 죽여야 하고 민달팽이도 몇 마리 죽이기도 하는걸요. 식량을 생산하려면 어쩔 수가 없어요.

크리스틴 굉장히 달라지죠. 인간의 도덕 기준이 자연과 조화를 이루지 못하는 건 일정 수준에서 사실이에요. 인간의 도덕 기준에 의하면 가능한 모두에게 유리한 해결책을 찾아야 할 테지만 자연계에서 이익은 서로 상충해요.

그래서 우리는 할 수 있는 한 최선을 다해야 한다고 생각해요. 자연계가 도덕적 구조라면 큰 문제가 없겠지만 그렇지 않으니까요.

나이절 소를 우유 공급원으로 사육하는 행위가 목적의 수단으로 동물을 이용하는 것과 다를 바 없다고 생각하는 사람들도 있을 거예요.

이런 식의 동물 사육을 금지해야 할까요?

크리스틴 음, 사람도 목적의 수단으로 이용할 수 있어요. 단, 동의를 얻었다면요. 동물은 의사 표현을 못하니 이와 똑같은 기준을 적용하지 못하겠죠.

제 개인적으로, 동물의 이익에 부합한다면 동물을 수단으로 이용해도 괜찮다고 생각해요. 우유 때문에 소를 키우고, 양모(울)를 얻기 위해 양을 기르고, 계란을 먹기 위해 닭을 키우는 이런 행위들이 동물의 이익에 부합하는지의 여부는 실험을 해야지만 알 수 있어요. 그리고 이에 대한 사람들의 의견 차이가 상당해요. 저도 답을 드리기가 힘들어요. 하지만 한 가지 확실하게 말씀드리자면 그런 행위들이 동물의 이익에 부합했더라면 우유와 계란, 울 가격은 지금보다 훨씬 높았을 거예요.

나이절 동물을 넘어 식물과 환경에도 크리스틴 씨의 주장을 적용할 수 있을까요? 숲을 그 자체로 목적으로 대할 수는 없는 걸까요?

크리스틴 도덕에서 선은 의식과 경험에 달렸어요. 저는 기본적으로 인생에서 긍정적인 경험이 선이라고 생각해요. 기능적인 측면에서 생존과 번식은 식물에게 선일 수 있지만, 제가 '최종적 의미'라 칭하는 도덕적 측면에서 보면 이는 식물에게 선이 아니에요. 식물에게 생존과 번식은 긍정적인 경험이 아니니까요.

나이절 인간은 비인간동물과 달리 이성을 가지고, 이성은 인간에게 선이라고 말씀하셨어요. 하지만 이성적 사고능력이 떨어지는 사람들이 있어요. 안타까운 사고나 유전자 결함 등 어떤 이유에서든지 말이에요. 이런 사람들은 어떻게 되나요?

크리스틴 이성적 사고가 이성적으로 '올바르게' 생각하는 능력을 의미한다면 그런 사람들은 이성적 사고능력이 부족할지도 모르죠. 하지만 근본적으로 그들의 이성적 사고능력은 떨어지지 않아요. 그 사람들도 내 행동의 이유를 아니까요. 자의식을 통해 내가 왜 그렇게 믿고 행동하는지 그 이유를 알잖아요.

본질적으로 이성은, 정답을 말하는 게 아니라 질문하는 능력과 더 관련이 있어요. 판단이 올바르지 않더라도 자의식만 있다면 이성을 지닌 존재라고 생각해요. 다만 불완전한 조건을 가진 이성적 존재들이고 우리가 돌봐야 하는 사람들이에요.

모든 유기체는 각각의 요소와 시스템이 하나로 맞물려 움직이고, 어떤 종류의 삶이든 살아 내는 기능적 단일체라는 점을 잊지 않았으면 해요. 잘난 점만 모아 놓은 게 유기체는 아니에요. 거기서 재능을 하나 뺀다고 해서 완전히 다른 존재가 되지 않아요. 솔직하게 말씀드리면 인간에게 이성을 뺀다고 해서 개가 되지는 않을 거예요. 즉, 이성이 완전하지 못한 인간일지라도 비인간동물과는 이루 말할 수 없는 형이상학적 차이가 존재할 거예요.

나이절 어떤 사람들은 뇌 손상을 입은 아이들보다 일부 유인원들이 더 똑똑하다고 주장해요. 언어사용능력부터 문제해결력까지 더 뛰어나다고요. 하지만 방금 하신 말씀으로 이런 주장을 일축하신 게 아닌가 싶습니다.

크리스틴 맞아요. 그런 식의 말은 사안을 빗겨 나가요.

나이절 요점을 이렇게 정리해 보고 싶습니다. 동물복지가 아닌 동물의 권리 개념으로 접근해야 하며, 거의 모든 동물은 그 자체로 목적이기 때문에 인간은 동물에게 무엇이 선인지 모른 채로 동물을 함부로 이용해서는 안 된다고요.

크리스틴 네, 좋아요. 저는 동물권을 주장해야 할 이유가 충분하다고 봐요. 법의 보호를 요하는 게 권리잖아요. 우리가 일반적으로 생각하는 권리는 대부분 개인이 개인에게 대항할 권리(예를 들어 시민권)나 특정 개인이 특정 개인에게 대항할 권리(계약이나 약속을 했을 경우)예요.

저는 동물이 인간에게 대항할 권리를 가진다고 생각해요. 왜냐하면 사실상 우리가 세상을 장악하고 동물의 목숨을 좌지우지하고 있으며 이제는 동물에게 권위마저 행사하니까요. 이 권위는 우리가 동물을 보호하지 않는 한 합법적일 수 없어요.

나이절 도덕률이 아닌 법으로 동물을 보호해야 한다고요?

크리스틴 네. 도덕률이 아닌 법으로요. 법 말고는 동물을 보호할 방법이 없어요. 모든 사람들이 인도적인 마음을 가지기까지 기다릴 수만은 없어요.

구조된 피해자만이 알고 있는 것

05

피해자의 책임

아쉬위니 바산타쿠마르

Ashwini Vasanthakumar

퀸스대학교 로스쿨 조교수이자, 동 대학 법·정치철학 연구 교수. 전문분야는 정치철학과 법철학이며, 추방과 억압의 맥락에서 정치적 권위와 의무를 주로 논한다. 최근 『추방의 윤리학: 디아스포라(난민 집단 이동) 정치이론 *The Ethics of Exile: A Political Theory of Diaspora*』을 출간했다.

데이비드 피해자에게도 책임이 있을까요? 물에 빠진 여성을 보면 저는 뭘 해서든 도와야 할 책임이 있어요. 만약 그 여성이 저와 부딪혀서 물에 빠졌다면 제 책임은 더 커져요.

보통은 제3자(목격자)와 원인 제공자(범인)에게 책임이 있다고 말합니다. 그런데 피해자에게도 책임이 있는지, 있다면 어떤 책임인지 등 이에 대해서는 거의 논의가 이뤄지지 않았어요. 시작하기에 앞서 아쉬위니 바산타쿠마르 씨에게 누가 피해자로 간주되는지 먼저 여쭤보아야 할 것 같습니다.

아쉬위니 바산타쿠마르(이하 '아쉬위니') 직접적이든 간접적이든 어떤 특정한 불의를 겪었다면 저는 피해자로 간주합니다. 고문부터 성차별, 인종차별과 같은 구조적인 불평등까지 저는 다 불의로 간주해요. 대번에 알아차리기 힘든 불의도 있고요.

데이비드 일상 속 성차별보다 고문이 더 잔인한 것 같은데, 아쉬위니 씨는 이 둘을 똑같이 보시나요?

아쉬위니 제가 생각하는 불의에 대해 조금 더 설명해 드릴게요. 고문은 명백히 잔인한 행동이에요. 고의적으로 피해자에게 엄청난 고통을 주지 않습니까? 그리고 자율성과 신체 완전성(신체에 대한 자기결정권-옮긴이)과 같은 중요한 가치도 크게 훼손하고요.

말씀하신 대로 직장 내 성차별 같은 구조적인 불평등이 고문만큼 중대한 잘못이라고 보기 어려울 수 있어요. 하지만 우리가 자율성, 자기 존중, 존엄성과 같은 가치를 걱정한다면 일상 속 성차별도 이런 가치들을 침해할 수 있다는 점을 아셔야 해요.

고문과 성차별의 잔인성이 똑같은 무게라고 단언하지는 못해요. 그렇지만 일상 속 성차별이 폭력적인 행동과 구조적으로 닮아 있다는 점은 아셔야 할 거예요.

데이비드 예를 들어 주시면 좋겠습니다. 일상 속 성차별이 어떤 영향을 미치나요?

아쉬위니 한 집단에서 성차별이 발생했을 때, 우리가 목격하는 것들은 빙산의 일각이에요. 구조적인 불평등을 주제로 한 논문은, 겉으로 보기에 나쁜 일 따위는 일어나지 않는 것처럼 보이는 사회에 주목해요. 특히 일상적인 규범과 제도, 관행이 가지는 두 얼굴에요.

여성들은 폭력의 피해자인 경우가 많지만 충분히 보호받지 못해요. 특히 가해자가 가족이나 친족이라면 말이에요. 자잘한 여러 상처로 죽을 수도 있어요. 그 상처 중 하나가 그들에게 언제 치명

타를 입힐지는 아무도 몰라요.

데이비드 방금 말씀하신 점이 고문과 성차별 간의 차이일지도 모르겠네요. 고문관이 피해자의 고통을 야기했다는 점에서 그들 사이에는 분명한 인과관계가 성립되지만 성차별의 경우는 달라요.

가령 회의 시간에 누군가가 여성의 말을 가로막았다고 했을 때, 그 사람이 성차별주의자인지 아니면 그저 장난을 쳤을 뿐인지 명확히 구분하기가 힘들어요.

아쉬위니 인정합니다. 우리는 직감이 굉장히 발달해 있기 때문에 가해자가 피해자에게 일부러 해를 입혔음을, 그러니까 고의성을 띤 범죄라는 것을 직감적으로 알아차려요. 부상이 심각한 정도라면 모두가 알겠고요.

회의 시간에 누가 내 말을 가로막았다고 해서 고문과 같은 수준의 고통을 당한 걸로 보지는 않아요. 더욱이 애매한 상황이고요. 성차별인지 아닌지 그 여부를 판단하기 어렵다는 뜻이에요. 상대의 과도한 열정이 낳은 결과일 수도 있고, 말을 서로 계속 가로막으며 대화하는 문화에서 온 사람이라서 문화적 차이로 발생한 문제일 수도 있고요. 다시 말해 성별과 아무 상관이 없을지도 몰라요.

부당함을 없애고 공정한 관행을 정착시키는 게 우리의 관심사라면, 그 자리에서 혹은 회의가 끝나고 직접 그 사람에게 말을 해야 좋을까요? 아니면 개인의 재량에 맡기지 않고 조직 내 규범을 만들어 조치를 취하는 게 좋을까요?

데이비드 회의 도중 성차별을 한 사람은 자기가 그 시스템과는 무관하다고 느낄지도 모르겠네요. 그 시스템이라고 하면, 누군가의 아내가 동네 어딘가에서 폭행당하는 일이 버젓이 벌어지는 그런 시스템이요.

아쉬위니 구조적인 불평등과 관련해서 특히 중요한 건 가해자와 목격자, 피해자가 명확히 구분되지 않는 거예요. 또 피해자가 자기연민에 빠질 수 있다는 점이고요. 회의 중 남자 동료가 제 말을 가로막았다고 해서 남자 동료가 가해자라고 말하고 있는 게 아니에요.

우리가 어떤 세상에서 함께 살아가는데 그 세상은 여러 가지 불평등으로 가득 차 있다고 생각해 봐요. 그 불평등이 일상 행동에서 종종 나타난다고도요. 이렇게 생각하면 이해하기가 좀 더 수월할 거예요. 누군가를 향해 손가락질을 하자는 게 아니라 불평등을 내포하는 일상적인 행동을 바꿀 가장 효과적인 방법을 함께 찾아보자는 거예요. 심각한 불평등이 일상에서 너무 당연하게 나타나고 있음을 인지하자는 말이에요.

정치이론가 아이리스 매리언 영Iris Marion Young도 구조적 불평등과 정치적 책임을 주제로 발표한 논문에서 이 점을 분명하게 꼬집었어요.

데이비드 누군가 피해를 입으면 우리는 일반적으로 그 일에 책임이 있는 사람을 먼저 찾아요. 여기서 그런 사람은 보통 범인이지 피해자는 아니에요.

아쉬위니 방금 말씀하신 점 때문이라도 도덕적 비난의 대상이 가장 무거운 책임을 져야 한다고 생각해요. 피해자 책임을 운운하면서 가해자를 면책시켜 주면 안 돼요. 어렵고 힘들더라도 피해자가 스스로 저항했어야 한다는, 이런 식의 생각은 위험해요.

오히려 피해자가 불의를 알리는 데 중요한 역할을 했다고 봐야 해요. 그렇다면 피해자에게 책임이 있다거나 심지어 가장 큰 책임이 있다는 말 따위는 하지 않겠죠. 대신에 피해자가 정의를 실현하는 데 큰 역할을 했다고 말할 거예요.

제가 이 점을 말씀드리는 이유는, 가해자는 고의적이기 때문에 도덕적인 이유로 갑자기 행동을 멈추고 '아, 내가 이런 짓을 하면 안 되지' 하고 중단할 가능성이 거의 없기 때문이에요.

데이비드 동료가 물에 빠졌어요. 아쉬위니 씨는 지나가다가 이 현장을 목격했고요. 당신에게는 동료를 구조해야 할 책임이 있어요. 이때 당신은 목격자이지 피해자는 아니에요.

아쉬위니 구조나 지원에 대한 이런 식의 패러다임이 저는 아주 유용하다고 생각해요. 확실히 자극제가 되기도 하고요.

생각을 조금 달리해 볼게요. 피해자는 지금 물에 빠져 죽어 가고 있지만 구조가 된다면 다른 피해자를 도울 수 있어요. 구조된 피해자만이 다른 피해자가 있다는 사실을 알거든요. 그래서 피해자는 다른 피해자를 도와야 할 책임이 생겨요.

데이비드 고문의 경우에도 마찬가지라고 생각해요. 누군가 고문을 당하다가 탈출해서 다른 나라로 갔어요. 이 탈출한 사람은 다른 피해자들이 더 있다는 사실을 세상에 알려야 할 책임이 있어요.

아쉬위니 국제인권단체인 휴먼라이츠워치HRW나 국제앰네스티Amnesty International가 발표한 보고서를 통해 위험에서 탈출한 생존자 사례를 알 수 있어요.

말씀하신 대로라면 누군가 고문에서 탈출을 했고 이 사람은 이제 다른 피해자의 존재를 세상에 알려야 할 책임이 생겼어요. 여기서 질문 하나 할게요. 구조적인 불평등 사례에도 이 점을 똑같이 적용해 볼 수 없을까요?

결코 쉽거나 간단하리라 생각하지 않아요. 하지만 어떤 소중한 통찰력을 얻게 될지도 모르죠. 구조적 불평등을 겪은 피해자에게는 인식적 특권이 생겨요. 구조적 불평등은 직접적으로 드러나지 않아요. 하지만 이런 식의 불평등을 겪은 피해자라면 어떤 행동이 선량해 보일지라도 실상 도덕적으로 문제가 있음을 단번에 알아차려요. 이제 불평등이 일어나고 있는 현실을 아는 정도에 그치지 않아요.

데이비드 분별할 줄 아는 시각이 생겼기 때문에 특별한 책임을 가진다는 말씀이신가요? 불평등을 감별할 줄 알아서요?

아쉬위니 네, 경험으로 생긴 인식적 특권이죠. 고문의 경우에는 다른 사람들이 모르는 정보를 알고 있기 때문에 피해자에게 그런 특권이 생기고요.

반면 구조적 불평등에서 말하는 분별은 단지 일상적인 행동을 알아보는 시각 그 이상이에요. 분별하는 눈이 생기면 불평등이나 가해 행동을 쉽게 알아차려요. 그래서 회의 도중 말을 가로막는 사례를 언급했어요.

보기에 아주 사소해서 우리는 이 일을 큰일이라고 생각하지 않아요. 누가 내 말을 가로채 가는 경험을, 남자들보다 여자들이 더 많이 겪는다는 사실도 여자들 덕분에 밖으로 알려졌어요. 회의 중에 사람들이 내 말을 경청하지 않는 듯 보이거나 내 말이 다른 사람의 말에 묻히는 경험을 한 여성들이 그 경험을 서로 공유하는 거죠. 그럼으로써 말을 가로막는 행동이 실제로 얼마나 큰 피해를 주는지 다른 사람들을 이해시키는 데 도움을 줄 수 있어요.

이런 성차별 경험 때문에 여성들이 의견을 내는데 소극적으로 변하거나 자신을 의미 없는 사람이라고 생각하게 되었다면 이 얼마나 무례한 가해 행동이에요. 남자들이 여자들의 말을 가로막는 바람에, 여자들의 말수가 줄어들었다면 이는 전형적인 구조적 불평등이고 고착화될 여지가 많아요. 말씀드렸듯 더 심각한 불평등으로 이어질 수 있고요.

데이비드 정리하자면, 분별할 줄 아는 눈이 생긴 피해자에게는 특수한 책임이 있어요. 불평등을 보다 확실히 감지하거나 느낄 수 있기 때문에 특수한 책임이 생긴 거예요.

고문 피해자는 고문을 당하는 사람이 얼마나 고통스러운지 잘 알아요. 전혀 경험해 보지 않은 사람이 상상하기 힘든 것과 마찬가지죠.

아쉬위니 네, 정확해요. 정보가 없으면 몰라요. 신체적 폭력이 불쾌하고 고통스러운 경험이라고 막연히 생각만 하다가 관련 기록을 읽으면 더 생생하게 와닿는 이치예요.

고문에만 국한하지 않아요. 교도소에서 당연히 행해지는 관행들에 대해 생각해 보세요. 독방에 갇히면 어떤 감정이 드는지 솔직히 저는 상상이 안 돼요. 그런 경험을 해 보지 않았으니까요. 도덕적 상상에도 한계가 있어요. 아무리 열심히 감정이입을 해 봤자 소용없어요. 증언을 읽었을 때에야 비로소 일부라도 알 수 있었어요. 예를 들어 외로움 같은 감정이요. 그래서 기록이 필요해요. 상상은 말 그대로 한계가 있어요.

데이비드 피해자에게 너무 많은 걸 요구하는 게 아닐까요? 고문 피해자를 한번 생각해 봅시다. 이 사람은 삶이 180도 바뀌는 경험을 했어요. 내 나라를 떠났고 새로운 곳에서 삶을 다시 시작해야 해요. 그런데 이런 사람에게 이제 다른 피해자를 도우라니요. 과거를 완전히 잊고 싶을지도 모르잖아요.

아쉬위니 좋은 지적이에요. 그들이 자신을 스스로 괴롭히거나 책임 수행에만 몰두하며 살기를 바라지는 않아요. 이건 지나친 요구죠. 하지만 고통스럽고 힘겹다고 해서 책임 수행을 못 하는 건 아니에요.

당장 고국이나 그 밖의 다른 나라에서 자행되는 고문을 근절하는 데 삶을 헌신해야 한다는 뜻이 아니에요. 그저 뭔가를 해야 한다는 거예요. 예를 들어, 도움을 요청하는 거예요. 인식적 특권으로 책임이 발생했다면 내가 아는 사실을 다른 사람과 공유하는 순간 그 특권은 사라지고 이제 나는 그저 제3자 중 한 명일 뿐이에요. 내가 해야 할 일은 이게 다일지도 몰라요. 이게 하나의 한계지만요.

또 다른 한계는 트라우마 때문에 증언을 못 하는 경우예요. 이 경우에는 책임을 다하지 않아도 괜찮아요. 보통 목격자는 증언을 할 수 있지만 트라우마가 생긴 목격자는 증언이 불가능해요.

이렇듯 피해자가 책임을 수행하는 데는 한계가 있어요. 어쩌다 나의 피해 사실이 세상에 알려져서 국제인권단체에서 보고서를 작성한다고 쳐요. 이제 책임은 다른 사람에게 있고 내가 할 일은 없다고 생각할 수도 있어요.

하지만 좀 더 이상적으로 생각해 보면 그래도 증언을 해야 해요. 고문이 계속 자행되고 있는 상황에서 나만 탈출한 거예요. 나 말고는 이 세상에서 그 누구도 고문이 계속해서 자행되고 있다는 사실을 몰라요. 부담스러워지죠. 왜냐하면 치욕스러웠던 그 일을 사람들에게 말해야 하거든요. 그러면 한동안 그 일을 다시 떠올려야 해요. 굉장히 버겁지만 지금 이 순간에도 고문을 당하고 있는 사람들을 생각해야 해요. 어렵고 힘든 걸 알기 때문에 입을 다물어도 비난하지는 않아요. 그렇다고 책임이 사라지지는 않아요.

데이비드 구조적 불평등의 경우 훨씬 더 복잡해요. 지금 회의 중이고 여자들의 말이 계속해서 묻혀요. 나는 이 상황을 목격하고 있지만 아무 말도 하지 않아요. 이 경우에는 도덕적으로 비난을 받아야 할까요? 성차별인지 아닌지 확신할 수 없잖아요.

아쉬위니 만약 회의 시간에 내가 여자 동료들의 말이 계속 묻히는 걸 알아차렸어요. 나중에 여자 동료 중 한 명이 나에게 이렇게 말해요 "왜 아무 말도 안 했어?" 그럼 나는 이렇게 말할 가능성이 있어요. "네가 여자라서 그런 건지, 제임스 귀가 어두워서인지, 아니면 이번 주제에 제임스가 너무 열정이 넘쳐서 그런 건지 아무도 모르잖아. 안 그래?" 하고요. 아니면 보다 간단하게 "나는 몰랐는데" 하면 그만이에요. 혹은 "정말 말도 안 되는 행동이었긴 해. 다음부터 그러지 말라고 하자" 이렇게 말한다고 해도 그때뿐이죠. 행동하지 않을 이유가 충분했더라도 그 이유가 침묵의 변명이 될 순 없어요.

데이비드 회의 중에 여자들의 말이 묻히는 상황을 목격하면 아쉬위니 씨는 이제 좀 더 목소리를 내시나요?

아쉬위니 음, 이 주제를 다루는 게 굉장히 도움이 됐어요. 말을 더 많이 할 구실이 생겼거든요. 사실 해당 주제는 모두가 고심하는 문제예요. 특히 구조적 불평등과 관련해서요. 저도 마찬가지고요. 솔직히 저는 제가 다른 여자 동료의 말을 가로막고 있을까 봐 그게 더 걱정이에요.

그때는 맞고
지금은 틀리다

06

비난과 불평등

미란다 프리커

Miranda Fricker

뉴욕시립대학 대학원 철학 교수이자 셰필드대학교 철학 명예교수. 저서로 『인식론적 불평등: 앎의 힘과 윤리*Epistemic Injustice: Power and the Ethics of Knowing*』를 출간했다. 『윤리 읽기: 대화형 해설이 있는 짧은 글*Reading Ethics: Selected Texts with Interactive Commentary*』을 비롯해 다수의 책을 공동 집필했다. 현재 미국철학협회 학술지 편집장으로 활동 중이며 영국 학사원 및 미국예술과학아카데미 회원이다.

데이비드 과거에는 당연했으나 지금 보면 비상식적이고 야만적인 관행들이 많아요. 고대 그리스 사람들에게 노예제도는 숨 쉬듯 당연했어요. 18세기에 여성들의 투표권을 주장하는 사람도 드물었고요. 최근까지도 교사는 학생들을 체벌할 수 있었어요.

현 시대를 살아가는 우리는 이런 관행을 따른 사람들 즉, 노예소유주를, 그리고 학생을 때리는 선생님을 비난해야 할까요? 과거 사람들에게 지금 우리의 상식을 기대할 수는 없는 걸까요?

과거에는 당연했으나 지금은 용인할 수 없는 행동들을, 현 시대의 우리가 어떻게 다뤄야 하는지에 대해 말해 봅시다. 오늘 나와 주신 미란다 프리커 씨가 대답해 주시리라 생각합니다.

미란다 프리커(이하 '미란다') 어떤 사람들은 현재 상식에 위배되는 문화나 역사라면, 정도에 상관없이 도덕적으로 비난할 수 있다고 생각해요. 하지만 일부 철학자들은 과거의 어떤 문화나 역사는 도덕적 판단이 불가능하다고 말해요.

저는 특히 비난에 대한 판단과 판단 착오를 다루고 싶어요. 과거 먼 역사에는 적용하기 어려운 도덕적 개념에 대해 중점적으로 논의해 볼까 합니다.

중세의 기사를 예로 들게요. 그들은 오늘날에는 사라지고 없는 법도를 따랐어요. 그 행동을 우리가 지금 끔찍하다고 비난한다면 누군가는 우리더러 융통성도 없고 속도 좁으며 역사를 모른다고 말할지도 몰라요.

윤리적 상대론자들은 비록 중세 기사의 그런 행동이 잔인해 보일지라도 비난해서는 안 되며 어떤 식으로든 도덕적으로 책망해서는 안 된다고 말해요. 역사적 차이를 존중해야 한다는 거죠.

나이절 중세까지 갈 필요도 없어요. 제가 학교 다닐 때만 해도, 그렇게 오래전도 아닌데 선생님한테 매를 맞았는 걸요. 지금은 야만적으로 보이지만 그때는 당연했어요.

미란다 네, 그랬죠. 저는 특히 비난의 상대성을 주제로 논문을 쓰고 싶다면 도덕적 상대주의에 대한 여러 주장을 담아야 한다는 입장이에요. 일반적인 도덕 평가, 정확히는 행동에 대한 도덕 평가만 언급할 게 아니라요. 특정 도덕적 판단에 한해서 상대주의를 적용할 필요가 있는데, 비난이 그러한 도덕적 판단 중 하나라고 봐요.

방금 체벌이라는 좋은 예를 들어 주셨는데 체벌에는 도덕적 민감성이 따라요. 지금은 도덕 개념이 완전히 달라져서, 아이들을 손으로 밀치거나 때리는 것 또는 음식을 뺏는 것 등 모든 체벌이 도덕적으로 절대 용납되지 않아요. 체벌은 이제 인성교육과 같은 훈육이 아닌 아동학대나 가정폭력 또는 폭행 등으로 인식되죠.

당시 선생님들에게 체벌은 도덕적으로 알맞은 훈육 방식이었어요. 비록 그 시절이 비교적 최근이나 그때를 비난할 수는 없어요. 만약 당시 그 선생님에게 분별력이 있었다는 것을 우리가 안다면 비난해도 좋아요. 그렇지 않다면 비난은 삼가야 해요.

체벌이라는 행위 그 자체가 도덕적으로 잔인하다고 생각할 수 있어요. 물론 성격적인 면에서 행위자를 비판해도 좋아요. 그건 비난이 아니니까요.

나이절 그런 생각과 비판에는 왜 상대주의를 적용하지 않나요? 상대주의 입장에서 사람의 행동 방식은 저마다 제각각이라고 말씀하셨잖아요. 그리고 시대와 문화가 다르다고 해서, 과거 누군가의 행동을 두고 무조건 왈가왈부할 수 없나요?

미란다 과거를 도덕적인 관점에서 되돌아볼 때, 뭐라고 말해야 할지는 몰라도 어떤 판단을 내릴 수는 있어요. 비난이 아닌 그런 행동을 한 행위자를 향한 비판적 판단이 되겠죠.

저는 동시대의 다른 사람과 비교해 도덕적 통찰력을 갖지 못한 사람을 두고 어떤 용어를 만들어 사용하고 싶어요. 이를테면 '역사적 실망'이나 '도덕적 실망'이요. 이해를 돕기 위해 일상적인 도덕적 판단, 그러니까 매일 하는 도덕적 판단에 대해 설명을 좀 할까 해요.

체벌이 표준 훈육 방식이었던 시절에는 '이 아이에게 혹독한 체벌을 내릴까? 말까?'와 같은 판단이 일상이었어요. '그렇다' 또는

'아니다'로 결정했을 테고요. 그런데 도덕적 전환기를 맞이한 순간이 있었어요. 체벌을 가하는 선생님 주변에 '이례적인' 도덕적 판단을 내릴 수 있는 사람이 있었던 거죠. 체벌하는 모습을 보고 "아니, 잠깐만요, 이 행동은 선생님이 말하는 '잔인함'이 아니고 뭐겠어요?" 하고 말해요. 이때부터 사람들은 당시 표준 행위였던 체벌을 다른 도덕 개념으로 바라보기 시작했고, 보다 분별력을 가지고 사물을 바라보게 됐어요.

네, 저는 지금 도덕적 실재론 또는 도덕적 객관론(특수한 상황이나 사정과 관계없이 도덕적 규칙은 무조건 지켜야 한다-옮긴이)을 역설하는 중이에요. 여기서 제가 하고 싶은 말은, 비난의 상대성은 도덕적 상대주의와 다르며, 오히려 도덕적 객관주의와 가깝다는 거예요.

나이절 일부 사람들이 그런 이례적인 도덕적 판단을 내렸기 때문에 시대의 한계를 넘어 분별력 있게 사물을 바라봤다는 말씀인가요?

미란다 네, 맞아요. 도덕적 민감성은 시대에 따라 달라져요. 발달하기도 하고 후퇴할 때도 있어요.

우리는 과거의 어느 한 지점을 보고 '우리가 도덕적으로 발전했구나' 하고 느끼는 순간이 있어요. 체벌에 대한 재평가가 바로 그런 예일 수 있죠. 도덕성이 유기적 집합체로서 사람들을 비롯해 여러 상황에 민감하게 반응하며 스스로 굴러가고 자기 수정을 거치는 거예요. 그리고 이때 앞장서는 누군가가 있는 반면 뒤처지는 또 다른 누군가가 있으리라 생각해요.

가령 전쟁이나 사회적 격변으로 인해 사회구조가 바뀌는 경우가 있어요. 구조적 변화는 태도의 변화 또한 일으켜요. 이런 식으로 도덕적 태도는 여러 번 발전했어요. 그리고 어떤 사람의 성찰 능력으로 또 한 번의 변화가 일어나기도 하고요.

이는 태도를 변화시키는 사람이 있다는 말인데, 사회 변화가 일어나는 과정에서 체벌을 폭력으로 인식하는 사람이 있었다는 뜻이에요. 기존의 사고방식을 고집하는 사람들이 '일상적인' 도덕적 판단을 내린다면 이 사람은 '이례적인' 도덕적 판단을 내리고 전체 도덕의식을 함양시켜요.

나이절 과거 누군가의 행동에 대해 지금 우리가 보일 수 있는 적절한 태도로 실망을 언급하셨는데, 실망은 후회와 어떻게 다른가요?

미란다 후회를 도덕적인 태도로 보기에는 조금 어려워요. 금고 곳곳에 지문을 남긴 은행 강도는 아마 후회할 거예요. 버스를 놓쳐서 후회하는 사람도 있을 테고요. 둘 중 어느 경우도 도덕적인 태도는 아니에요.

후회의 형태는 다양해요. 부끄러움도 후회에 포함되는데, 제가 생각하기에 부끄러움은 본질적으로 나를 바라보는 호의적이지 않은 시선에서 도망치고 싶은 마음이에요. 그 시선은 타인의 시선일 수도 있고 나의 내면의 시선일 수도 있어요.

죄책감도 후회에 포함돼요. 죄책감은 보통 나를 짓누르는 양심과 관련된 감정으로 속죄나 고백을 통해 털어 낼 수 있어요. 그리고 아마 회한이 부끄러움 중에서도 가장 중요한 감정일 거예요. 회한은 내가 저지른 잘못을 후회하고 내가 입힌 상처에 고통을 느끼는 감정이에요. 후회의 중심에는 내가 있어요. 그 행동을 저지른 사람은 다른 누구도 아닌 '나' 자신이거든요. 후회와 회한, 죄책감, 부끄러움은 나 자신을 필두로 느끼는 감정이에요.

하지만 나 자신을 향해 도덕적 실망을 하지는 못해요. 완전히 불가능하다고 할 수는 없지만요. 일반적으로 도덕적 실망은 과거 어떤 행동을 보고, 그 행동을 저지른 사람을 향해 지금의 우리가 보이는 태도예요. 달리 생각해 볼 수도 있었을 텐데 그러지 못했다는 점에 대한 일종의 비판이에요.

나이절 지금까지는 과거와 현재의 괴리에 대해 이야기를 나눴는데, 지리적으로 살펴보니 문명과 접촉하지 못한 부족이 있더라고요. 그러니까 기술적으로 발달한 사회에 사는 사람과 한 번도 만난 적이 없고, 현재의 도덕 개념에서 봤을 때 끔찍한 관행을 가진 부족이 있을 수 있다는 거죠.

가령, 그 관행은 셋째 아이를 잔인하게 죽이는 거예요. 이 부족은 우리와 동시대에 살고 있어요. 역사적 괴리는 없다는 말이에요. 우리가 보여야 할 태도는 그저 도덕적 실망뿐인가요? 아니면 이 부족을 만나면 법적인 처벌을 내려야 할까요?

미란다 음, 도덕적 상대주의자들은 일반적으로 다양한 문화적 차이에 주목해요. 그래서 우리가 생각하는 일반적인 도덕 가치를 보편적으로 적용할 수 없다고 생각해요.

그런데 도덕적 상대주의를 비난의 상대성으로 좁힌다면, 유효한 비난은 없어요. 앞서 역사적 괴리가 있다면 비난을 삼가야 한다고 말하면서, 또 비난을 할지 말지는 그 행동을 저지른 행위자에게 분별력이 있었는지 여부에 달렸다고 말했어요. 저는 이 조건이 역사적 괴리에도 적용되지만 문화적 괴리에도 적용될 수 있다고 봐요. 세대와 상관없이요.

그래서 어떤 사람의 행동이 도덕적으로 나쁘다면 무턱대고 비난하기 전에 이 사람이 다르게 생각할 줄 아는지, 사물을 다른 관점으로 볼 줄 아는지, 그리고 분별력이 있는지 먼저 살펴야 해요. 도덕 개념이 우리와 같은데도 그런 행동을 했다면 비난을 해도 돼요. 그렇지 않은 상황에서 비난을 한다면 아마 우리는 도덕적 융통성이 없거나 어리석은걸 거예요.

나이절 지금 우리가 하는 행동 중에 20년 후 사람들이 보면 실망할 행동이 있을까요?

미란다 분명히 있지 않을까요? 방금 말씀하신 점을 생각하면, 내가 하는 행동에 미리 스스로 실망할 수도 있어요.

저는 반쯤은 양심에 찔린 채로 고기를 먹어요. 미래에 아무도 고기를 안 먹고 오로지 채식만 한다면, 저 같은 사람을 두고 도덕적 실망을 하겠죠. 반려동물을 대하는 제 태도를 보고 의아해하겠죠. 대체 왜 다른 동물은 반려동물처럼 대해 주지 못하느냐고요. 사고방식에 일관성이 없다고 생각할지도 몰라요. 우리가 과거 체벌을 가한 사람을 보고 왜 일찍 깨우치지 못했을까 안타까움을 느끼듯이요.

미래 세대가 실제 어떤 생각을 할지 모르겠지만 이런 식으로 생각할 수는 있다고 봐요. 제 주변 사람들은 이례적인 도덕적 판단으로 모두 고기를 안 먹거든요. 이런 사람들과 어울리니 저도 이례적인 도덕적 판단을 내릴 수 있고 그래서 고기를 안 먹을 수 있는 사람이에요. 그래도 여전히 고기를 먹기 때문에 저는 회색 영역에 머물러 있는 사람이에요. 이 모습을 보고 미래 사람들이 제게 도덕적 실망이라는 가장 안 좋은 판단을 내릴지도 몰라요. 달리 생각할 수 있었음에도 그러지 않은 데에 대한 실망이요.

지금은 고기 섭취가 아주 일반적이고 일상적이기 때문에 아무도 저를 비난하지 않아요. 그래서 미래의 관점에서 저는 회색 영역에 속한 사람이에요. 여기서 회색 영역이란 도덕적 실망을 뜻해요. 그렇지만 회색 영역을 '개선의 여지가 있는' 경우로 봐도 되지 않을까 싶어요.

비도덕적인 은둔자

07

사회적 박탈

킴벌리 브라운리

Kimberley Brownlee

브리티시컬럼비아대학교 철학 교수. 전문 분야는 도덕철학과 정치철학 및 법철학이다. 외로움과 소속감, 사회 인권을 연구 중이다. 저서로 『상호 확신과 양심과 신념: 시민불복종 사건*Being Sure of Each Other and Conscience and Conviction: The Case for Civil Disobedience*』을 출간했다. 그 외 『응용철학에 대한 블랙웰 안내서*The Blackwell Companion to Applied Philosophy*』 및 『장애와 약점*Disability and Disadvantage*』을 공동 집필했다.

데이비드 영국 속담에 '코번트리로 보낸다'가 있어요. 어떤 사람을 없는 듯 취급하고 그와 말을 하지 않겠다는 뜻이죠. 이 속담의 기원에 대해 의견이 분분하지만 사회에서 철저히 배척하는 게 얼마나 잔인한 처벌인지는 분명해요.

사회적 교류가 없는 모든 사람들이 벌을 받기 위해 고의적으로 배척당했다는 말은 아닙니다. 어쨌거나 그런 사람들은 외롭기는 해도 끔찍할 정도는 아니에요. 이와 관련해 재미있는 질문을 하나 하고 싶습니다. 우리는 모두 사회적으로 교류할 권리가 있습니까? 킴벌리 브라운리 씨는 그렇다고 대답합니다.

킴벌리 브라운리(이하 '킴벌리') 사회적 박탈은 다른 사람과 최소한의 교류도 하지 않는 상태를 뜻해요. 교도소 독방에 구금된 재소자나 오랫동안 격리 중인 환자, 또는 집 밖으로 나가지 못해 사람과 교류할 수 없는 노인처럼 원치 않게 고립된 사람들이 사회적 박탈을 경험하죠.

나이절 실제로 박탈감을 느끼나요? 그러니까 인지하든 안 하든, 사회적 교류는 인간의 기본 욕구인가요?

킴벌리 좋은 질문이에요. 일반적으로 인간이 고립을 겪는 일은 드물기 때문에, 정신과 신체 모두 고립을 낯설게 받아들여요. 고립은 심각하고 만성적인 외로움을 수반해요. 실제로 오랜 기간 고립된 사람은 피폐해지는 경향이 있어요.

외로움과 고립은 고통과 목마름, 배고픔, 두려움처럼 원치 않는 경험이에요. 그래서 사람들은 고립에 저항해요. 또한 이것은 불안을 유발하는 경험이에요. 건강에도 좋지 않아요. 장기간 금식을 잘 견뎌 내는 사람이 있듯이 고립을 차분히 잘 견디는 예외적인 사람도 있긴 하겠죠. 하지만 대부분 사람들에게 고립은 아주 부정적인 경험이에요.

나이절 그래서 독방 감금을 고문이라고 하는 걸까요?

킴벌리 독방 감금은 원치 않는 고립으로 극심한 외로움을 가져다줄 뿐만 아니라 정신 건강과 신체 건강에도 부정적인 영향을 미쳐요. 환청을 듣는 사람도 있고, 자학을 하거나 미약하게나마 긴장증 증상을 보이는 사람도 있어요. 정신과 육체가 모두 피폐해지죠.

이를 보여 주는 사례가 있어요. 전쟁포로로 잡힌 어떤 기자는 감금 상태에서 아무 생각이 나지 않아 무서웠다고 말했어요. 이란에서 억류된 기자인 셰인 바우어Shane Bauer는 사람을 너무 만나고 싶은 나머지 매일 아침 일어나면 심문을 받고 싶었대요. 그러면 사람하고 얘기를 할 수 있으니까요.

나이젤 심지어 혼자 있기를 원하는 사람에게도 사회 교류는 확실히 필수겠네요. 그러면 우리는 다른 사람과 사회적 관계를 맺을 권리도 있겠네요?

킴벌리 심리학에 따르면 인간은 사회적 종이에요. 인간만 그런 건 아니지만 인간만큼 사회적인 종도 없어요. 우리는 타인에게 의존한 채 유아기와 아동기, 청소년기를 보내요. 다른 어떤 종보다도 청소년기에 훨씬 긴 의존기를 보내요. 우리는 근무시간의 80퍼센트를 다른 사람과 교류하는 데 쓴다고 해요. 그리고 혼자 있는 시간보다 다른 사람과 교류하는 시간을 더 좋아하고요(철학자나 일부 분야의 사람들은 아닐지도 몰라요). 우리가 최소한의 인간다운 삶을 영위하려면 타인의 도움을 받을 수밖에 없어요.

저는 우리에게 사회적 박탈에 저항할 권리가 있다고 봐요. 이 저항권은 그 자체로도 하나의 권리이지만, 이 권리가 보장되어야 다른 권리도 누릴 수 있어요. 사회에서 배척당한 결과로 인지능력을 상실했다면 인지능력 상실 때문에 결국 다른 권리도 주장할 수 없게 돼요. 그러니 이 사회적 박탈에 저항할 권리가 보장되어야만 다른 권리들도 가능해요.

투표권과 공직에 출마할 권리, 교육받을 권리, 건강할 권리, 일정 수준 자급자족을 통해 기본적인 욕구를 충족할 권리 등 모두 인지능력이 있어야만 가능해요. 따라서 사회적 교류라는 필수 욕구는 반드시 충족돼야 해요.

나이절 사회적 박탈에 저항할 권리는 법적 권리인가요? 아니면 인권이나 그 밖의 다른 종류의 권리인가요?

킴벌리 저는 정당한 권리인 도덕적 권리에 대해 말하고 있어요. 인권은 한 개인이 인간으로서 충족해야 할 기본적인 욕구와 흥미를 포함해요. 그렇기 때문에 인권도 도덕적 권리라고 할 수 있어요.

따라서 사람을 대하는 방식과 관련해 '절대적인 최소한의 도덕'이 무엇인지 따져야 해요. 법적인 측면에서 인권을 다루기도 하지만 주목해야 할 점은, 세계인권선언이나 국제인권규약에는 사회적 박탈에 저항할 권리가 명시되어 있지 않아요. 그 대신 우리를 사회 구성원으로 간주하는 권리는 많이 적혀 있어요.

예를 들어, 세계인권선언은 나와 가족의 욕구가 충족될 수 있도록 적절한 생활수준에 대한 권리를 언급해요. 나와 내 가족이 함께 산다고 간주하고 있죠. 지역사회의 사회·과학 발전에 참여할 권리도 적혀 있어요. 이 권리는 내가 지역사회의 구성원으로 인정받고 있음을 시사하죠.

법적 효력을 가지는 이러한 권리를 감안하면, 우리에게는 최소한의 사회적 교류를 보장받을 기본적인 권리가 있어요. 이 권리는 다른 권리의 기초가 되지만 너무 당연해서 언급되지 않아요.

나이절 인간은 사회적 교류 욕구가 매우 크기 때문에 인간에게서 사회적 교류를 박탈하는 행위는 생명수인 물을 빼앗는 행위와도 같은 거네요.

킴벌리 네, 맞아요. 그래서 범죄자에게 이것 자체가 벌이 될 수 있는 거예요. 이외의 다른 처벌은 내리지 않아요. 추가로 처벌을 더 내리는 건 너무 과해서 도리를 벗어난다고 생각하거든요.

예를 들어, 교도소 방에 오염된 공기를 주입할 수는 없잖아요. 물이나 음식을 주지 않는 처벌은 정당화하기 힘들어요. 이런 의미에서 최소한의 적절한 사회적 교류가 보장되어야 한다고 말하는 거예요. 너무 기본적인 권리거든요.

나이절 지금은 소셜미디어 시대예요. 페이스북이나 스카이프, 이메일과 같은 소셜미디어로도 사회적 교류가 가능하다고 보시나요?

킴벌리 좋은 질문이에요. 소셜미디어는 일종의 사회적 대용물이에요. 가족이나 친구와 멀리 떨어져 있을 때 화상채팅은 관계를 유지하는 데 큰 도움이 돼요.

사람을 도저히 만날 수 없을 때(예를 들어, 전염성이 매우 큰 질환을 앓고 있어서 사람들의 면회가 차단된 경우) 소셜미디어나 중간 매개체에 의존해 사회적 교류를 이어 나갈 수 있어요. 실제로 고립된 사람들이 TV나 식물과 대화하는 경우가 많아요. 이때 TV나 식물이 사회적 대용물이에요. 하지만 사회적 대용물은 완전하지 않아요. 그렇기에 사회적 교류라는 우리의 기본욕구를 채우기에는 한계가 있어요.

친한 사람과 직접 만나는 교류는 그 관계를 지속시켜요. 인간은 한 번의 만남으로는 관계를 맺지 않아요. 여러 번의 교류를 통해서 맺은 관계는 시간이 지나도 유지가 돼요. 서로만 아는 이야기가 있거든요.

현재의 의료복지 시스템에도 문제가 있어요. 매번 다른 사회복지사가 방문하니 관계를 맺기가 힘들어요. 사회복지사와 환자만 즉, 우리만 아는 이야기를 형성할 수도 없고, 내가 믿을 만한 사람인지 증명하기도 힘들고 신뢰를 쌓을 수가 없으니까요.

방금 말한 사항들에서 사회적 교류가 지닌 두 가지 중요한 면을 알 수 있어요. 하나는 대면의 가치고(직접 만나는 교류가 가장 이상적이죠), 다른 하나는 유대 형성이 가능해야 한다는 점이에요. 단지 만나기만 해서는 안 돼요. 우리만 아는 이야기를 형성할 수 있는 교류여야 해요.

나이절 어떤 특정 임계점을 넘어서는 깊이 있는 만남을 말씀하시는 건가요?

킴벌리 음, 그 기준은 사람마다 달라요. 유아기의 어린아이는 사랑과 보살핌, 헌신이 있는 풍부한 교류를 통해 잘 자랄 수 있어요. 단지 보살핌만으로는 안 되고 사랑을 받아야 해요. 이와 달리, 자신을 스스로 보살필 수 있는 강한 어른은 최소한의 기준만 충족되면 돼요.

하지만 성숙하고 건강한 어른이라고 해도 출산과 죽음, 사랑하는 사람으로 인한 슬픔 등 힘든 순간을 마주하면 타인에게 의지하는 의존기를 가질 수밖에 없어요. 이 기간에는 교류가 절대적으로 필요할 뿐만 아니라 따뜻한 보살핌이 간절해요. 노인이나 장애가 있는 사람들에게 이 기간은 좀 더 빈번하게 발생할 수 있고, 필요한 교류도 어린아이와 상당히 비슷해요.

나이절 성인에게는 성적인 교류도 행복한 삶을 사는 데 필수가 아닐까 싶어요. 하지만 성적인 교류가 당연한 권리라고 생각하지는 않아요. 그저 감사할 뿐이죠.

킴벌리 저는 성관계를 하지 않아도 최소한의 인간다운 삶이 가능하다고 생각해요. 하지만 어떤 사람들에게 이런 삶은 선택이 아니에요. 이런 삶을 영위할 선택권이 있다는 것 자체로 나는 최소한의 인간다운 존재죠. 만약 신체장애가 심해서 누군가 먼저 다가와 주지 않는 한 성적인 교류가 불가능한데도 성적인 교류를 해야만 하는 삶을 강요받는다면, 권리를 거론하게 돼요. 그리고 권리 대립의 문제가 발생하죠.

이 문제는 사회적 욕구에서만 나타나는 독특한 문제예요. 사회적 욕구는 상호주관적이거든요. 물질적인 도움을 제공하고 싶은 욕구와는 달라요. 이를테면 가난에서 자유로워야 한다고 주장하는 경우, 우리는 필요한 곳에 음식 등 자원을 보내면 돼요. 이걸로 다른 사람에게 부담을 주지는 않아요.

하지만 누군가의 사회적 욕구를 권리로서 마땅히 보장해야 한다고 주장한다면, 우리는 가족이나 친구, 직장동료 등 다른 사람과 교류해야 할 의무가 생겨요. 여기서 흥미로운 건, 내가 누군가에게 교류를 요구하면 나도 마찬가지로 그 사람과 교류를 해야 한다는 거예요. 사회적 교류는 상호주관적이에요.

나이절 사회적 교류가 상호주관적일 수는 있으나, 이익의 측면에서는 비대칭적인 교류 아닌가요? 예를 들어, 어떤 사람이 심각할 정도로 매력이 없어요. 그래서 사회적 교류를 하지 못했는데 권리를 보장받게 된 후로 사회적 교류를 하게 됐어요. 이때 이 사람은 상대방보다 얻는 게 더 많은 거 아닌가요?

킴벌리 맞아요. 하지만 서로 도움을 주고받는다고 생각하면 어떨까요? 신체 돌봄을 요하는 사람은 상대방에게 보살피는 방법을 가르쳐 줄 수 있어요.

미국에 아스퍼거증후군을 앓는 사람들이 신체 돌봄이 필요한 노인을 돌봐 주는 프로그램이 있어요. 노인들은 필요한 돌봄을 받고 아스퍼거증후군 사람들은 노인과의 관계를 통해서 도움 주는 법을 배워요. 이런 점에서 상호 간 이익이라고 봐요.

나이절 자유주의자 입장에서 보면 어른인 우리는 원하는 사람과 교류할 자유가 있어요. 누구하고 교류할지는 개인이 자유롭게 선택할 수 있죠.

킴벌리 존 스튜어트 밀의 입장이네요. 밀은 내가 원하는 세상을 선택할 권리가 있다고 말했어요. 그건 사실 말이 안 돼요. 반대로, 우리가 좋은 사람으로 간주하는 사람들의 입장에선 지금의 사회나 단체가 그들이 원하는 세상이 아닐 수도 있어요. 그렇다면 이 사람들은 우리와 어울리기 싫을지도 모르죠.

다음으로, 그런 선택권 행사는 우리가 어렸을 때 보장받았던 기본적인 교제 욕구에 달렸어요. 아이들은 이 교제 욕구를 특권화해 충족시켜 줄 사람이 필요해요. 아기나 어린아이 입장에서 원하는 사람과 교제할 자유를 논하는 것은 터무니없어요. 설령 어린 나를 돌봐 주는 사람이 나와의 교류를 원치 않는 경우, 나 역시 선택권을 주장할 수 있어야 해요.

이 경우 철학자들이 말하는 '모두가 그렇게 한다면?'이라는 문제에 직면해요. 모두가 '나는 이 아기를 돌보지 않을래' 또는 '나는 이 노인은 수발하지 않을래'라고 말하고 밀에 따라 원하는 사람과 교제할 자유를 주장한다면요? 교제에서 소외당하는 개인뿐만 아니라 전체에도 많은 문제가 생길 거예요. 원치 않는 사람과 교제하지 않을 권리를 주장한다면 말이죠.

나이절 그러네요. 이와 관련해 조금 더 자세히 말씀해 주시면 좋을 것 같습니다.

킴벌리 데렉 파핏Derek Parfit은 자신의 저서 『중요한 것에 관하여*On What Matters*』에서 '개인과 우리each-we' 딜레마에 대해 이야기해요. 이 딜레마는 죄수의 딜레마와 비슷해요. 나에게 이익이 되는 행동을 할 것이냐 아니면 전체에 이익이 되는 행동을 할 것이냐 둘 중 하나를 선택해야 하죠. 각자의 이익만을 위해 행동한다면 전체를 생각하고 행동했을 때보다, 전체로서도 개인으로서도 우리가 얻을 수 있는 이득은 더 적어요.

그래서 '이 사람과 교제하기 싫어' 하고 너도 나도 말한다면, 우리 모두에게 좋을 게 없어요. 예를 들어 가족이나 단체, 집단, 조직, 지적발달, 사랑, 보살핌, 친절 등 이 모두는 개인보다 전체를 더 생각할 때 가능해요.

나이절 그렇다면 은둔자가 되기로 선택한 사람은 어느 정도 비도덕적인 사람인가요?

킴벌리 아마도요. 완전히 도덕적인 의미에서 사람과 교제를 안 하기란 불가능해요. 하지만 사람들은 혼자 있기를 좋아하는 단호한 개인주의자를 낭만적으로 그리는 경향이 있어요. 『월든 호수의 소로』와 『로빈슨 크루소』가 대표적이에요. 사람들은 소로와 로빈슨 크루소를 존경하고 좋아해요.

제 생각에 그 이유는 우리가 철저히 혼자 남겨지더라도 잘 살고 싶어서가 아닐까 생각해요. 사회생활은 스트레스이기도 하잖아요. 우리는 서로를 필요로 하고, 서로에게서 많은 이익을 얻고 보호받아요.

그런데 한편으로는 서로에게 지배당하고 있기도 해요. 변덕 부리는 가족, 사회 이데올로기, 인식의 변화 등은 우리가 사회적 존재로서 얼마나 약한지 보여 줘요. 그래서 혼자 남겨지게 되더라도, 다른 사람에게 거부당하더라도, 잘 살 수 있기를 바라는 마음에 은둔자의 삶을 낭만적으로 그려요.

은둔자가 되기로 선택한 사람은 일정 조건하에 그런 삶을 살 수 있어요. 첫 번째는 내게 사회적 관계 유지를 정당하게 기대하는 사람이 없어야 해요. 배우자와 아이, 친구가 있으면 도덕적으로 그 관계를 저버릴 수 없어요.

두 번째는, 나와 교류할 수 있는 사람이 없어야 하고 또 나와 교제하지 않으면 교류 욕구를 충족하지 못하는 사람이 없어야 해요. '할 수 있는' 이 말에 주목해 주세요. 그렇지만 나와 교류할 수 있는 사람이 가까이에 있고, 그리고 나와 교류하지 않으면 그 사람의 기본 욕구가 충족되지 못하는 경우 나는 공동체를 떠나서 은둔자가 될 수 없어요. 도덕적으로 말이에요.

인류 공동체의 가치와 기본적 욕구 충족이라는 타인의 권리를 생각하면 우리는 완전히 도덕적인 의미에서 인류 공동체를 거부하지 못해요. 한 사람이 거부하는 순간 누구나 따라 할 수 있잖아요.

나이절 우리는 역할이 다 나뉘어 있잖아요. 이 점이 해결책이 될 수는 없나요? 역할이 나뉘어 있다면 말 그대로 은둔자의 삶이 가능하잖아요. 우리는 내 욕망에 따라 선택해요. 우연히도 인간의 삶은 참 다양하고요. 즉, 사람들이 저마다 다른 삶을 선택한다는 말이에요.

킴벌리 때에 따라 달라질 문제예요. 은둔자의 삶을 원하는 사람이 많지 않고 앞서 말한 조건하에서라면, 은둔자들이 우리 사회에 문제가 되지는 않을 거예요. 또 대부분의 사람들이 은둔자의 삶을 원한다면 굳이 사회적 욕구를 충족해야 할 사람도 없을 거예요. 개인주의 문화인 서양 사회에는 사람들과 어느 정도 단절되어 혼자 있기를 원하는 사람이 많은 것처럼요. 그렇지만 대부분 이런 삶을 원한다면 도덕적인 문제가 발생해요.

나이절 지금까지 하신 말씀을 존 던John Donne 시인의 시 「누구를 위하여 종을 울리나」에 나오는 한 구절인 '누구든 그 스스로 완전한 섬은 아니다'로 한 줄 요약해도 될까요?

킴벌리 좋죠. 우리는 사회적 존재로서 서로 떼려야 뗄 수 없는 관계를 맺고 있어요. 이 사실이 항상 좋은 건 아니지만 상호의존적인 존재인 걸 어쩌겠어요.

국가는 나를 거부할 권리가 없다

08

추방할 권리

세라 파인

Sarah Fine

킹스칼리지런던 철학 조교수. 이주와 시민권 사안을 주로 연구한다. 철학과 예술 간의 유사성 연구에도 관심이 많다. 『정치이론으로 보는 이주: 이동과 구성원 윤리*Migration in Political Theory: The Ethics of Movement and Membership*』를 정치이론학자 레아 이피Lea Ypi와 공동 집필했다. 최근 논문 「난민과 안전, 인간다운 삶*Refugees, Safety and a Decent Human Life*」을 아리스토텔레스사회학회에 발표했다.

데이비드 모든 나라에는 국경이 있고 누가 국경을 침범하는지 나라에서 매일 감시해요. 누구에게 입국을 허용할지 말지 결정하는 일은, 일단 겉으로 보기에는 국가가 결정하는 것 같아요.

전 세계적으로 정치인에게 더 강한 입국 통제를 요구하는 국민들이 실제로 많아요. 그런데 국경을 넘어오는 사람들을 추방할 권리가 실제로 국가에게 있을까요? 대부분 그렇다고 가정하는데, 세라 파인 씨가 우리에게 이 질문을 던졌어요.

세라 파인(이하 '세라') '입국을 원하는 사람을 나라에서 추방할 권리가 도덕적으로 있는가?' 제가 좋아하는 질문이에요. 특히 영토에 들어가길 원하는, 그러니까 정착해서 실제로 그 나라의 국민이 되고 싶은 사람을 막을 만한 도덕적 권리 같은 게 국가에 있는지 물어보는 걸 좋아해요.

나이절 대부분의 사람들은 국가에 그런 권리가 있다고 추정해요. '들어

오면 안 됩니다' 하고 말할 수 있는 어떤 도덕적 권위가 국가에 있다고 생각하기 때문이에요.

세라 맞아요. 많은 사람들이 그렇게 추정하고, 국가는 확실히 그런 권리가 있는 듯 행동해요. 그래도 국가에 정말 그런 권리가 있는지 물어보고 싶어요.

저는 우선 국가의 성질부터 살펴요. 예를 들어, 저는 자유민주주의 국가란 무엇인지 그 개념을 살피고 그 개념의 요소 하나하나가 또는 전부가, 그 국가에 입국을 원하는 사람을 추방할 권리가 있다는 주장을 뒷받침할 근거로 작용하는지 물어봐요.

나이절 방금 하신 말씀을 좀 더 분명히 하겠습니다. 영국이나 미국 그리고 스스로 자유민주주의 국가라 칭하는 국가들의 경우 추방의 근거를 그 체제에서 얻을 수 있다는 말씀이신가요?

세라 맞아요. 구성원이 아닌 사람을 추방할 권리가 국가에 있다고 말하는 사람도 있어요. 말하자면 민주주의 국가의 국민에게는 누구를 구성원으로 받아들일지 말지 결정할 권리가 있다는 말이에요.

나이절 한 가지 상상해 볼게요. 제가 어떤 나라에 갔는데 입국을 거부당했어요. 자유주의 국가인데도 말이에요. 하지만 저는 놀라지 않아요. 왜냐하면 일반적으로 국가가 매개변수 즉, 기준을 정해서 누구를 구성원으로 받아들여야 하는지 정하는 건 당연해 보이니까요.

세라 기준에 부합하지 않아서 입국을 거부당했다는 사실은 별로 놀랄 일이 아니에요. 18세기에 노예제도를 보고 아마 놀라는 사람은 없었을걸요. 중요한 건 어떤 권리로 국가가 추방을 결정할 수 있냐는 거예요.

다른 상상을 해 보자고요. 여러분들의 배우자가 어떤 국가의 시민이에요. 입국 후 정착해 살면서 그 국가의 구성원이 될 만한 특별한 이유도 있어요. 하지만 입국을 거부당했어요. 이때는 입국 거부에 놀라거나 격분할지도 모르죠. 그러면 국가가 어떤 권리로 나를 거부하는지 물어볼 수밖에 없게 돼요.

나이절 그 질문에 사람들은 보통 어떤 답변을 하나요?

세라 국가의 개념 자체와 관련된 다양한 주장을 이용하더라고요. 말씀드렸다시피, 어떤 사람들은 국가는 일종의 독립체로서 주권국이기 때문에 추방할 권리를 가져야 한다고 말해요. 또는 국가의 기능을 유지하는 데 그런 권리가 필수라고요.

그러면 이 말이 정말 사실인지 반문할 필요가 있어요. 우리는 왜 국가의 개념에 추방할 권리가 포함된다고 생각할까요? 과거에 국가가 주장한 권리 중에는 현재로서는 더 이상 주장할 수 없는 권리도 포함되어 있어요. 예전에는 자국민의 출국과 국경 내 이동을 통제할 권리가 국가에 있었어요. 지금은 더 이상 합법적인 권리가 아니죠(특별한 상황은 제외하고요).

자, 국가가 국가로 존재하려면, 그리고 국가가 스스로 주장하는 권위를 가지려면, 국가는 어떤 일들을 해야 할까요?

분명한 건 국가는 그 권위 아래에 있는 자국민을 보호하기 위해 존재해요. 이런 점에서 사람들은 국가에 일종의 자기방어권이 있다고 생각할 수 있어요. 어떤 상황에서는 국가가 입국자를 추방해도 된다고 생각할 수도 있고요.

예를 들어, 국가가 타국의 테러 위협에 대항해 자기방어권을 갖는다면 국가 안보를 명백히 위협하는 사람을 추방할 최소한의 권리가 국가에 있다고 볼 수 있죠. 하지만 이렇게 특정한 상황만 고려하고 있는 게 아니에요.

나이절 국가가 국가로 존재하기 위해 누구든 추방할 수 있어야 한다는 말은, 꼼수에 불과하다는 말씀인가요?

세라 네, 그래요. 우선 전 시대를 막론하고 국가 스스로 주장하는 모든 권리가 국가 개념에 필수라고 생각해서는 안 돼요. 과거에는 국가의 권리라고 했으나 이제는 주장하지 않는 권리도 있잖아요. 우리는 다 알아요.

더욱이 누구든 추방할 수 있다는 게 국가의 기능을 유지하는 데 필수로 보이지 않고요. 물론 특별한 이유에서 특정 개인을 국가가 추방할 수 있다고 생각할 수는 있어요. EU 회원국을 예로 살펴볼게요. EU 회원국은 공통된 출입국 관리 정책을 시행하고 있어서 제3국의 국민을 추방할 권리는 있어도 다른 EU 회원국의 국민을 추방할 권리는 없어요(현재는요). 그렇다 해서 EU 회원국이 국가의 지위를 잃은 건 아니잖아요. 그리고 출입국 통제권을 갖고 있다고 해서 국가인 것도 아니고요.

나이절 그렇다면 사람들은 어떤 또 다른 이유로, 입국을 거부할 도덕적 권위가 국가에 있다고 말하는 건가요?

세라 앞에서 말한 것처럼 국가는 국가이기 때문이래요. 민주주의를 이유로 들며 그런 주장을 하는 사람들도 있어요. 그들은 아마 민주주의 국가 국민은 구성원을 선택할 권리가 있다고 말할 거예요.

나이절 말하자면, 입국 결정 사안을 투표에 부치고, 입국을 원하는 사람의 가치관이 마음에 들지 않을 경우 반대표를 던질 수 있다는 이야기네요. 민주주의 국가에 살기 때문에 이런 생각이 가능하다고 봐요.

세라 말씀하신 점도 근거로 작용해요. 사람들은 대부분 민주주의 국가가 스스로 결정할 수 있다고 생각해요. 국가가 이런 문제를 스스로 결정하지 못하면 어떻게 민주주의 국가냐고 하면서요.

나이절 그러면 민주주의 국가의 가치관에 따라 과반수가 찬성한 건 뭐든 받아들여야 하겠네요.

세라 글쎄요, 민주주의가 국민에 의한 통치를 의미한다면, 다시 말해 국민이 국가를 통치한다는 개념하에서라면 이렇게 생각해 볼 수도 있어요. 지배를 받는 사람도 어떤 의미에서는 동시에 지배를 하고 있는 거죠. 즉, 지배를 받는 사람도 지배에 참여할 의무가 있다는 거예요.

최근 역사를 돌아보면, 민주주의 국가의 지배를 받는 사람들임에도 불구하고 국가가 이 사람들을 참여에서 배제한 사례가 있어요. 이 사람들의 참여를 주장하는 사람들은 지배를 받으니 당연히 참여해야 한다는 민주주의적 입장일 거예요.

민주주의에 입각해서 주장을 펼치는 사람들에 따르면, 법의 적용을 받는 사람은 그 누구도 배제해서는 안 되며 여성과 소수집단에게도 참여권을 줘야 한다고 주장하겠죠. 그러면 이런 질문을 하게 돼요. 누구를 포함하고 제외해야 할지, 이런 결정을 내리는 사람이 누구인지요.

알다시피 민주주의 국가는 특정 집단을 배제할 수 없어요. 지배를 받는 국민도 어떤 의미에서 지배자니까요. 그래서 누가 지배하는지, 다시 말해 결정을 내리는 사람이 누구인지 물어볼 수밖에 없어요.

해당 질문을 출입국과 연관 지어 보면, 국경 밖의 사람들 즉, 그 국가의 국민이 아닌 사람들은 입국하려는 해당 국가의 규정을 따라야 하고, 그에 따라 삶이 좌지우지돼요. 해당 국가의 규정을 적용받기 때문에 지배를 받는 사람들이 되는 거죠. 그렇다면 출입국 결정에 참여할 권리가 생기는 거 아닌가요?

정리하자면, 민주주의 국가의 국민들이 출입국 문제를 결정할 수 있다면 입국을 원하는 사람들이 정확히 누구인지 모두가 알고 있는 상태여야 해요. 이 사람들이 국민이 되기에 적합한지 판단하기 위해서죠. 그런데 과연 정말 그게 가능할지 확실하지 않고 논란의 여지가 많아요.

나이절 그렇다면 영국에 입국하고 싶어 하는 라틴아메리카 국민도 영국에서 참여권을 부여받아 영국의 이민법에 관여해야 한다는 말이네요. 이 생각도 논란의 여지는 많을 것 같습니다. 말씀하신 바에 따르면 지구상의 모든 사람들이 방문 또는 거주하고 싶은 국가의 입국 기준 결정에 관심이 있어요.

세라 제 입장에 찬성하는 타당한 주장들이 있어요. 이렇게 한번 가정해 볼게요. 영국은 프랑스에 거주하는 프랑스 시민에게 세금을 부과하기로 결정했어요. 영국의 세법을 프랑스 시민에게 적용했지만, 이에 대해 어떠한 발언권도 주지 않았어요. 프랑스 시민들은 이 조치가 부당하다고 항의할 테죠.

자국민도 아니고 영국에 살지도 않는 사람을 이런 식으로 통제할 수 있나요? 입국 시 벌어지는 상황과 어떤 면에서 비슷하지 않나요? 자국민이 아닌 사람에게 즉, 입국하고 정착하여 그 나라의 국민이 되길 원하는 사람에게 자국의 법을 적용하잖아요.

나이절 하지만 민주주의적인 의사결정만으로도 충분하지 않나요? 도덕적으로요.

세라 아닐 수도 있어요. 민주주의 국가 국민들이 자국의 영토와 관련해서 권리를 갖느냐 하는 문제가 남아 있어요.

예를 들어, 어떤 집단이 똘똘 뭉쳐서 다른 사람들의 공원 이용을 막아요. 그 집단 사람들에게는 공원에 대한 권리가 없기 때문에 문제가 있어 보여요. 정말 그런 행동을 할 수 있을까요? 다른 사람들이 공원에 출입하고 공원에 앉아 쉬려는 행동을 그들이 막아서도 되나요?

나이절 음, 그건 그렇네요. 지금까지 국가에 추방할 권리가 있는지에 대해 국가의 본질과 관련지어 살펴봤어요. 추방의 근거로 민주주의적 의사결정 방식을 이야기했고, 여기에 어떤 문제가 있는지도 살펴봤어요. 국가에 추방할 권리가 있다고 주장하는 사람들이 내세우는 또 다른 이유가 있나요?

세라 또 다른 이유로, 그들은 개인에게 누구와 어울리고 어울리지 않을지 결정할 권리가 있듯이 국가도 그런 권리가 있다고 말해요. 또한 국가는 결사의 자유가 있기 때문에 함께하고 싶은 사람과 그렇지 않은 사람을 선택해도 된다고요.

나이절 사람은 어울리고 싶은 사람을 선택할 수 있어요. 그러니까 국가가 사람하고 비슷하다는 말씀인가요?

세라 어떤 의미에서는 자발적 결사체이기도 하고요. 어떤 단체가 보이스카우트와 연합을 원해도 보이스카우트는 이를 거부할 수 있어요. 걸스카우트도 가입을 원하는 모든 사람을 굳이 단원으로 받아들이지 않아도 되고요. 이런 점에서 국가와 비슷하다고 생각할지도 모르죠. 그런데 이런 비교가 타당한가요?

가령, 어떤 골프 클럽에서 쫓겨나거나 가입을 거절당한다면 다른 골프 클럽에 가입하면 돼요. 사실상 어떤 골프 클럽의 회원이 될 수 없다고 해도 사는 데 지장은 없어요. 하지만 국가는 달라요. 세상은 여러 국가의 집합체이고, 어느 한 국가에 소속되는 건 정말 중요해요. 나를 구성원으로서 인정하는 국가가 없다면 즉, 내가 국적이 없는 사람이라면 삶이 끔찍할 수 있어요. 그래서 국가는 훨씬 고차원적이에요.

게다가 골프 클럽의 회원 선택 권리를 우리가 존중하는 이유 중 하나는, 그 단체를 결성한 회원들의 결정을 존중하기 때문이에요. 하지만 국가는 그렇지 않아요. 국가는 자발적 결사체가 아니에요. 국민은 일반적으로 국가 선택권이 없어요. 그냥 그 국가에서 태어났기 때문에 나는 그 국가의 국민이 되었고 국가는 나에게 권위를 행사해요. 이런 이유로 앞선 그 비유가 타당한지 따져 본 거예요.

나이절 국가의 입국 거부를 찬성하는 여러 이유들을 말씀해 주셨는데요. 혹시 또 다른 이유도 있을까요?

세라 있어요. 그들 말에 의하면, 국가는 자국의 문화를 보호해야 할 권리가 있으므로, 이민이 초래하는 위험에서 문화를 지킬 수 있다고 보더라고요.

나이절 합리적인 생각으로 들려요. 국가는 작은데 이민 온 외국인들이 많다면 문화가 바뀔 수 있잖아요.

세라 그렇다면 국민성과 국가정체성에 대해 물어보게 돼요. 국가는 자국의 문화를 보호할 권리가 있다고 하지만 이게 참 교묘해요. 우선,

문화는 고정불변의 성질이 아니에요. 계속해서 변화를 거듭하죠.

더욱이, 문화의 범위가 어디까지 뻗어 있는지 어떻게 알 수 있을까요? 국가는 대부분 여러 문화를 가진 다문화 국가예요. 또 있어요. 만약 주요 문화가 배타적이라 다수를 나타내지 못하면요? 문화적 소수자들은 아마 그런 문화에서 소외감을 느낄 거예요.

국가와 문화 사이에 정확히 어떤 연결고리가 있나요? 많은 사람들이 자국의 문화를 유지하려고 노력하며, 적어도 너무 빠르게 바뀌지 않기를 소망해요. 그래서 어떤 형태로든 문화를 보호하는 데 관심이 많아요.

그런데 마찬가지로, 이주를 희망하는 개인들도 이주를 할 수 있을지의 여부에 관심이 많아요. 문화 보존에 대한 관심이 왜 어떤 국가로 이주를 원하는 사람들의 관심보다 더 크리라 추정할까요?

나이절 음, 아무래도 내가 생각하는 문화정체성이 위협을 받으면 사람들은 한 민족으로 단결해서 반응할 수밖에 없는 것 같아요.

세라 인정해요. 하지만 이 관심들을 잘 살펴봐야 해요. 예를 들어, 사람들이 자신이 속한 종교 단체를 건전하고 활기차게 유지해 나가는 데 많은 관심이 있다고 쳐요. 그러면 국가는 이 사람들을 대신해서 종교단체를 보호하고, 그런 보호라는 명목하에 어떤 사람을 배척하겠다고 주장할 수 있는 걸까요? 문화와 국가정체성에 대해서는 이런 식의 주장을 하잖아요. 문화와 국가정체성이 도대체 뭔가요?

사람들이 중요하게 생각하는 것들은 많아요. 그중에서 왜 문화가 더욱 특별한가요? 어째서 입국과 정착을 원하는 사람들의 관심보다 문화가 더 중요한가요?

나이절 문화정체성을 지켜야 하며, 이민 거부만이 문화정체성을 수호하는 유일한 방법이라고 주장하는 사람들은, 이민을 원하는 사람의 관심보다 문화정체성이 훨씬 중요하다고 잘못 이해하고 있다는 말씀이신가요?

세라 네, 그렇게 주장만 해서는 안 돼요. 증명을 해야 해요. 자유민주주의 국가가 하는 일에 문화가 상당히 중요하다는 주장이 있을 수는 있어요. 문화가 도구적 가치를 지니며 민주국가 번영에 도움이 되고 사회적 연대를 촉진한다는 이유로요.

그런데 어떤 문화가 그런 효과를 가질까요? 그런 효과를 내는 문화가 있기도 하고, 없기도 하겠죠. 그런 유익한 효과를 내는 문화와 공동체에 대해서만 그런 주장을 하는 걸까요, 아니면 일반적인 문화를 통틀어서 그런 주장을 하는 걸까요?

짐작하건대 그런 효과가 없는 문화도 분명 있어요. 극심한 개인주의를 조장하거나 반민주적인 경향을 보이는 문화일 테죠. 다시 말해, 이민에 대한 관심보다 문화 장려에 대한 관심을 더 우선으로 하는 사람들은 그 이유를 설명할 수 있어야 해요. 문화 보호가 최우선이라고 단지 말만 해서는 안 돼요.

나이절 세라 씨는 국가의 추방 권리를 찬성하는 사람들이 근거로 활용할 만한 주장을 대부분 조사하신 것 같아요. 그리고 다 문제점이 있었고요. 그렇다면 추방 사안에 대해 제대로 생각한 사람이 별로 없고, 자유민주주의 국가에서 누군가의 입국을 거부할 만한 타당한 이유가 없다는 말씀이신 거죠?

세라 네, 국가의 추방 권리를 뒷받침하기 위해 애쓴 사람들이 많아요. 하지만 지금까지 제가 말씀드렸듯 문제가 있는 주장들이 많았어요.

국가의 추방 권리에 대해, 공개 담론으로 더 많은 논의를 할 수 있으면 좋겠어요. 이런 주장들을 비판적으로 하나하나 살펴보면, 생각보다 명료하지 않거든요.

다문화주의를 왜곡하는 비대칭성

09

다문화주의와 자유주의

앤 필립스

Anne Phillips

런던정치경제대학교 정치과학 교수. 페미니즘 정치이론을 주로 연구하는 정치이론가이기도 하다. 저서로 『존재의 정치학*The Politics of Presence*』, 『문화 없는 다문화주의*Multiculturalism without Culture, Our Bodies, Whose Property?*』, 『인간 정치학*The Politics of the Human*』 등이 있다.

데이비드 누군가가 파마를 하든, 머리를 아주 짧게 깎는 크루컷Crew-cut을 하든, 단발머리를 하든, 아니면 앞은 짧게 자르고 옆머리와 뒷머리는 길게 자르는 멀릿컷Mullet-cut을 하든, 이 사람을 다른 문화권에서 왔다고 생각하지는 않을 거예요.

다문화주의는 '다수'라는 단어와 '문화'라는 단어가 합쳐져 만들어진 용어예요. 자유사회에서는 문화가 다양한 여러 집단이 공존해야 한다고 말하는데, 이 말이 뜻하는 바는 뭘까요? 앤 필립스 씨는 '문화'라는 개념에 비판적이며, 이를 동질하고 고정불변한 성질의 것이라 생각합니다.

또한 앤 씨는 '문화'라는 이 용어 자체가 방해물이라고 말합니다. 하지만 자유주의자들과 마찬가지로, 앤 씨도 의미가 분명치 않은 이 '자유'라는 개념을 먼저 해결하셔야 될 겁니다.

나이절 앤 필립스 씨, '다문화주의와 자유주의'를 주제로 함께 이야기를 나눠 볼까요? 다문화주의와 자유주의는 서로 어떤 관련이 있나요?

앤 필립스(이하 '앤') 자유주의는 국가의 순응 요구를 거부해요. 이 점에서 자유주의와 다문화주의는 분명히 서로 관련이 있어요. 자유주의자라면 사람들에게 똑같은 행동을 강요해서는 안 된다고 생각할 거예요. 문화적 다양성을 인정하는 태도로 보이기도 하죠.

그런데 저는 다문화주의와 자유주의 간의 상관성을 지나치게 강조하면 문제가 생긴다고 봐요. 자칫하면 소수의 이상하고 잠재적 일탈행위를 다수가 용인하는 게 다문화주의라고 생각할 수 있거든요. 이런 식으로 다문화주의를 이해하면 문제가 생겨요.

나이절 사람들이 원하는 방식대로 살 수 있도록 자유를 보장해야 한다고 주장하는 게 자유주의예요. 쉽게 말하면 '각자 원하는 대로 살자'라는 식이죠. 그런데 상대를 너그럽게 보아 살핀다면, 이는 상대를 낮춰 보는 권력관계가 아닐까요?

앤 맞아요. 저는 민주주의와 평등에 입각해서 다문화주의를 이해해요. 이러면 다문화주의가 자유주의와 유사해 보일지라도, 제가 주장하는 바를 분명히 전달할 수 있어요.

한 사회에 여러 다양한 문화가 공존한다면 그 사회는 모두를 공평하게 대해야 할 의무가 있을 거예요. 민주주의와 평등의 원칙에 입각해서요. 하지만 정치적·법적·사회적 제도는 우리가 누구인지를 따지고 그 결과 온갖 편견이 난무해요. 주로 계층과 성별, 지역과 관련된 편견이고 문화적 편견도 물론 존재하죠.

저는 모두를 공평하게 대해야 할 의무가 있는 민주주의 국가 내 다문화주의에 대해 말씀드리고 싶어요. 이를 통해 기존의 정치적·

법적 제도가 사회의 특정 계층에 '몰래' 유리하도록 형성되어 있다는 점을 강조하고 싶어요.

제가 민주주의와 평등의 원칙으로 다문화주의를 살피는 까닭은 민주주의와 평등이 타인에게뿐만 아니라 나에게도 중요하기 때문이에요.

나이절 자유민주주의 정신으로 다문화주의적인 관용을 주장해서는 안 된다는 말씀인가요? 사람들은 대부분 자유민주주의에 입각해서 관용을 베풀어야 한다고 말해요.

다른 사람의 의견에 반드시 동의하지 않아도 되고, 내 삶을 스스로 선택하며, 가능한 내 의견을 다른 사람에게 강요하지 않는 것이 가장 이상적인 삶의 방식이라고요. 저는 이 주장이 일리가 있다고 생각합니다.

앤 다문화주의가 지닌 일종의 비대칭성 때문에 토론을 할 때 어려움이 있어요. 사람들은 다문화주의라는 개념 자체를 소수의 문화와 관련지어요. 마치 세상에는 소수의 문화만 있을 뿐이며, 우리 모두가 문화를 갖고 있지 않은 것처럼, 문화의 영향을 받지 않고 살아가는 것처럼 구는 거죠.

누구나 관용이 필요해요. 다시 말해 누구나 특정 한도 내에서 실수할 권리, 그리고 내 삶을 스스로 꾸려 갈 권리가 필요해요. 다문화주의를 정의하는 방식에도 문제점이 있어요. 다른 문화권의 누군가가 하는 기이한 행동도 용인하는 게 다문화주의라고 생각하는 경향이 있거든요. 다문화주의와 상관없이 우리는 다 이상해요.

아니에요? 우리에게 이상한 습관이 하나씩은 다 있고 심각한 실수도 저질러요.

저는 다문화주의를 왜곡하는 그 비대칭성을 넘어서 사람들이 다문화주의를 제대로 규정하고 이해하기를 바라요.

나이절 다문화주의에서 발생하는 문제 중 하나는 사람들이 때로 잘못된 선택을 거리낌 없이 한다는 거예요. 조금만 더 분별력이 있었어도 그런 선택은 하지 않았을 텐데 말이죠.

예를 들어, 정략결혼을 기꺼이 받아들이는 사람도 있지만 제 관점에서 정략결혼은 잘못된 선택이에요. 이런 경우에 대해서는 어떻게 생각하시나요?

앤 앞서 말한 다문화주의의 비대칭성을 한 번 더 강조하고 싶네요. 일상에서 우리는 많은 결정을 내려요. 그 결정을 돌이켜 보면 정말 내가 한 결정이 맞나 싶죠. 그런 결정을 내릴 때만 해도 나는 다른 대안에 대해서 잘 모르고 그 결정이 어떤 결과를 가져올지도 모르는 상태니까요. 아마 10년 전을 돌아보면 '대체 왜 그런 짓을 한 거지?' 하고 생각할 거예요.

저는 과거에 초창기 여성해방운동을 경험했어요. 여성들이 차별을 당했다는 사실을 깨닫는 과정에 대해 이야기를 나눴던 기억이 나요. 이상하죠. 많은 사람들은 차별을 당하는 상황에서 당사자가 항상 차별을 인지하고 있을 거라 생각할 거예요. 하지만 실제로는 당연하다고 생각했던 경험이나 행동이 나중에 알고 보니 굉장히 차별적이고 불평등한 형태였음을 깨닫는 경우가 많아요. 인간이기에 가능한 깨달음이에요. 문제를 제기하기도 하고요.

나이절 그러면 누군가 어떤 선택을 했다고 합시다. 그때 나는 그 선택이 그에게 나쁜 결과를 가져다줄 게 뻔히 보여요. 이때는 어떻게 해야 하나요?

앤 좋아요. 우선 제가 방금 강조한 대로 우리는 모두 실수를 해요. 그러니 실수를, 우리가 흔히 소수자 문화로 오인하는 다문화주의에만 국한해서 생각하지 않기로 해요.

해당 질문에 대해 꽤 일반적인 세 가지 기준이 있어요. 첫 번째는 미성년자가 연관되어 있다면 각별히 신중해야 한다는 겁니다. 미성년자가 한 선택을 평가할 때는 특히 조심스러워야 해요. 두 번째는 그 선택이 신체적 또는 정신적 손상을 초래한다면 문제로 삼아야 한다는 거예요. 첫 번째와 두 번째 기준으로 여성 할례를 반대하는 사람들이 있어요. 세 번째는 '사람은 평등하다'라는 전제에서 벗어난 행동은 문제라는 거예요. 이 기준은 특히나 짧게 설명하기가 어려워요.

첫 번째 기준의 경우, '자신의 삶을 책임질 수 있는 나이는 몇 살인가'와 같은 질문을 두고 끝없이 토론을 펼칠 수 있어요. 두 번째 기준의 경우에도 무엇을 정신적 또는 신체적 손상으로 볼 것인지 묻는다면 이 또한 명료하지 않으니 토론이 끝이 없을 거예요. 평등도 마찬가지로 논쟁이 클 수밖에 없어요.

예를 들어, 어떤 여성이 아내와 엄마로 사는 데 삶을 헌신하기로 선택했어요. 이 여성에게는 살고 싶은 나라가 있었으나 남편의 직업 때문에 포기한 상태고요. 남편은 그 사실을 알면서도 신경 쓰지 않아요. 불평등한 관계인가요? 네, 저는 그렇다고 생각해요. 하지만 이 관계를 비난하지는 않을 테죠. 특정 상황에서 세 번째 평등 조건은 의미를 잃어요.

나이절 성차별을 적극적으로 옹호하는 문화도 제가 알기로는 있어요. 누군가 자신의 문화에서는 모든 사람이 평등하니, 다른 문화도 그래야 한다고 주장한다면 문화제국주의 아닐까요?

앤 모든 문화가 어느 수준에서는 성차별을 옹호한다고 봐요. 하지만 말씀하신 대로 얼마나 '적극적으로' 옹호하느냐에 달렸어요. 어떤 문화는 다른 문화보다 성차별에 더 적극적일 거예요. 문제는 남녀의 역할이 평등과 대치될 때 발생해요.

요즘 여자가 남자보다 열등하다고 말하는 사람은 없어요. 대신에 '음, 여자가 할 일은……' 이렇게 말하며 구분 짓고, 나중에 알고 보면 여자가 한 일은 상대적으로 하찮거나 부수적인 일일 때가 더러 있어요.

저한테 하신 질문은 평등 조건이 그런 맥락에서 얼마나 큰 힘을 발휘하는지 물으시는 거죠? 제가 분명히 드리고 싶은 말은, 법이 남자와 여자에게 서로 다른 권리와 권한을 부여하면 안 된다는 거예요. 여자 세 명이 뭉쳐야 남자 한 명의 역할을 한다는 이런 주장을 법으로 제정하면 인정할 수 있나요? 한 사람은 밖에 나가서 돈을 벌고 다른 한 사람은 집에서 책임지고 아이를 돌보는 이런 관계를 우리는 불평등하다고 말할 수 있어요. 그런데 이런 관계를 가능하게 하는 게 더 문제예요.

나이절 누군가 이런 상황을 보고 자신의 자유로운 선택이었다고 말한다면, 우리는 그 말을 곧이곧대로 믿어야 한다는 뜻인가요?

앤 아니요. 그런 뜻이 아니에요. 그 말을 곧이곧대로 믿는다는 건 곧 '현 상태를 유지하는 걸로 보아, 아무 문제가 없나 보네' 하고 생각한다는 거예요.

폭력을 행사하는 남편과 사는 부인이 이 사실을 숨기는 경우도 있어요. 사람들이 자신의 현재 상황에 만족한다고 해서 전혀 문제가 없는 건 아니에요. 심지어 차별적이고 폭력적인 환경에 살면서도 만족한다고 말할 수 있어요. 그래서 정부는 선택과 대안을 제시하고 국민을 보호하고 지켜야 할 책임이 있어요.

아까 말씀하셨던 정략결혼을 다시 예로 들면, 저는 원치 않는 결혼을 강요당하는 젊은 사람들을 위해서 사회가 지원체계를 마련해야 한다고 생각해요. 그리고 이 지원체계가 있다는 사실을 사람들에게 알려야 할 의무도 있고요. 혹시 있을 최악의 경우에 부모의 압박을 피해 보호시설에서 안전하게 머물 수 있잖아요. 저는 이 모든 게 다 국가의 의무라고 생각해요.

사회는 사람들에게 가능성을 열어 줘야 해요. 이용 가능한 기회나 대안을 제공했음에도 사람들이 "이게 내 선택이야" 하고 말한다면 다시 말해, 부모가 강요한 결혼을 선택했다면, "그래, 이건 네가 한 선택이야"라고 말해도 좋아요.

나이절 다문화주의 사회가 선택할 수 있는 다른 한 가지는 융화예요. 그러면 갈등을 해결할 수 있어요. 예를 들어, 시크교 사람들은 터번을 쓰길 원하는 동시에 법에 따라 오토바이 헬멧도 착용해야 해요. 융화 정책을 도입하면 이런 문제를 간단하게 해결할 수 있어요. 앤 씨가 만약 이 의견에 찬성하지 않는다면, 갈등을 해결할 다른 방법을 알고 계실까요?

앤 오토바이에서 떨어졌을 때 터번이 부상을 예방할 수 있는지에 대해 논의한 적이 있어요. 그런데 오토바이를 탈 때 헬멧을 안 쓰는 사람이 거의 없더라고요. 시크교 사람들 대부분 터번이 안전하지 않다고 판단한 거예요. 정치권에서 이를 법적으로 논의한 적이 있긴 하지만, 안전에 대한 합리적인 판단은 개인 스스로 할 수 있다고 봤어요.

나이절 헬멧 착용 문제는 해결됐지만 제가 알기로 시크교 남자들을 종교가 정한 대로 어딜 가든 의무적으로 키르판(단검)을 들고 다녀요. 항공 안전 등과 관련해 문제가 될 소지가 충분해요.

앤 훨씬 어렵네요. 칼 소지는 학교에서도 문제가 돼요. 학생들은 학교에 칼을 가져갈 수 없으니까요. 그 사람의 정체성을 나타내는 키르판 같은 물건의 경우 그 의미를 고려해야 해요. 또한 비행기 탑승과 종교적 정체성 둘 중 하나를 선택해야 하는 경우 겪게 될 불편함도 생각해 봐야 하고요. 쉽지 않지만 선택해야 해요.

문화적 편견이 야기하는 불평들과 불편함을 논의할 때 요점은,

모든 걸 허용할 수는 없다는 거예요. 문화적 주장을 전부 받아들이는 게 다문화주의가 아니에요. 다문화주의의 가치는 평가에서 시작돼요. 평가는 상황에 따라 달라져요. 다시 말해, 고정된 평가 방법이나 절차는 없어요.

두 가지를 알아야 해요. 하나는 정치적·법적·사회적 제도가 거의 항상 편견을 내포하고 있고, 따라서 민주주의와 평등에 입각해서 문제를 해결하려고 노력해야 한다는 거예요. 다른 하나는 모든 문화적 주장을 받아들일 수 없는 타당한 이유가 있을지 모른다는 거예요.

나이절 교육에 대해서는 어떻게 생각하시나요? 각 집단의 교육 방식에 맞는 학교가 개별적으로 필요하다는 주장이 있어요. 찬반이 분분해요.

앤 씨는 기본 권리인 인권 측면에서 집단이 그러한 주장을 할 수 있다고 생각하실 것 같아요. 반면 다양한 문화가 번성하고 공존하는 사회를 원하시잖아요. 과연 이런 학교를 짓는 게 그런 사회를 이룩하는 데 도움이 될까요?

앤 자유주의는 항상 개인의 권리를 강조해요. 자유주의와 다문화주의에 대해 토론할 때 자주 발생하는 갈등이, 집단의 권리와 문화적 권리에 대해 다문화주의가 자유주의와 비슷한 주장을 펼친다는 거예요. 평등과 관용에 기초한 주장을 펼치기 때문이에요.

이 점을 염두하시고 교육을 언급하신 것 같은데요. 각 집단은 그만의 계율과 세계관에 따라 자녀를 양육할 권리가 있다고 주장해요. 심지어 다른 세계관에 자녀들이 오염되지 않도록 보호해야 할 권리가 있다고 말할지도 몰라요. 문화적 보호 측면에서 그런 권리를 주장하는 거죠.

그런데 그 권리가 자녀들의 요구사항과 일치하는지는 알 수 없어요. 아이들은 다양한 사람들과 어울리고, 이야기를 나누며, 함께 지낼 권리가 자신들에게 있다고 말할지도 몰라요.

저는 다문화주의가 집단의 권리보다 개인의 권리에 더 집중하길 바라고, 지금 교육도 그런 방향으로 진행되고 있다고 생각해요. 다문화주의 토론 덕분에 오직 개인의 권리만 고집하던 고전 자유주의가 변화하고 발전했어요. 집단 정체성은 그 집단에 속한 개인에게 많은 영향을 미쳐요. 개인의 권리에 대해 말할 때 고려해야 할 사항이죠. 고전 자유주의의 발전으로 권리의 이해 범주가 넓어졌지만 집단의 권리까지 요구해야 할 필요는 없다고 생각해요.

저는 솔직히 어떤 의미에서 세상에 문화란 존재하지 않는다고 봐요. 우리가 문화라 부르는 것들은 각양각색이고 그 안에 포함되어 있는 목소리도 다양해요. 이른바 서로 다른 문화를 다채로운 방식으로 교류해요. 그래서 '문화'라는 일종의 독립체에 권리를 부여하는 건, 문제라고 생각해요. 그래도 고전 자유주의가 개인의 권리만을 강조하다가 집단의 중요성까지 인정하게 된 건 의미가 있어요.

나이절 오로지 특정 집단의 구성원으로 한정되기에는 내가 가진 정체성이 훨씬 복잡하다는 말씀인가요? 집단은 내 정체성을 형성해 줘요. 하지만 집단 내에서 형성되는 내 정체성은 문화와 관련이 없어요. 나의 성별gender과 성sex, 그리고 내가 왼손잡이인지 아닌지는 문화가 결정해 주지 않아요. 그래서 집단을, 다시 말해 문화를 축소시키는 건 제멋대로인 경향이 없지 않아 있어요.

앤 그 의견에 전적으로 동의해요. 어떤 면에서 저는 문화라는 주제에서 벗어나 '사회적'이라는 개념에 대해 이야기하고 싶어요. 우리의 모습은 사회의 다양한 영향을 받으면서 형성돼요.

성별을 말씀하셨죠. 여기에 계층과 민족성, 종교, 지역, 국가 등을 더할 수 있어요. 내 정체성을 형성하는 데에 지대한 영향을 줄 수 있는 것들이 이렇게나 많아요. 사회적 영향과 집단 정체성이 우리에게 중요하다는 사실을 인식할 필요는 있지만, 그것들을 특별한 지위를 가진 문화로 받아들일 필요는 없다고 생각해요.

사람들이 문화라고 부르는 건 사실 사회적인 거예요. 다수와 소수를 대하는 방식 사이의 비대칭성을 해결해야 한다는 이 생각으로 다시 되돌아가 봐요. 누군가는 문화적 정체성을 가지고 누군가는 성 정체성이나, 계층 정체성, 혹은 다른 어떤 종류의 정체성을 가진다는 이런 식의 생각에서 벗어나야 해요. 우리는 모두 사회적 영향을 받아요.

자유 민주주의적인 또는 평등주의 사회에서 우리는 어떤 정책과 제도를 개발해야만 사람들이 이런 복잡성을 인정할 것인지, 그리고 사회의 그 누구도 불이익을 당하지 않을 것인지를 고민해야 해요.

스스로 객관적이라 믿을 때 벌어지는 일

10

암묵적 편견

제니퍼 솔

Jennifer Saul

워털루대학교 사회·정치철학 학과장이자 셰필드대학교 철학 교수. 암묵적 편견에 대해 연구하며 언어철학과 페미니즘 철학도 연구한다. 현재 '트럼프와 브렉시트 시대의 화용론'이라는 제목의 연구를 진행 중이다.

데이비드 인터뷰 대상자가 여성이라는 사실이 이 인터뷰의 수준에 영향을 줄까요? 그렇다면 슬프지만…… 스스로 페미니스트라고 할지라도 무의식적으로 어떤 편견을 갖고 있다는 증거입니다.

이런 게 철학에서 말하는 '암묵적 편견'이에요. 철학과에 여성이 별로 없는 이유와도 관련이 있는지 궁금하네요.

나이절 그러게요. 오늘 이 '암묵적 편견'을 주제로 제니퍼 솔 씨와 이야기를 나눠 보면 알 수 있지 않을까 합니다. 제니퍼 씨, 암묵적 편견이 뭔가요?

제니퍼 솔(이하 '제니퍼') 음, 어려운데요. 저는 우리가 거의 무의식적으로 떠올리는 모든 것들을 가리켜 암묵적 편견이라고 해요. 심리학자들이 수십 년 동안 연구한 결과에 따르면 거의 모든 인간은 무의식적으로 뭔가를 떠올려요. 이런 무의식적인 연상은 우리가 사회집단의 다른 구성원을 이해하고 평가할 때, 또 이들과 소통할 때 영향을 줘요.

저는 특히 사회에서 낙인찍힌 사람들과 소통할 때가 궁금해요. 낙인을 찍는 대상은 사회마다 달라요. 무의식적인 연상도 다를 거고요. 하지만 어쨌든 모든 인간은 무의식적인 연상을 할 거예요. 아주 혼란스러울 수도 있어요. 사실 우리는 우리 머릿속에서 이런 것들이 일어나는지도 모를 테지만요.

나이절 어떤 집단의 사람들에 대해 부정적인 감정을 느끼거나 그 사람들을 부정적으로 생각하는 게 암묵적 편견인가요?

제니퍼 암묵적 편견은 어쩌면 '생각'과는 달라요. 암묵적 편견을 정확히 뭐라고 해야 할지는 꽤 까다로워요. 하지만 구조적으로 인종차별을 가하는 사회에 사는 사람들은 흑인에 대해 어떤 암묵적인 편견이 있을 거예요. 굉장히 부정적이죠. 하물며 낙인이 찍힌 사람들도 스스로에 대해 부정적인 암묵적 편견을 가지고 있어요. 일평생 이런 편견에 맞서 온 사람조차도요.

암묵적 편견에 대해 논의할 때면 미국의 흑인 시민운동가인 제시 잭슨Jesse Jackson의 사례가 자주 등장해요. 잭슨이 어떤 낯선 도시에서 밤 늦게 혼자 걷고 있었는데 뒤에서 발걸음 소리가 들리더래요. 뒤를 돌아보니 백인 남자였고 잭슨은 그 순간 마음이 편해졌대요. 그때 잭슨은 불현듯 한 가지 사실을 깨닫고 소스라치게 놀랐다고 해요. 바로 자신에게조차 흑인, 더구나 흑인 남자는 위험하다는 암묵적 편견이 있었던 거예요. 일평생을 이런 편견과 맞서 싸워 왔으면서 말이에요. 이렇듯 우리는 암묵적 편견에서 자유롭지 못해요. 우리가 편견의 대상일지라도, 의식적으로 편견에 저항할지라도, 매일매일 편견과 싸운다고 할지라도 말이에요.

나이젤 이 사실을 뒷받침하는 과학적 증거가 있을까요?

제니퍼 심리학은 지난 수십 년 동안 수백 가지 연구를 통해 암묵적 편견이 다양한 방식으로 존재한다는 점을 증명했어요.

그중 암묵적 연합 검사IAT가 가장 유명해요. 온라인에서 즉시 해 볼 수 있기 때문인데요. 다만 이 검사가 암묵적 편견을 증명하는 유일한 수단은 아니에요. 단지 스스로 직접 시험해 볼 수 있는 한 가지 수단일 뿐이라는 점을 꼭 말씀드리고 싶네요.

이 검사는 흑인 얼굴과 백인 얼굴을 보고 긍정적인 형용사나 부정적인 형용사를 각각 빠르게 매치하거나, 남자와 여자를 보고 예술·인문이나 과학 관련 단어를 빠르게 매치하는 거예요. 이때, 흑인 얼굴에 긍정적인 형용사를 매치하는 사람은 별로 없었어요. 그렇게 매치했더라도 시간이 오래 걸렸거나 부정적인 형용사를 매치할 때보다 더 많은 실수를 했어요.

나이젤 어떻게 암묵적 편견에 관심을 가지게 되셨어요? 꽤 전문적인 분야잖아요.

제니퍼 '왜 철학에 종사하는 여자는 드물까, 내가 뭘 할 수 있을까' 이런 생각을 하다 보니 관심을 갖게 됐어요.

미국의 경우, 철학자 중에 오직 17퍼센트만이 여자예요. 영국은

24퍼센트로 이보다 많지만, 인문·예술 분야에서 여성이 50퍼센트를 차지한다는 점을 감안하면 여전히 낮은 비율이에요.

이 점에서 철학과 과학은 상당히 닮았어요. 실제로 어떤 연구에 따르면 심지어 수학보다도 철학에서 남자의 비율이 더 높다고 해요.

나이절 그렇다면 고용주에게 어떤 암묵적 편견이 있다는 말씀인가요? 여성 철학자를 낮게 평가하는?

제니퍼 그보다 훨씬 복잡할 거예요. 암묵적 편견은 다양한 행동으로 나타나요. 그 행동은 대수로울 수도 있고 아닐 수도 있어요.

하지만 고용 여부를 결정할 때 암묵적 편견이 크게 작용하는 것으로 나타나긴 했어요. 두 개의 똑같은 이력서에 하나는 여자 이름을, 다른 하나는 남자 이름을 적어 제출했을 때, 남자 이름이 적힌 이력서가 더 좋은 평가를 받을 가능성이 커요.

다시 말해, 남자 이름을 적어 낸 경우 면접 제안을 받을 가능성이 더 크고, 더 높은 직급에 더 많은 급여를 받을지도 몰라요. 확실히 암묵적 편견이 결정에 영향을 준 거죠. 남녀에 대한 이런 암묵적인 편견은 모든 연령대에서 똑같이 나타나요. 어디서든 확연히 나타나죠.

남녀를 불문하고 남녀에 대한 암묵적 편견은 누구에게나 있어요. 고용 여부를 결정할 때뿐만이 아니에요. 일상생활 속에서도 나타나요. 예를 들어, 수업 중에 여학생보다 남학생 이름이 더 많이 불려요. 또 미성숙한 발언을 한 학생이 남자면 보다 너그럽게 이해해 주는 편이고요. 추천사도 여학생보다 남학생에게 더 잘 써 줄 거예요. 여학생보다 남학생에게 학업을 계속 이어 갈 것을 권하고요. 남녀에 대한 암묵적 편견은 우리에게 이렇게 다양한 영향을 미치고, 그 영향은 갈수록 더 커질지도 몰라요.

나이젤 정말 이상한데요. 교수님의 말을 들어 보면 철학이 이 점에서는 가장 심한 분야 중 하나예요. 남녀를 둘러싼 고정관념의 본질을 따져 보고 공평성과 정의를 고민했더라면 이 편견을 금방 알아차리지 않았을까요? 그랬더라면 우리가 의식하지 못하는 암묵적 편견이라는 이 위험한 편견에서 이토록 방황하지는 않았을 텐데요.

제니퍼 그렇죠. 바로 그 점이 재미있어요. 철학자들은 최근까지도 자신들에게 그런 편견이 있다는 말을 들으면 기분 나빠했어요. 그 이유 중 하나는 주변 사람들 중에서 자신이 제일 객관적이라고 생각하기 때문이에요. 그런데 나 자신을 스스로 객관적이라고 칭할 때 오히려 더 편견을 갖게 된다고 해요. 나의 객관성을 긍정적으로 평가할 경우 편견은 더욱더 심해지고요.

전문가 집단들은 나름의 이유로 스스로를 편견이 없는 사람이라고 말해요. 물리학자들은 자신들이 그 누구보다도 똑똑하기 때문에 편견이 없다고 말해요. 심리학자들은 편견의 작용 원리를 낱낱이 알기 때문에 이름 모를 사람의 검토는 필요 없다고 말할 거고요. 철학자들은 자신들이 그 누구보다도 객관적이라고 말해요. 자신에게 암묵적 편견은 있을 수 없다고 생각하는 저마다의 이유가 있어요.

나이절 그러면 편견과 관련해 철학자들의 관심은 뭐예요? 편견은 확실히 심리학과 사회학의 영역이잖아요. 이와 관련해 철학이 던진 질문은 없나요?

제니퍼 있어요. 암묵적 편견의 본질이 무엇인지 묻기도 했어요. 어떤 편견이 부정적인 행동을 초래한다면 그것을 책임져야 하는지도 자주 물어봐요. 편견을 의식하지 못하기 때문에 그 편견이 어떤 영향을 줄 수 있는지 잘 모르거든요. 최근에 인식론과 관련지어 생각해봤어요. 인식론은 일종의 회의론을 낳아요.

나이절 암묵적 편견에서 어떻게 회의론으로 넘어갈 수 있는지 잘 이해가 안 돼요. 설명이 필요해요.

제니퍼 사람들은 암묵적 편견으로 발생하는 윤리적·정치적 결과에 훨씬 관심이 많고 심리학적 관점에서 그 결과를 이해하려고 노력하는 것 같아요.

하지만 제가 보기에 암묵적 편견은 인식론적 문제도 수반해요. 암묵적 편견을 통해 우리가 알 수 있는 한 가지는, 사람은 대부분 실수를 한다는 거예요. 예를 들어, 남자 이름이 적힌 이력서를 더 좋게 평가할 때 이미 실수를 하고 있잖아요. 그 이력서는 여자 이름이 적힌 이력서랑 내용이 똑같아요.

제가 가장 부정적이라고 생각하는 암묵적 편견이 있어요. 이 편견을 다룬 훌륭한 연구들이 있는데, 그중 한 연구는 성별이나 인종이 아닌 명성에 대해 말해요. 심리학자들이 유명 학술지에 발표된 논문들을 찾아서, 가상으로 지어낸 이름과 아무도 모르는 대학교 이름으로 다시 그 논문을 해당 학술지에 제출한 실험이 있었어요. 90퍼센트가 퇴짜를 맞았어요. 하지만 '이 논문은 전에 발표된 적이 있다'라는 표절의 이유로 거절된 게 아니었어요.

그 이유는 '방법론적으로 심각한 문제가 있다'는 거였어요. 그 논문을 긍정적으로 평가하든, 방법론에 심각한 문제가 있다고 평가하든, 어느 쪽이든 실수예요. 너무나 충격적이 일이에요.

우리가 알기로 인간은 누구나 실수를 해요. 놀랍지 않아요. 미숙한 뭔가를 할 때나 술에 만취했을 때 말이죠. 하지만 이 경우에는 상당히 이성적인 조건에서 벌어진 실수예요. 심리학이라는 해당 분야의 전문가들이잖아요.

편견에 대한 회의론을 기존의 전통적인 '꿈 회의론'과 비교해 볼게요. 전통적인 꿈 회의론에서는 어떤 가능성을 제기해요. 현재 내가 뭔가를 하고 있다고 생각하지만 사실은 이게 꿈일 가능성이에요. 이 경우 우리는 꿈을 현실로 착각하는 실수를 하고 있는 거죠. 그렇지만 꿈속에서는 이 꿈이 현실이 아님을 알아챌 만한 어떠한 합리적인 이유도 없어요. 꿈속에서 일어나는 모든 일을 현실이라고 착각할 가능성이 있어요. 이 착각을 증명하지 못하면 회의론에 빠지게 돼요.

극단적으로 생각해 볼게요. 지금 깨어 있는지 아니면 꿈을 꾸고 있는지 의심하고 있다면 이는 동시에 밖에 외부 세계가 존재한다는 사실을 내가 아는 상태인지 의심할 수밖에 없어요. 이처럼 암묵적 편견의 경우, 제시된 주장 또는 대화 중인 상대방을 평가할 때 실수를 범할 가능성이 크다는 점을 증명해요. 우리는 누군가의 주장을 통해 이를 제시한 사람이 어느 집단에 속해 있는지 파악 가능해요. 어떤 사회집단인지도 대강 알 수 있어요. 그리고 파악한 사회집단에 비추어 그 증거나 주장을 판단하죠.

이는 그 자체로 이미 실수이거나 앞으로 실수를 범할 가능성이 있음을 나타내요. 언제 실수를 할지는 몰라요. 그래서 암묵적 편견의 경우, 전통적인 꿈 회의론과 달리 외부 세계의 존재 여부를 의심하지는 않지만 언제 실수가 발생하는지 정확히 알 수 없다는 공통점이 있어요.

나이절 어떻게 누구나 암묵적 편견을 가지고 있을 수 있죠? 어떻게 암묵적 편견으로 인한 실수가 항상 발생할 수 있나요? 암묵적 편견이 어떻게 일상이 되는 거죠?

제니퍼 내 믿음 중에 어떤 믿음이 암묵적 편견의 결과인지는 아무도 몰라요. 믿음은 대부분 남에게 들은 바를 토대로 형성되거든요. 증언을 사실로 받아들일 때, 또는 어떤 주장을 듣고 일리가 있다고 생각할 때, 그리고 어떤 주장에 대한 확실한 증거를 봤을 때 믿음이 대부분 형성돼요.

누구를 고용하는 문제에서뿐만 아니라, 기후변화가 실제 일어나고 있는지 그 여부에 대한 믿음도 모두 이런 식으로 형성된 믿음이에요. 길을 누구에게 물어볼 건지 정하는 데에도 암묵적 편견이 영향을 미치는걸요.

나이절 어떤 암묵적 편견은 경험으로 생겼을 수도 있어요. 그리고 상황에 따라 도움이 될지도 몰라요. 거짓으로 판명이 나는 편견도 있지만 어떤 편견은 사실로 받아들여질 때도 있어서 암묵적 일반화가 되리라 생각해요.

제니퍼 일반적으로 우리는 빨리 판단하고 행동하는 능력을 갖고 있어요. 이는 유용한 능력으로 없으면 살아가기가 힘들어요. 하지만 남자 이름이 적힌 이력서를 여자 이름이 적힌 이력서보다 더 좋게 판단하는 경향은 해당 능력과는 상관없어요. 이런 식의 판단은 아무런 도움이 되지 않아요.

나이절 그런데 하버드대학교 교수진이 제출한 논문을 살펴볼 때는 달라요. 해당 논문을 작성한 교수들은 치열한 경쟁 과정을 거쳐서 최종 심사에 올랐어요. 별로 유명하지 않은 대학교에서 제출한 논문과는 달라요. 학문적 수준이 똑같다고 말하기는 어려워요.

제니퍼 해당 분야의 전문가가 아니라면 명성에 기댈 수밖에 없을 거예요. 하지만 그 분야의 전문가라면 명성에 좌지우지돼서는 안 되죠. 전문가이기 때문에 방법론을 직접 살펴보고 판단을 내릴 수 있어야 해요.

나이절 암묵적 편견을 어떻게 해결할 수 있을까요? 결국 '아무것도 믿을 수 없어' 하고 말하는 회의론자가 되는 게 최선인가요?

제니퍼 암묵적 편견 회의론이 전통적 회의론과 또 다른 점은, 실천이에요. 사람들은 보통 '이 문제를 어떻게 해결하지' 또는 '이 문제를 어떻게 극복하지'라는 생각을 할 수밖에 없거든요. 하지만 전통적 회의론에서는 이 같은 생각을 하지 않아요. 별로 신경 쓰지도 않고요.

다행히 암묵적 편견 회의론과 관련해서 우리는 실제로 뭔가를 할 수 있어요. 예를 들어, 논문 심사위원이라면 익명으로 제출하라고 하세요. 그러면 논문 작성자가 속한 사회집단이 심사에 영향을 주지 않을 거예요.

처음 영국에 왔을 때 익명 제도에 적잖이 놀랐어요. 북미에서는 전혀 들어 보지 못했거든요. 논문을 익명으로 제출하게 했더니 여자들이 더 높은 점수를 받았어요. 암묵적 편견을 성공적으로 해결한 하나의 사례죠.

하지만 어떤 곳에서는 익명 제도를 도입하기가 쉽지 않을 거예요. 강사를 고용할 때 강사로서 자질을 알려면 해당 절차를 완전히 익명으로 진행하기가 힘드니까요. 목소리를 변조시키거나 칸막이를 사이에 두고 대화를 나눌 수는 없잖아요. 그러나 절차 중 일부는 익명으로 진행할 수 있어요. 가령 이름을 제외하고 논문 제목만 적은 목록을 만들어요. 그리고 익명의 논문 샘플을 사람들에게 나눠 주고 해당 논문 샘플에 대한 피드백을 받는 거예요. 누가 작성했는지는 알려 주지 않고요. 이렇게 익명성을 통해 절차를 투명하게 개선하는 방법도 있어요.

하지만 한계가 있어요. 몽땅 익명화할 수 없으니 결국 인식을 바꿔야 하는 거죠. 꽤 까다롭지만요. 이를 시도해 볼 수 있는 효과적인 방법 하나는 암묵적 편견을 유발하는 규칙성을 바꾸는 거예요. '여성 철학자는 무능하다'고 생각하는 사람들의 편견을 깨려면,

더 많은 여성 철학자와 일하세요. 고정관념으로 가득한 집단에 속한 사람이 해당 집단의 고정관념에 따라 행동하지 않을 경우, 암묵적 편견에 저항하는 효과가 굉장히 커요.

페미니스트 철학자들은 가끔 회의론이 지극히 이기적이라고 말해요. 다른 이타주의적인 철학과 어울리는 데 한계가 있으니까요. 하지만 암묵적 편견 회의론은 그렇지 않아요. 규칙을 바꾸려면 사회를 바꿔야 해요. 암묵적 편견에서 자유로울 수 있는 유일한 방법이에요. 절차를 바꿔야 하고, 누군가의 사회적 위치를 바꿔야 해요.

나이절 저는 항상 철학이 오만과 겸손이라는 상반된 두 얼굴을 가지고 있다고 생각해요. 소크라테스Socrates적인 오만과 겸손이죠. 사람들이 지닌 근본적인 믿음에 질문을 던지고는 그 믿음이 대부분 틀렸다고 주장하거나, 그런 믿음을 유지해서는 안 된다고 주장해요. 오만하죠. 한편 겸손하게도 그들은 스스로 별로 아는 게 없으며, 내가 안다고 생각하지만 사실 잘못 알고 있을 수도 있다고 인정하기도 해요.

제니퍼 그렇죠. 말씀하신 대로 철학자들은 겸손하기도 하고 오만하기도 해요. 하지만…… 철학자에게 더 필요한 자질은 겸손이 아닐까 싶네요.

위험한 사회적 감정

11

혐오

마사 C. 누스바움

Martha C. Nussbaum

시카고대학교 로스쿨 및 철학 교수. 고전학, 신학, 정치과학을 겸직하고 있다. 남아시아연구위원회 회원이자 인권 프로그램Human Rights Program 이사회 회원이다. 최근에 발간한 저서로 『타인에 대한 연민』, 『세계시민주의 전통』 등이 있다. 약 21권의 책과 450편의 논문을 발표했다.

데이비드 식인 풍습에 사람들은 혐오를 느껴요. 달팽이를 먹는 풍습도 마찬가지고요. 혐오와 다문화주의가 처음에는 아무런 관련이 없어 보여요. 그런데 사람들은 다른 문화권의 가치관과 풍습에 혐오를 느끼는 경우가 많아요. 다른 문화권의 음식, 식습관과 조리법, 동물을 도살하는 방식에서요. 여성의 얼굴을 천으로 다 가려야만 하는 문화에 혐오를 내비치는 사람들도 있어요.

반대로 훨씬 보수적인 문화권의 사람들은 다리를 노출한 여성을 본다든가 동성 커플을 보면 혐오를 느끼겠지요. 어떤 부모들은 자신들이 거부하는 문화의 가치관과 풍습에 자녀들이 어쩌다 '오염'되지 않을까 노심초사해요. 이 같은 혐오를 어떻게 다뤄야 할까요? 법에 기초해야 할까요? 세계가 인정하는 철학자, 마사 누스바움 씨가 나와 주셨습니다. 현재는 시카고대학교에서 철학을 강의하고 계십니다.

나이절 오늘 주제는 '혐오'입니다. 혐오는 확실히 정치나 철학에서 다루는 사안이 아니에요. 마사 씨가 말씀하시는 혐오가 무엇인지 그리고 그런 혐오가 정치학에서 어떤 역할을 하는지 설명 부탁드립니다.

마사 C. 누스바움 (이하 '마사') 우리는 흔히 혐오를, 본능적으로 무작정 토하고 싶은 기분으로 이해해요. 그런데 혐오에 대해 심리학이 새로운 연구 결과를 발표했어요. 이 연구 결과에 따르면 혐오는 인지를 통해 발생하는 감정이에요. 냄새를 맡거나 맛을 보거나 아니면 대상을 어떻게 생각하는지에 따라 혐오를 느끼는 정도가 크게 달라요.

어떤 사람에게 한 치도 다르지 않은 똑같은 냄새를 맡게 했어요. 첫 번째 경우, 그 냄새가 치즈 냄새라고 말해 줬고, 두 번째 경우에서는 사람의 대변 냄새라고 말해 줬어요. 당연히 첫 번째 경우는 혐오를 느낄 확률이 낮지만 두 번째 경우는 그 반대일 거예요.

혐오는 생각과 연결된 감정이에요. 일반적으로 우리는 인간의 동물성 즉, 부패에 대해 두려움을 느껴요. 혐오는 두려움을 유발하는 이 대상 때문에 내가 오염될지도 모른다는 생각으로 인한 반응이라고 합니다. 그 대상은 주로 인간의 배설물과 시체예요. 참 비이성적이죠. 전혀 위험하지 않은 대상에 혐오를 느끼고 반대로 위험한 대상에는 혐오를 느끼지 않는 경우가 허다해요.

나이절 저서 『혐오와 수치심』에서 혐오는 위험한 사회적 감정이라고 쓰셨어요. 이게 무슨 말인가요?

마사 혐오를 다른 집단에 투사할 때 피해가 생겨요. 사람들이 어떤 하위집단을 만들어 그 집단에 끈적함과 질편함, 악취와 같은 성질을 투사하는 건, 자신이 지닌 동물성으로부터 최대한 멀리 떨어져 있으려는 하나의 방편이에요. 그런 하위집단을 만든 다음, 절대 가까이해서는 안 될 집단으로 취급해 버리는 거죠.

인도의 카스트 제도가 단적인 예라고 할 수 있어요. 사람들은 인간의 오물과 시체를 전담하는 자들을 더럽다고 멀리했어요. 그래서 그들이 차려 주는 음식은 먹을 수 없는 것이며 신체적 접촉도 있을 수 없는 일이라고 여겼죠.

미국 남부의 인종차별도 카스트 제도와 상당히 유사했어요. 남부 사람들은 흑인에게 혐오를 투사하며 흑인과 겸상하지 않았어요. 같은 수영장에서 수영하지 않았고, 식수대도 같이 사용하지 않았죠. 남부 지방 시골 출신에 고등교육을 받은 변호사였던 제 아버지는 실제로 흑인이 사용한 컵을 쓰면 안 된다고 굳게 믿고 계셨어요. 오염되었기 때문이래요. 이런 주술적 사고가 제가 말하는 '투사적 혐오'의 특성이에요.

나이절 인간이 진화하면서 투사적 혐오가 생겨났다고 봐요. 동물인 인간은 생존을 위해 피해야 할 대상이 있었어요. 그런 대상을 향해 본능적으로 혐오라는 반응을 보이고요. 그런데 이성적으로 그런 반응을 전혀 보여서는 안 될 대상에게까지 그런 태도를 보이니까 문제가 되는 거예요.

마사 맞습니다. 실제로 일어나는 일이고요. 진화 과정에서 생겨난 감정이라 해도, 위험을 감지하는 감정은 아니에요.

독버섯은 위험하지만 혐오감을 불러일으키지 않아 그걸 먹고

죽는 사람이 많아요. 어떤 실험에서 바퀴벌레를 살균 처리한 후 사람들에게 먹으라고 권했어요. 전혀 해롭지 않다는 사실을 알아도 사람들은 모두 먹기를 거부했어요.

이렇듯 전혀 해롭지 않지만 사람들은 혐오를 위험으로 포장할 때가 있어요. 여성의 몸에서 출산과 관련된 체액이 나온다며 여성의 몸을 혐오의 대상으로 취급하고 이런 이유로 여성 차별을 일삼는 사회가 많습니다. 전 세계의 많은 남성들이 여성을 원하면서도 동시에 혐오를 느껴요.

일부 중세 및 근대 유럽 국가에서 유대인은 혐오의 대상이었어요. 독일 나치 시절, 어린이 책에 등장하는 유대인은 달팽이거나 딱정벌레, 아니면 징그러운 동물이었어요.

혐오는 언제나 마주할 수 있어요. 그리고 현재 미국 사회에서는 게이와 레즈비언이 혐오의 대상이에요. 특히 게이 남자를 혐오해요. 우익 집단이 게이와 레즈비언에 대해 퍼뜨린 선전을 보면 항상 대변과 혈액으로 점철되어 있어요. 사람들에게 겁을 주고 혐오를 불러일으키려고 게이 남자들의 성생활을 일부러 그런 식으로 묘사하는 거죠.

나이절 이상하네요. 오로지 상상만으로 묘사하는 거 아닌가요? 실제로 본 적이 없을 테니까요. 게이 연인들이 단 둘만 있을 때 어떤 행동을 하는지에 대해 사람들은 비뚤어진 시각을 가지고 있어요.

마사 네, 바로 그거예요. 그들의 성생활에 지나치게 관심을 가져서 오로지 그것만 상상해요. 그러면서 그들을 인간다운 삶을 사는 사람으로 절대 생각하지 않아요. 인간과 완전히 다른 괴물로 취급하죠.

지금은 폐지된 미국의 소도미 법(일탈적 성행위 금지법—옮긴이)을 떠올리면 이 행태가 더욱 놀라워요. 그동안 소도미 법에 따라 커플을 처벌할 때도 그들이 동성 커플이라는 점에서는 중립적인 입장을 취했거든요. 특정 성행위를 문제 삼았지 상대의 성별을 문제 삼지는 않았어요.

그런데 한때 바워스 대 하드윅Bowers v. Hardwick 소송이 세상을 떠들썩하게 했어요. 원고는 한 동성 커플을 실제로 법정에 세웠어요. 이 동성 커플은 법이 구강성교와 항문성교를 금지하는 바람에 자신들은 법의 테두리 안에서 사랑을 나눌 방법이 없다고 말했어요.

재미있는 건, 조지아주 법원은 이 동성 커플은 애초에 소도미 법에 이의를 제기할 자격이 없다는 이유(동성애에 대한 권리는 헌법적으로 보호받는 기본적 권리가 아니기 때문이다—옮긴이)로 소송에서 제외할 것을 명했고, 모순적이게도 체포될 위험에 처하지는 않았어요. 하지만 우리는 해당 법이 중립적인 표현을 쓰고 있더라도 게이와 레즈비언의 성행위를 혐오한다는 사실을 알 수 있어요.

나이절 눈으로 보지도 못하는 대상을 향해 혐오를 느낀다는 점이 무척 흥미롭네요. 썩은 음식을 눈으로 보고 느끼는 혐오와는 상당히 달라요.

마사 의미 있는 구별이에요. 존 스튜어트 밀은 이 혐오를 추정적인 반응으로 이해했어요. 사람들이 역겨운 냄새나 물질에 노출되지 않도록 규제하는 법은 있는 게 좋아요. 예를 들면 이웃이 개인 사유지에 개방 하수관을 설치했고 그 냄새가 우리 집까지 풍기면 소란행위처벌법nuisance law에 따라 소송을 청구할 수 있어요.

하지만 아무도 없는 곳에서 두 사람이 성관계를 하는 경우, 이 두 사람의 육체적 행위로 타인이 입는 물리적 피해는 없어요. 오직 그 사람의 상상일 뿐이에요. 그 두 사람은 아무도 없는 곳에서 서로 합의하에 성관계를 할 뿐, 그 행위에 나를 끌어들일 생각이 전혀 없어요.

나이절 어떤 요리가 코를 찌르는 냄새를 풍긴다고 쳐요. 예를 들어, 옆집에 사는 다른 문화권의 사람이 향이 강한 커리를 만들고 있어요. 이 냄새에 항의할 권리가 우리에게 있을까요?

마사 재밌는 질문이네요. 시사하신 대로 냄새는 대개 문화적 편견과 관련되어 있어요. 저는 동물의 권리를 옹호하는 사람인데요. 그러다 보니 고기 냄새를 맡으면 어느 정도 혐오감이 일어요. 하지만 우리 사회가 동물에게 고통을 가하는 행위를 법으로 금지할 때까지는 고기 냄새에 대해 항의하지 못해요. 고기를 조리했다는 이유로 옆집 이웃을 법정에 불러낼 권리가 제게 없는 거죠.

인도에서는 아주 흔한 경우일 것 같은데, 예들 들어 '소고기 냄새가 역겹다'고 말하며 무슬림을 쫓아내는 거예요. 한 집단이 다른 집단의 풍습을 보고 혐오를 느끼는 경우가 실제로 있어요. 이는 머릿속에 떠오르는 연상작용 때문이에요. 무슬림을 향한 보편적인 혐오 때문에 이들이 소고기를 먹는 모습만 봐도 역겹고, 이제는 소고기 냄새만 맡아도 혐오를 느끼는 거죠. 사실 소고기나 양이나 냄새가 별반 다르지 않아요. 인도 사람들은 왜 소고기 냄새를 못 참을까요? 그건 바로 소고기를 먹는 건 신의 존재를 부정하는 것과 다름없기 때문이에요.

그래서 제가 드리고 싶은 말은, 이런 경우에는 법정 소송을 해서는 안 된다고 봐요. 비록 법적 소송으로 평소 생각해 보지 않았던 부분을 생각해 볼 수 있다고 하더라도요.

나이절 혐오를 도덕적 의사결정과 법적 의사결정에서 제외하신다는 말씀인가요?

마사 법의 역사를 살펴보면 물론 이렇게 생각하는 사람들도 있긴 했어요. 사회 구성원들이 어떤 행동을 보고 공통적으로 혐오감을 느낀다면 해를 입히지 않아도 그 행동을 법으로 금해야 한다고요. 20세기 영국 판사였던 패트릭 데블린Patrick Devlin이 대표적으로 이런 생각을 한 사람이에요. 제가 근무하는 시카고대학교에서 생명윤리위원회 위원장을 맡고 있는 제 동료 레온 카스Leon Kass도 비슷한 생각을 갖고 있어요.

그런데 저는 다른 입장이에요. 혐오를 기반으로 아예 법을 제정할 수 없다는 건 아니에요. 오물이나 인간의 배설물, 시체 등 원초적 대상을 향한 혐오의 경우, 이로 인한 피해를 방지하기 위해 규정을 합법적으로 만들 수 있다고 생각해요. 그런데 확실해야 해요. 제가 말하는 종류에 한해 피해를 끼치는 경우여야만 해요.

건강상의 이유로 섹스클럽을 폐쇄해야 한다고 주장하는 사람들이 있어요. 그런데 사실 섹스클럽은 이런 종류의 피해를 끼치지 않아요. 무지만큼 HIV 바이러스를 퍼뜨릴 수 있는 건 없어요. 섹스클럽에 다니는 사람들이 사회의 보통 사람들보다 무지하다고 생각하지 않아요. 그리고 섹스클럽에는 콘돔 사용 등을 권장하는 표지판도 있고요.

무슨 이유로 섹스클럽이 건강에 해롭다고 주장할까요? 이런 주장을 하는 사람들은 섹스클럽에서 일어나는 성행위에 역겨움을 느끼기 때문일 거예요. 직접적으로 지장을 받는 것도 아니지만요. 이 또한 순전히 추정적인 혐오예요.

나이절 전 세계 역사를 통틀어 여성과 여성의 신체를 향한 혐오는 상당히 보편적이라고 말씀하셨어요. 예를 들어, 여성들이 미니스커트를 입고 다리를 노출했을 때 혐오감을 느끼는 사람들이 있어요. 어떤 문화권에서는 절대 용납할 수 없는 일이기도 하고요. 이처럼 해당 여성이 종교를 모욕했거나, 보이지 말아야 할 신체 부위를 드러냈으니 부도덕하다는 생각을 해도 되는 걸까요?

마사 혐오를 다룰 때 가장 힘든 부분이 '직접적인 모욕'이에요. 면전에서 모욕을 주는 경우를 말해요. 그런데 직접적인 모욕은 혐오를 불러일으키는 원초적 대상이 아니에요. 역겨운 냄새나 위험한 세균 같은 게 아니거든요. 그저 몹시 싫을 뿐이에요. 저는 법이 사람들의 편견을 옹호해서는 안 된다고 생각해요.

법은 무엇을 제한해야 할까요? 공공장소에서 알몸으로 다니는 건 어떻게 생각하세요? 저는 법으로 금지할 수 없다고 생각해요. 알몸 출입만 허용하는 클럽에서 알몸 상태로 있는 게 불법일 수 있나요?

해수욕장이나 버스에서 알몸 상태로 있다면? 사람들을 불편하게 하므로 금지해야 한다고 주장하는 것도 그리 타당한 주장은 아니에요. 어딘가에서 알몸으로 목욕을 할 수 있는 한, 공공장소에서 알몸으로 다니는 게 규제를 할 만큼 특별히 피해를 끼치는 행동은 아니라는 거죠. 공공장소에서 자위를 하는 행위도 마찬가지고요.

물론 이런 행동들은 분명 바람직하지 않아요. 저는 사람들이 알몸으로 다니거나 길에서 자위를 하지 않았으면 좋겠어요. 그런데 다시 한번 말씀드리지만, 그런 행동을 하는 사람에 대해 생각해 봐야 해요. 거주할 집이 없어 길거리 생활을 하는 사람일 수도 있어요. 법이 혹독해서는 안 돼요. 즉, 다른 선택권이 없어서 그런 행동을 할 수밖에 없는 사람을 비난하면 안 된다는 거죠.

취향이 불일치할 때 살펴봐야 할 것들

12

취향 차이

엘리자베스 슐레켄

Elisabeth Schellekens

웁살라대학교 철학부 미학 석좌교수. 미적 가치와 인지적 가치, 도덕적 가치 간의 상관관계, 비지각적 예술, 미적 규범 등을 주제로 다수의 글을 발표했다. 저서로 『미학과 도덕*Aesthetics and Morality*』, 철학자 피터 골디와 공동 집필한 『누가 개념미술을 어렵다고 하는가?*Who's Afraid of Conceptual Art?*』 등이 있다. 현재 연구프로젝트 '미적 지각과 인지'의 책임연구원이며, 연구네트워크 '윤리와 갈등, 문화유산'을 이끌고 있다.

데이비드 저는 베토벤Beethoven보다는 모차르트Mozart예요. 동의 안 하시죠? 앤서니 트롤럽Anthony Trollope보다는 찰스 디킨스Charles Dickens고요. 역시 동의 안 하시죠? 반 고흐Van Gogh가 모네Monet보다 나아요. 또 동의 안 하시죠? 우리 중 누구는 맞고 누구는 틀렸을까요? 엘리자베스 슐레켄 씨가 나와 주셨습니다.

엘리자베스 슐레켄(이하 '엘리자베스') 흄이 1757년에 발표한 에세이 『취미의 기준에 대하여/비극에 대하여 외』에 등장하는 사례가 취향 차이와 관련해서 자주 언급돼요. 『돈키호테』에서 가져온 사례인데요. 산초Sancho 판자의 친척 두 명이 와인 시음을 권유받았어요. 한 명은 와인에서 쇠 맛이 난다고 했고 다른 한 명은 가죽 맛이 난다고 했어요. 그리고 두 명 모두 숙성이 잘 되었더라면 와인 맛이 좋았을 거라고 판단했어요.

지켜보던 사람들은 이 두 사람을 모두 비웃었어요. 서로 다른 맛을 이야기하니 소위 와인을 잘 아는 전문가로는 보이지 않았거든요. 사람들은 이 두 사람이 와인에 대해 잘 모른다고 생각했어요. 그런데 와인 통이 바닥을 드러낼 때쯤 보니 가죽 장식이 달린 열쇠가 바닥에 놓여 있는 거예요. 결국 두 사람 모두 옳았어요.

흄은 이 사례를 통해 정신적 취향과 육체적 취향이 서로 다르지 않음을 보여 주고자 했어요. 흄이 말하는 육체적 취향은 체험 가능한, 일종의 객관적 특징에 기댄 취향이에요. 맥주 통의 맥주를 마셔보고 그 맛을 설명할 수 있고, 그 맛에 대해 내린 판단이 옳음을 증명할 수도 있어요.

예술적 취향의 경우, 누가 더 뛰어난 작곡가인지 또는 작가인지 의견이 서로 갈려요. 하지만 이 경우도 육체적 취향과 유사한 면이 있어요. 작품에는 분명 객관적인 특징이 있고, 내 미적 판단이 옳다고 주장할 때 이런 객관적인 특징에 기대거든요.

나이절 그림의 경우 육체적 감각이나 객관적인 특징이 뭔가요?

엘리자베스 음, 그림을 감상하다가 어떤 미적 인상을 받으면 거기에 반응해서 나의 미적 판단을 설명하거나 옳다고 증명하고 싶은 마음이 생겨요. 이때 보통 예술 비평가처럼 해당 그림의 특징이나 속성을 언급해요. 색감이나 모양, 크기 또는 그림의 특정 요소들이 서로 상호작용 하는 방식 등으로요. 논란의 여지가 없죠. 나머지는 우리가 '미적 속성'이나 '미적 특징'이라 부르는 것인데, 색감의 조화나 균형 잡힌 구성을 말해요.

나이절 말하자면, 제가 만약 지금 렘브란트Rembrandt의 초상화를 감상하면서 갈색 배경에 대해 이야기해요. 그림에 사용된 색상에 대해서는 이견이 없어요. 크기도 마찬가지일 거예요.

그런데 제가 화법이 우수하다고 말한다면, 이는 미적 판단이니까 제 의견에 동의하지 않는 사람이 있을 거예요. 이러한 의견 차이를 극복할 수 있나요?

엘리자베스 그 의견 차이가 사실상 무엇인지 따져 봐야 해요. '동의하지 않는다'는 의미인 건지 말이에요. 가령 '나는 이 그림에 이러이러한 미적 가치나 특징이 있다고 생각하는데, 너는 그렇게 생각 안 하네' 식으로요. 혹은 의견이 극과 극인가요? 나는 뭔가 있다고 생각하는데 상대는 전혀 그렇게 생각 안 하는 거죠.

또 용어 때문에 의견 차이가 발생할 수도 있어요. 사용하는 용어에 따라 의미가 다르게 전달되니까요. 그렇다면 과연 용어만 명확히 하면 의견 일치가 이뤄질까요?

그리고 어느 지점에서 의견 차이가 발생했는지도 생각해 봐야 해요. 미적 가치에서 서로 의견이 달랐을 수도 있어요. 판단은 서로 비슷할 때도 있지만 보통 다양해요. 미적 가치를 종합적으로 살펴보고 보다 최종에 가까운 또는 보편적인 판단이라 할 수 있는 이른바 결정을 내려요. 그림에 어떤 특별한 성질을 부여하기도 하고요. 미적 판단은 굉장히 다양하기 때문에 어느 지점에서 의견이 서로 다른지 따져 볼 필요가 있어요.

나이절 좋아요. 제가 렘브란트의 그림이 훌륭하다고 했더니 상대방은 형편없다고 말했어요. 흔히 볼 수 있는 의견 차이죠. 해결 방안이 있을까요? 흄은 뭐라고 하나요?

엘리자베스 글쎄요. 흄은 개인적인 선호나 개성에 얽매이지 말라고 할 것 같아요. '우리는 서로 선호하는 예술가나 그림이 달라' 식의 말을 하지 않기를 바랄 거예요.

그 대신 우리가 '미적 능력'을 발휘하기를 바라겠죠. 흄에 따르면 미적 능력을 발휘할 때 우리는 흄이 말하는 종합적인 태도를 가질 수 있어요. 편견에서 자유롭고, 필요한 훈련을 하고, 적절한 비교도 하며, 특징을 알아보는 좋은 안목을 가진 상태죠.

그럼에도 여전히 의견 차이가 발생한다면, 비평가들이 일상적으로 하는 일을 해야 돼요. 다시 말해, 작품의 특징에 기초해서 내 미적 판단이 옳았음을 증명하는 거예요. 그 특징은 말씀드렸듯, 작품의 객관적인 특징일 수 있지만, 미적 특징일 수도 있고, 역사적 맥락과 전체적인 맥락을 보여 주는 다양한 특징일 수도 있어요. 모든 사람들이 대체적으로 동의하는 특징에 기초함으로써 일종의 가장 똑똑한 사람이 되어야 미적 논쟁에서 승리할 수 있을 거예요.

나이젤 렘브란트의 어떤 초상화를 본 사람이 자신의 할아버지가 생각난다는 이유로 좋아한다면, 취향과 관련이 없잖아요. 그리고 네덜란드 출신이자 네덜란드 작품을 좋아하는 사람이 렘브란트를 네덜란드 사람이라는 이유로 최고의 거장으로 꼽는다면, 이 역시 취향과 관련이 없어요. 그리고 오직 렘브란트의 그림만 몇 점 본 게 미술 경험의 전부인 사람이라면, 그 사람의 미적 판단을 의심할 수밖에 없어요. 모두 올바른 미적 판단으로 볼 수 없는 경우예요. 그렇죠?

엘리자베스 흄의 입장에서 첫 번째 경우는 전혀 미적 판단이 아니에요. 단지 개인적 선호일 뿐이에요. 두 번째는 좀 복잡한데, 자신에게 그런 편견이 있는지 스스로 모를 수 있거든요. 내가 가진 관점이 흄이 말하는 그 관점이라고 생각할지도 몰라요. 사실은 네덜란드에 대한 애정이 너무 심해서 흄의 관점을 가지기가 불가능한데 말이에요. 그래서 두 번째 경우도 개인적 선호에 불과하며, 적절하거나 올바른 미적 판단이라고 보기는 어려워요.

나이절 세 번째 경우는요? 다른 작가의 작품은 본 적 없고 오직 렘브란트의 그림만 몇 점 본 경우요.

엘리자베스 그 경우는 좀 재밌어요. 흄은 아주 똑똑한 사람이었어요. 스스로 5가지 기준을 마련했죠. 첫 번째는 좋은 안목, 두 번째는 섬세한 감성이라 할 수 있는 세련미, 세 번째는 세련된 행동, 네 번째는 어떤 작품이든 편견 없이 보기, 다섯 번째는 작품을 서로 비교하는 능력이에요.

작품에 대한 지식이나 이해가 전무할 때 그 작품의 미적 가치가 더 크게 느껴지거나, 더 가치 있게 와닿는 경우가 있어요. 또, 한 번도 본 적 없는 종류의 작품을 볼 때 그 미적 가치에 경탄을 금치 못할 때도 있고요. 그래서 제 생각에 세 번째 경우는 흄도 판단하기가 까다롭지 않을까 싶어요.

나이절 내가 이상적인 비평가도 아닐뿐더러 말씀하신 5가지 기준 중 어느 하나도 갖추고 있지 않다면, 흄은 다른 비평가의 말에 내 미적 판단을 맡기라고 할까요? 아니면 다른 말을 해 줄까요? 예술을 다루고 싶다면 스스로 훈련해서 그런 이상적인 비평가가 되라든지요.

엘리자베스 흄은 이상적인 비평가가 되기 위해 노력해야 한다고 생각했어요. 그런데 흄은, 말하자면 우리의 미적 행복에 대해서는 그렇게 고민하지 않았어요.

흄에 따르면 예를 들어, 미적 경험에 대한 우리의 생각이 두 가지로 나뉘는데 겉으로 보기에 이 둘은 상반되거나 서로 달라요. 흄의 관심사는, 이 두 생각을 하나로 일치시키는 철학적인 문제였어요. 사람들의 취향은 언제나 서로 다른데, 그중에는 분명히 더 훌륭하거나 정확한 미적 판단이 존재하거든요.

나이절 예를 들어, 시드 비셔스Sid Vicious(1970년대 후반 영국의 록 뮤지션－옮긴이)가 슈베르트Schubert보다 더 훌륭한 작곡가라고 말하는 사람은 틀렸나요?

엘리자베스 글쎄요, 시드 비셔스에 대해서 흄이 뭐라고 말할까요? 하지만 이 문제를 진지하게 고민하는 사람이라면 비슷한 작곡가끼리 비교하지 않을까요? 예를 들면, 베토벤과 요한 네포무크 후멜Johann Nepomuk Hummel을 비교하겠죠. 이 두 작곡가의 전체 작품을 비교했을 때 둘 중 더 훌륭한 작곡가가 있냐고 묻는다면, 흄은 아마 있다고 대답할 거예요.

나이절 객관적인 답변인가요? 후멜과 베토벤이 작곡한 피아노 협주곡을 각각 연주한다고 가정해 볼게요. 비교해 보니 하나가 다른 하나보다 더 좋았어요. 객관적인 건가요?

엘리자베스 어떤 의미에서는 객관적이에요. 흄은 미적 판단을 위해 스스로 5가지 객관적인 기준을 세웠으니까요. 그런데 객관적이라는 건 무엇을 뜻할까요?

흄은 우리가 주관적 경험을 통해 세상에 접근하고 또 세상을 이해할 수 있다며 주관적 경험을 중요하게 여긴 철학자예요. 흄에게 미적 판단과 도덕적 판단은 사실상 모두 주관적이에요.

하지만 흄은 기준을 세우려고 노력했어요. 상호주관적 또는 객관적이라고 말할 수 있는 기준이죠. 그런데 자연법칙에서 보면 객관적이지 않을 거예요. 100퍼센트 객관적인 특징들만 있는 건 아니니까요. 그렇기는 해도 누구나 적용해 볼 수 있는 기준이에요. 시대, 문화와 관계없이 이상적인 비평가도 이 기준을 사용할 수 있어요.

나이절 흄은 '세월의 시험the test of time'이라는 개념을 언급했어요. 위대한 예술 작품은 모두 세월의 시험을 통과했어요.

엘리자베스 맞아요. 흄의 미학 이론을 생각하면 이상적인 비평가가 먼저 떠오를 거예요. 서구 문화의 부르주아 엘리트로서 흄이 심혈을 다해 마련한 5가지 기준을 모두 갖추고 있는 사람들이죠. 그리고 쉽게 잊어버리는 하나는 그 비평가들이나, 이들의 정서에 따른 미적 기준이, 시대와 문화를 넘어 어느 정도는 보편적이어야 한다는 점이에요. 예술 작품은 오랜 세월을 견뎌 내야 해요. 다시 말해, 시대를 막론하고 감탄을 불러일으킬 수 있어야 해요. 미적 가치를 인정받는 예술 작품은 모두 세월의 시험을 통과했다는 특징이 있어요.

나이절 칸트도 취향 차이뿐만 아니라, 나의 주관적인 판단과 내가 옳다고 느끼는 감정을 어떻게 조화시킬 수 있을지 고심했어요.

칸트에 따르면 이 예술가가 저 예술가보다 뛰어나다거나, 이 작품이 저 작품보다 뛰어나다고 판단하는 이유는 객관적인 사실이기 때문이에요. 따라서 단순히 취향의 문제가 아니니 논쟁을 벌일 필요가 없어요. 정말 사실이니까요.

엘리자베스 어떤 면에서 칸트도 자신의 미학 이론에서 흄이 미적 판단의 기준을 마련할 때 논한 문제와 똑같은 문제를 언급했어요. 주관적인 미적 경험과 객관적인(또는 객관적으로 보이는) 미적 판단을 어떻게 조화시킬 수 있을지의 문제인 거죠.

어떤 미적 판단에 동의하라고 강요받는다면 그 미적 판단이 규범적 힘을 갖고 있기 때문일 거예요. 즉, 마땅히 따라야 하는 미적 판단이기 때문이에요. '나는 사과를 좋아하고 너는 배를 좋아해' 하고 말해도 아무런 문제가 없는 것처럼 간단한 상황이 아니에요.

칸트는 사람마다 아름다움에 대해 자기만의 취향이 있는 건 아니라고 말했어요. 동시에 아름다움에는 규칙이 없다고도 했고요. 예술 작품을 만들거나 아름다움을 판단할 때 적용할 수 있는 원칙이나 경험법칙은 없다고 했죠. 칸트와 흄은 모두 주관적 미적 경험과 객관적인 미적 판단을 어떻게 하면 조화시킬 수 있을지 이 문제를 해결하려고 정말 많은 애를 썼어요.

칸트는 자신의 용어로는 공통감sensus communus, 우리는 상식이라고 부르는 것에 기초해서 그 해답을 찾았어요. 우리의 인지력이나 심리는 웬만큼 서로 똑같아요. 정신적 능력이 똑같다는 사실은, 우리의 미적 경험도 비슷하다는 말이에요. 어떤 것이 아름답다고 말하는 상대의 미적 판단에서 규범적인 힘이 느껴질 때가 있어요. 서로 공유하는 기본 상식을 통해 상대가 느끼는 것을 왜 내가 똑같이 느낄 수 있는지 그 이유를 알 수 있어요.

시간이 조금 걸릴지도 몰라요. 노력이나 인내심이 조금 필요할지도 모르고요. 그렇지만 되고자 한다면 우리는 모두 미적 행위자예요. 그래서 주관적 경험과 객관성 즉, 제가 앞에서 말씀드린 상호주관성이, 서로 조화를 이룰 수 있는 거예요.

나이절 음…… 인간을 너무 낙관적으로 바라보시는 거 아닌가요? 사람들이 서로 다른 문화권의 예술을 진정으로 이해할 수 있다고 생각하시는 점이 그렇게 느껴지는데요. 그러니까 다른 문화권에 사는 사람들의 판단을 이해할 수 있다고 가정하는 거잖아요. 하지만 실제로 예술이라는 개념은 문화마다 달라요.

엘리자베스 옳은 지적이에요. 당연히 흄과 칸트는 그 문제를 고심하지 않았어요. 18세기 유럽 남자잖아요! 하지만 오늘을 살아가는 우리에게는 중요한 문제예요. 우리는 다른 종류의 예술과 미술사를 고려하지 않으면 안 되는 압박 속에 있어요. 그러다 보니 예술과 미적 가치 간의 관계를 단 하나로 설명할 수가 없어요.

철학 이론은 호주 원주민의 동굴벽화와 유럽 표현주의를 모두 한 지붕 아래에 두고, 이 모두를 전부 완벽하게 수용할 수 있다고 말하고 있어요. 정말 가능할까요? 아니면 예술이 미적 가치 간의 관계를 다양하게 설명해야 할까요?

현대 유럽의 예술을 보면, 미적 가치가 없거나 미적 가치를 특별히 겨냥하지 않은 작품이 상당히 많아요. 그래서 저는 21세기 철학자는 칸트와 흄이 생각해 보지 않은 여러 많은 문제를 다루어야 한다고 생각해요.

나이절 저는 취향 차이에 대한 교수님의 개인적인 생각이 궁금해요. 칸트와 흄이 어떻게 생각하는지는 이제 알잖아요. 취향 차이를 해결할 수 있는 교수님만의 해법은 뭔가요? 어떤 경우에 사람들은 자신의 판단이 무조건 옳다고 해요.

엘리자베스 음, 흔한 풍경이에요. 미적 판단이 일치하지 않을 때 그 속에 숨은 여러 가지 면을 따져 보는 게 우리가 할 일이라고 생각해요. 설명 가능하다면 하나도 빠짐없이 가능한 전부를 논의하는 게 정말 중요해요. 물론 미적 판단의 불일치가 도덕 판단의 불일치만큼 위험하지는 않은 것 같아요. 도덕 판단이 일치하지 않을 때 삶이 위험에 처할 수 있는 경우는 있지만 미적 판단이 일치하지 않는다고 해도 삶에 지장은 없어요.

하지만 그렇게 간단한 문제가 아니에요. 미적 판단은 우리가 누구인지, 어떤 사람이 되기를 바라는지 많은 걸 얘기해 줘요. 우리가 성인으로서 인생을 시작할 때, 친구들과 미적 취향을 공유하는 일은 정말 중요해요. 정반대의 미적 취향을 가진 친구와는 계속 어울리기가 어려울지도 몰라요.

단순히 미적 취향만 달라서는 몰라요. 이 점을 꼭 기억하세요. 앞서 말씀드린 대로 어떤 지점에서 취향이 나뉘는지, 다시 말해 미적 판단의 불일치가 도덕적 입장과 같은 사회적 약속과 어떤 관련이 있는지 깊이 따져 봐야 해요.

미적 취향이 똑같으면 인생관도 똑같을 거라고 생각할지도 몰라요. 반대로 미적 취향이 다르면 서로 생각도 안 통하리라 느낄 수도 있죠. 하지만 늘 그렇지는 않아요. 물론 그럴 수도 있지만요. 그래서 저는, 미적 취향에서 불일치가 발생할 때 단순히 대화할 때보다 훨씬 더 많은 걸 알 수 있다고 생각해요.

나이절 그런데 우리 판단에 실제로 객관적인 사실이 있나요? 흄이 인용한 사례에 나타난 술통 바닥에 놓인 열쇠 같은 거요.

엘리자베스 미적 취향에 대한 얘기가 아니라 진짜 미적 판단에 대해 말씀하신다면, 판단은 정확하고 적절해야 한다고 생각해요.

우리가 감상하는 작품에는 특징이 있어요. 이 특징에 기초해서 내 미적 판단을 주장해야 하죠. 그리고 작품의 속성과 특징, 예를 들어 작품의 요소들이 서로 상호작용 하는 방식에 기초할 때 내 미적 판단이 다른 사람보다 더 적절하거나 정확할 거예요.

그런데 '정확하다'와 '객관적이다'는 무슨 뜻일까요? 자연과학에서 말하는 정확성, 객관성과 같은 의미일까요? 살펴봐야 할 중요한 문제예요.

'고양이의 눈'이라는 문장이 어떻게 읽히는지

13

언어와 맥락

엠마 보그

Emma Borg

레딩대학교 철학 교수이자 동 대학의 인지연구센터 소장. 『최소 의미론*Minimal Semantics*』과 『의미 추구*Pursuing Meaning*』를 출간하는 등 원래 언어철학을 연구했으나 현재는 인지심리학에 관심을 갖고 고통과 행위 작용 방식을 연구 중이다.

데이비드 인터뷰가 끝난 후 제가 나이절에게 '지금까지 한 인터뷰 중에서 단연 최고였어!'라고 말했다고 상상해 보세요. 비꼬거나 빈정대는 걸 수도 있고, 문장 그대로일지도 모르죠. 정보가 더 있다면 제 말의 뜻을 더 잘 파악할 수 있겠죠. 가령, 말투를 들었다든가 인터뷰에 참관했더라면요. 의미와 맥락은 어떤 관계인가요? 엠마 보그 씨에게 드린 질문이에요. 맥락에 맞게 말씀드리면 엠마 씨는 언어철학자입니다.

엠마 보그(이하 '엠마') 우선 조금 전의 질문을 먼저 생각해 볼게요. 언어를 이해한다는 게 어떤 걸까요? 우리가 프랑스어나 독일어를 배울 때 문장과 의미를 서로 연결 짓는 걸 아마 먼저 배울 거예요. 그래서 누가 새로운 언어를 보여 주면 우선 방대한 찾기 목록big look-up list을 살펴 모르는 문장을 찾고 그에 맞는 의미를 찾아서 짝을 지어 줘요. 이제 그 문장이 무슨 뜻인지 알게 됐어요! 이게 언어를 배우는 한 가지 방법이에요.

하지만 다시 생각해 보니 틀린 것 같아요. 언어의 놀라운 속성을 생각하면 정말 틀렸을지도 몰라요. 하나의 자연언어 안에서 만들어지는 문장은 수도 없이 많아요. 심지어 한계가 없기 때문에 무한정이에요. 그래서 우리가 프랑스어를 배울 때 단지 몇 개의 문장만 익히는 게 아니라, 잠재적으로 무한한 문장을 익히게 돼요.

예를 들어, '눈은 하얗다'라는 말을 배웠다면 실은 '눈은 하얗고 잔디는 초록색이다' 또는 '눈은 하얗고, 잔디는 초록색이고, 2 더하기 2는 5가 아니다' 하고 말하는 법을 배운 것과 마찬가지예요. 이처럼 계속해서 새로운 문장을 만들어 낼 수 있어요. 우리에게 방대한 찾기 목록 따위는 없어요. 뇌에 문장을 저장하는 데 한계가 있다는 걸 이미 알죠. 그런 식으로는 수많은 문장을 내뱉지 못해요.

나이절 저는 프랑스어를 영어랑 연결시켜 배웠어요. 제 영어 지식에 기초해서 프랑스어를 배웠죠.

엠마 그렇게 생각하실 수도 있는데 우리가 처음 배운 언어를 생각해 봐요. 아마도 그 언어는 영어였을 테고, 처음부터 문장을 무한정으로 익혔을 리가 없어요. 우리 인간이 똑똑하긴 하지만 그런 식으로는 한계가 있어요. 그러면 우리는 어떻게 언어를 이해할까요?

우리는 특정 단어의 몇 가지 의미를 알고, 이 단어를 유의미하게 조합할 수 있는 몇 가지 전략이나 규칙도 알아요. 이처럼 언어를 이해한다는 건 단어의 의미와 구조를 안다는 뜻이에요.

나이절 구조라면, 문법 같은 건가요?

엠마 네, 맞아요. 각 음절의 관계를 보여 주는 문장의 구조 같은 거예요.

나이절 좋아요. 문법도 배웠고 단어도 익혔어요. 그럼 이제 맥락은요?

엠마 맞아요. 이제 맥락이 궁금하실 차례예요. 맥락에 대해서는 제가 아무 말도 안 한 것처럼 보였을 테니까요. 우리는 언어에 대해 생각하자마자 맥락의 필요성을 떠올려요. 예를 들어, 제가 말하는 '행복해'와 나이절 교수님이 말하는 '행복해'는 달라요. 제가 말하는 '행복해'는 '엠마는 행복해'이고, 교수님이 말하는 '행복해'는 '나이절은 행복해'예요. 맥락이 다르죠?

또 예를 들어, 제가 만약 '나이절은 앉아 있는 중이야' 하고 말하면, 누군가는 제 말을 '나이절은 약속한 시간에 나와 있어' 하고 이해할지도 몰라요. 이렇듯 말의 의미를 파악하려면 전후 사정을 살펴야 돼요. 누가, 어디서, 언제 말하고 있는지와 같은 정보들을 알아야 하죠. 이러한 맥락 민감성(맥락을 파악하는 능력)이 있어야 말뜻을 제대로 이해할 수 있어요.

나이절 그 밖에도 더 알아야 할 정보가 많다고 생각해요. 화자가 장난을 치는지, 농담하고 있는지, 꽤 진지한지 아니면 빈정대고 있는지 등 말이에요. 어떤 말이나 문장을 이해하려면 전후로 살펴야 할 게 너무 많아요.

엠마 좋은 말씀이에요. 맥락 민감성을 제한된 기능으로 이해하는 사람들이 있어요. 이 사람들은 맥락 파악이 '나', '이것', '저것', '오늘' '내

일' 같은 단어와 시제를 이해할 때만 필요하다 말해요.

데이비드 카플란David Kaplan이나 로버트 스탈네이커Robert Stalnaker, 존 페리John perry처럼 일부 아주 똑똑한 철학자들이 쉽게 이해하는 방법을 알려 주기도 해요. '나', '이것', '저것'과 같은 단어를 파악할 때는 아주 간단한 맥락상 규칙만 알면 된대요. 규칙만 알면 그 단어들이 맥락에서 무엇을 뜻하는지 쉽게 파악 가능하다고요.

이처럼 맥락을 이해하려면 알아야 할 게 많다고 방금 전에 말씀하셨는데, 최근 몇 년 동안 그 사안에 대해서 논의가 있었어요. 철학자들, 그중에서 특히 찰스 트래비스Charles Travis는 수많은 예시를 통해 맥락 민감성이 얼마나 중요한지 보여 주고자 했어요.

나이절 트래비스에 대해 말하기 전에 한 가지 드리고 싶은 말씀이 있어요. 저는 '고양이의 눈'처럼 간단한 표현을 떠올려 봤어요. 키우는 반려동물에 대해서 이 말을 할 때와 도로를 운전하면서 이 말을 할 때의 의미는 사뭇 달라요.

엠마 그 표현을 여러 가지로 해석할 수 있어요. 그런데 어떤 단어를 조합하느냐에 따라 의미가 분명히 달라지는 경우가 있어요.

예를 들어, '감자 굽기'와 '케이크 굽기' 간 차이를 문학계에서 여러 번 논의했어요. 감자를 굽는다는 건 감자를 조리한다는 의미고, 케이크를 굽는다는 표현은 케이크를 만든다는 의미예요. 하지만 맥락상 그렇게 이상하게 느껴지지는 않아요. 단어와 단어 조합 방식에 따른 차이이기 때문이에요. 하나는 '굽기'라는 단어를 감자와 조합했고, 다른 하나는 케이크와 조합했어요. 감자와 케이크가 서로 다르기 때문에 그 영향으로 '굽기'가 의미하는 바도 달라진 거예요.

나이절 맞네요. 자, 이제 찰스 트래비스의 예로 돌아가 보죠. 엠마 씨는 그가 언어를 이해하는 데 맥락 민감성이 상당히 중요하다면서 여러 예를 보여 주었다고 말씀하셨어요. 어떤 예인가요?

엠마 여러 가지가 있지만 그중에서 가장 유명한 걸 말씀드릴게요.

피아라는 이름을 가진 소녀는 일본 단풍나무 한 그루를 가지고 있어요. 일본 단풍나무는 본래 잎이 붉은색이에요. 어느 날 피아는 아침 창밖으로 이 나무를 바라보다가 빨간색이 잎과 어울리지 않는다고 생각했어요. 잎은 초록색이어야 한다면서요. 그래서 피아는 밖으로 나가서 잎을 하나씩 꼼꼼하게 초록색으로 칠했어요.

여기서 트래비스는 우리에게 두 가지 다른 시나리오를 제시해요. 첫 번째 시나리오예요. 피아가 화가 친구의 전화를 받았어요. 이 친구는 피아에게 "나 막 그림을 그리려는 참인데, 구성을 맞추려면 초록색이 필요해. 빌려줄 만한 초록색이 있어?" 하고 물어봐요. 피아는 초록색으로 칠한 잎을 보면서, "응, 잎 가져가, 잎이 초록색이야" 하고 말했어요. 트래비스에 따르면 이 경우 우리는 곧바로 피아가 사실을 말했다고 생각해요. 화가 친구에게 피아는 초록색으로 칠한 잎을 말했고 현재 잎은 초록색이 맞잖아요.

다음으로 두 번째 시나리오예요. 피아가 식물학자 친구의 전화를 받았어요. 이 친구는 "광합성 실험을 하려고 하는데, 실험에 사용할 초록색 잎 좀 빌릴 수 있어?" 하고 물었어요. 피아는 초록색

잎을 바라보면서, "응, 잎 가져가, 잎이 초록색이야" 하고 똑같이 대답했어요. 트래비스에 따르면 이 경우에는 우리가 곧바로 피아가 거짓말을 했다고 생각한대요. 피아는 식물학자 친구에게 초록색으로 칠한 잎을 말했지만 사실상 그 잎은 초록색이 아니니까요. '잎이 초록색이야'라는 이 똑같은 한 문장을 우리는 다르게 이해했어요.

똑같이 초록색으로 칠한 잎이지만, 첫 번째 시나리오에서 우리는 피아가 진실을 말한다고 생각했고, 두 번째 시나리오에서는 거짓말을 한다고 생각했어요. 우리에게 나 자신도 모르는 맥락 민감성이 있음을 알 수 있는 사례예요.

나이절 맥락이 언어의 전부라고 말하는 것 같아요. 정말 그런가요?

엠마 트래비스가 제시한 사례에 문학계는 다양한 반응을 보였어요. 일부는 트래비스에 전적으로 동조하며, 트래비스의 사례를 통해 언어에서 중요한 건 맥락이며 비트겐슈타인식으로 언어를 이해해야 한다고 주장했어요. 언어는 우리가 사용하는 도구이므로, 도구가 왜 이렇게 배치되어 있는지 알아야 의미 파악이 가능하다는 거죠. 간단히 말해서 맥락이 전부라는 말이에요.

제가 이와 정반대의 입장을 취해 볼게요. 트래비스의 사례를 보고 방금 말한 점들을 전혀 느낄 수 없다고 칠게요. 그렇다면 이제 해야 할 일이 많아요. 트래비스의 사례를 전부 하나씩 면밀히 살펴야 하거든요. 각 사례마다 똑같은 일이 발생하리라 확신할 수 없으니까요.

언어학자들은 색상 용어에 대해 많은 실험을 했어요. 피아 사례에도 용어의 모호성이 있는지 없는지 하나씩 따져 볼 수 있고요. 트래비스의 다른 사례에도 그 밖의 문제들이 더 있을지도 몰라요.

일반적으로 미니멀리즘을 지향하는 제 입장에서 보면, 트래비스가 시행한 일종의 사고실험은 문자 그대로의 의미를 생각해 보기에는 적절치 않아요. 사고실험이 너무 복잡할뿐더러, 의미 파악을 위해 고려할 수 있는 요인이 너무 많거든요.

나이절 요약하면 미니멀리즘에서는 문장을 문자 그대로 이해해요. 단어와 문법 순서에 따른 문장 배열을 통해 의미를 파악하죠. 맥락을 고려할 수도 있지만 맥락이 의미를 파악하는 데 결정적인 역할을 하지는 않아요. 맞나요?

엠마 정확해요. 미니멀리즘은 제가 처음에 말씀드렸던 언어 습득성과 체계성을 신경 써요. 고정불변의 영원성이 있어야 언어의 특성을 설명할 수 있다는 입장이에요. 대부분 이 분야의 거장인 옥스퍼드 학파 철학자 폴 그라이스Paul Grice를 따라요. 그라이스는 화자가 어떤 문장을 내뱉었을 때 문자 그대로의 의미와, 화자가 그 문장을 통해 전달하고 싶은 바는 분명히 다르다고 말해요.

나이절 그런데 좀 헷갈리네요. 왜 미니멀리즘이라고 하나요?

엠마 제가 미니멀리즘이라고 말하는 이유는 아주 최소한의 의미론만 고집하기 때문이에요. 생소하겠지만 의미론 즉, 문자적 의미 이론이 화자의 의도를 그대로 반영하기를 원하던 때가 있었어요. 무슨 말이냐면, 화자가 어떤 문장을 말할 때 문자 그대로의 의미와 화자의 의도가 똑같기를 바랐어요.

제 생각에 이를 두고 미니멀리즘은 의미론의 역할이 과하다고 말할 것 같아요. 언어 습득성과 체계성에 집중하면서 동시에 발화 의도까지 전달하기란 불가능해요.

화자가 그런 문장을 말하는 데에는 여러 다양한 요인들이 숨어 있어요. 그래서 문자적 의미만 보고 발화 의도까지 파악하려면 여러 가지로 모르는 게 없어야 해요. 사회·경제적인 것부터 화자가 말하는 건 무엇이든지 자세히 알아야만 할 거예요.

미니멀리즘은 이런 식이 아닌 제한적 의미론을 원해요. 의미론은 문자적 의미만 다뤄야 한다는 거죠. 어떤 사람이 말한 문장을 이해하기 위해 문자적 의미만 살피는 거예요. 문자적 의미가 그 말에 숨은 뜻을 전부 나타내지는 못해도요.

나이젤 그럼 문자적 의미는 어떤 역할을 하나요?

엠마 아주 좋은 질문이에요. 미니멀리즘에 반대하는 사람들의 한 가지 입장은 이거예요. 문자의 의미가 최소한의 의미일 수는 있으나 그렇다면 굳이 쓸모가 없다고요.

저는 반대로 쓸모가 많다고 생각해요. 저는 최소한의 의미 즉, 문자적 의미가 화자의 의도를 정확히 반영하지 못한다고 해도 나름대로 어떤 역할을 수행한다고 생각해요.

소통에 문제가 생길 때 이 점을 증명해요. 누군가와 대화를 하는데 관련 내용을 전혀 모르겠어서 상대방이 무슨 말을 하는지 이해할 수가 없는 경우가 있잖아요. 이때 어떻게 해야 할까요? 오로지 문자적 의미에만 기댈 수밖에 없어요. 상대방의 의도를 구체적으로 이해하지는 못하지만 어쨌든 문자 그대로는 그 말을 알아먹어요. 어린아이들이나 철학자, 국회의원들과 많은 시간을 보내면 이 사람들이 얼마나 말을 곧이곧대로 잘 받아들이는지 알 수 있어요.

7살 난 제 아이에게 '형한테 케이크 좀 줘' 하고 말한다면, 아이는 가장 작은 조각을 건넬 거예요. 아이는 제 말을 문자 그대로 받아들였어요. 제 의도가 그게 아니라는 걸 알면서도요. 케이크를 나눠 먹으라는 말인 걸 알아요. 하지만 일부러 최소한의 의미만으로 이해했어요.

이런 종류의 대화에서 문자적 의미가 하는 역할이 분명히 있어요. 법정에서 나누는 대화를 생각해 봐요. 말을 하는 방식이나 그 말에 숨은 배경보다 말을 문자 그대로 이해해서 의도를 파악하는 게 중요한 경우예요. 마지막으로 제가 미니멀리즘이 중요하다고 생각하는 또 다른 이유는, 인지력의 속성을 이해할 수 있기 때문이에요. 인지 활동에 언어 이해가 영향을 미친다는 점을 알게 됐잖아요.

나이절 미니멀리즘은 뇌를 어떻게 이해하나요?

엠마 미니멀리즘은 우리가 문장 기본인 단어들이 서로 조합된 방식으로 언어를 이해한다고 주장해요. 뇌에 언어 이해를 전담하는 부분이 있을 거예요. 심리학자 제리 포더Jerry Fodor는 '모듈'이 존재한다고 말해요. 소위 압축된 전산시스템으로 모든 걸 처리하는 시스템이 아니고, 소규모의 부분집합 즉, 일련의 규칙과 정보만 처리해요.

정리하자면 미니멀리즘은 단어와 단어의 조합 방식으로 언어를 이해하고, 이러한 언어 이해를 가능하게 하는 전용 모듈이 존재한다고 봐요.

장애를 생각하면 미니멀리즘이 틀렸다고 할 수 없을 거예요. 언어 발달이 지체된 사람들을 예로 들어 볼게요. 아스퍼거증후군이 있는 사람들을 생각해 보세요. 이 사람들은 고기능 자폐 스펙트럼을 가진 환자들로 언어 발달이 상당히 지체되어 있어요. 그래서 문자 그대로만 이해할 줄 알아요. 말속에 숨은 뜻까지는 헤아리지 못하죠. 미니멀리즘은 이 사례를 통해 뇌의 구조를 보여 줄 수 있다고 주장해요. 쉽게 말해 뇌의 어떤 부분이 다쳐도 아까 말한 모듈을 통해 언어 이해가 가능하다고요.

나이절 학자는 대중을 설득할 수 있어야 해요. 언어의 본질을 고려해서 미니멀리즘은 어떤 식으로 대중을 설득할 수 있을까요?

엠마 학자라면 자신이 왜 그 연구를 하는지 정당성을 입증해야 해요. 저는 언어를 연구하는 이유는 분명하다고 봐요. 언어는 그 자체로 궁금하니까요. 우리는 매일 서로 대화하고 의미를 주고받지만 그 작동 원리에 대해서는 몰라요. 매우 친밀하고 사적인 행동들이죠. 그러니 그 속성을 이해해야 할 이유가 충분하다고 봐요.

조금 전에 말씀드린 장애와 관련해서 이 장애를 해결할 수 있는 최선의 방안을 찾으려면 우선 정상적인 언어능력에 대해 알아야 해요. 정상적인 언어능력과 비교해 보면 어떤 일이 벌어지는지 알 수 있으니까요. 이 같은 문제를 다루기 위해서는 언어에 대한 이론적인 이해가 중요해요.

뇌 스캔 기능과 과학 덕에 지금 이 순간에도 발전이 일어나고 있지만 거기에 꼭 맞는 이론적인 모델이 없다면 완전하다고 볼 수 없어요. 누군가의 말을 들으면 뇌의 이 부분이 켜지고, 어떤 행동을 할 때면 뇌의 저 부분이 켜져요. 이 점을 아는 게 왜 쓸모 있는지 궁금한가요? 그렇다면 그와 관련된 구조를 먼저 살펴야 해요. 철학은 바로 이때 필요한 구조를 제시하고요.

물리적 폭력과 비용 없이 공격하는 방법

14

욕설

리베카 로치

Rebecca Roache

런던대학교 로얄할러웨이 철학 부교수. 욕설을 주제로 논문을 쓰고 있으며 현재 마무리 단계에 있다. 차기 논문에서 기분 나쁜 내용을 기분 나쁘지 않게 전달하는 방법을 논할 예정이다.

데이비드 우선 〈철학 한입〉에서 처음 다루는 주제임을 밝힐게요. 이제 판단은 알아서 부탁드려요. 욕에 예민하신 분들은 듣지 않으셔도 좋아요. '씨'로 시작하는 욕을 포함해서 쌍욕을 담고 있거든요. 불쾌함을 덜어드리고자 '씨'로 시작하는 욕이라고 말했는데, 사실 그 욕이 '씨발'임을 다들 아시리라 생각해요. 지금까지 욕설을 연구해 오신 철학자 리베카 로치 씨를 모셨습니다. 욕이 무엇인지 먼저 설명해 주시겠습니까?

리베카 로치(이하 '리베카') 일종의 금기어죠. 뭔가를 구체적으로 의미할 수도 있지만 일반적으로는 감정을 표출하려고 욕을 해요. '씨발', '씨팔', '미친 xx', '좆같은', '개 같은', '니미', '씹××'…… 등이 있죠.

나이절 음란하고 외설적인 욕들이네요. 불경스러운 말도 있어요.

리베카 그렇죠. '제기랄'(원래는 *God Damn*, 신을 욕하는 단어였다-옮긴이)

같은 말이 수십 년 전에는 꽤 심한 욕이었지만 지금은 많이 약해졌어요. 프랑스어나 이탈리아어의 경우 종교와 관련된 욕이 심한 편에 속해요. 그런데 영어권에서는 그렇지 않기 때문에 저는 여기서 종교와 관련된 욕은 다루지 않을 거예요.

나이절 영어권의 어떤 사람들한테도 심한 욕일 수 있어요. 신앙심이 투철한 사람이라면요.

리베카 맞아요. 하지만 앞서 제가 언급한 욕들은 대부분의 사람들이 기분 나빠하죠.

나이절 그러네요. 또 특정 집단을 겨냥한 욕도 존재하지 않나요? 특정 인종이나 동성애자, 또는 일반 사람들과 다르다는 이유로 폄하되는 사람들을 겨냥해서요.

리베카 그런 욕설을 철학에서는 비방이라고 불러요. 비방과 욕설의 차이에 대해 다양한 의견이 있어요. 그중 한 가지 의견에 따르면 비방은 상대방뿐만 아니라 상대방이 속한 전체 집단을 경멸하고 무시하는 언사이기 때문에 모욕적이에요. 보통 역사적으로 차별을 받아 왔던 사람들을 일컬어요. 비방을 통해 계속해서 차별을 받고 있죠.

이와 달리 욕설은 누군가에게 '씨발, 꺼져!'라고 말하는 건데, 이는 그 사람만 경멸하고 무시하는 거예요. 이 구분은 철학에서 중요해요. 모욕적으로 느끼는 이유가 각기 다르기 때문이에요. 비방은 차별적이고 해를 입히지만 욕설은 보통 그렇지 않아요.

나이절 욕을 너무 많이 하셔서 사람들이 이미 불쾌함을 느꼈을지도 몰라요.

리베카 음, 욕을 했다기보다는 욕을 말했죠. 이러한 구분 역시 철학에서 중요해요. 욕을 말하는 행위는, 뭔가를 표현하고자 욕을 했다기보다 말 그대로 욕을 언급한 거예요. 칼럼니스트 제레미 클락슨Jeremy Clarkson이 글에서 누군가를 향해 인용부호와 함께 '미친놈'이라고 썼어요(일간지 〈가디언*Guardian*〉에서 실제로 그랬어요). 바로 욕설을 언급한 경우죠.

반대로 일상 대화를 하다가 '씨발' 하고 욕을 했다면(제가 방금 했네요), 이건 욕을 말했다기보다 한 경우예요. 대부분의 사람들은 상대방이 욕을 '말했을' 때는 참아도 욕을 '하면' 잘 참지 않아요. 영국 신문은 대개 욕을 지우지 않고 있는 그대로 담아요. 하지만 〈가디언〉은 다르더라고요. 욕은 언급용이지 그대로 실을 이유가 없다는 그만의 편집 방침이 있어요. 즉, 〈가디언〉에 따르면 인용부호 없이 욕을 사용할 이유는 전혀 없어요.

나이절 방금 얌전하게 욕을 하셨는데 상대방을 향해 '씨발, 멍청아' 하고 말한다면, 그 욕을 들은 당사자는 심히 불쾌하고 이루 말할 수 없이 기분이 나쁠 거예요. 특히 면전에서 대놓고 그랬다면요.

리베카 그렇죠. 욕이 공격성을 띤다면 문제가 커져요. 그리고 욕을 하면 행동이 더 공격적으로 변할 수 있어요. 그렇다고 상대를 화나게 하려고 일부러 욕을 사용해서는 안 돼요. 욕을 하지 않아도 공격은 가능해요. 모욕감을 줄 수도 있고 겁을 주거나 괴롭힐 수도 있죠.

나이젤 제 경우, 욕은 저한테 가장 강력한 무기예요. 폭력이 일어나기 전 단계에서 사용하죠. 분노가 쌓이고 쌓이다 결국 폭발할 것 같을 때 욕을 하면 효과가 좋아요.

리베카 그래서 욕이 재밌어요. 욕은 감정과 관련 있어요. 고함지르기와 욕은 닮았어요. 발가락을 찧었을 때 '씨발!' 하고 욕을 내뱉을 때가 있잖아요. 그때 이게 실제로 도움이 돼요. 내가 공격적인 성향의 사람이라면 폭력보다 욕을 하는 게 나아요. 욕은 폭력을 휘두르지 않고도 감정을 분출할 수 있고, 비용이 적게 드는 공격 방식이니까요.

나이젤 욕과 관련된 감정, 그리고 그 감정이 때로 폭발하는 현상에 대해 이야기했는데요. 내 감정의 분출 대상이 꼭 타인은 아닐 수도 있는 거네요. 방금 말씀하셨듯 발등에 무거운 걸 떨어뜨렸을 때 욕만 해도 짜증이 덜한 것처럼요.

리베카 맞아요. 그런 경우에는 욕만 해도 카타르시스가 느껴져요. 심리학자 리처드 스티븐스Richard Stephens가 여러 실험을 진행했는데, 그 실험들에 따르면 고통을 견뎌야 할 때 욕을 하면 고통을 더 오래 참을 수 있대요.

스티븐스는 실험 참가자에게 얼음물에 손을 담그고 최대한 오래 버티라고 주문했고, 얼음물에 손을 담그고 있는 동안 욕을 한 참가자가 바른 말을 사용한 참가자보다 더 오래 버텼어요. 공격 없이 욕만 해도 카타르시스를 느낄 수 있다는 게 이 실험을 통해서 증명되었다고 봐요.

나이절 지금까지는 욕의 속성에 대해 말했어요. 철학이 욕에 관심을 갖는 이유는 뭔가요?

리베카 좋은 질문을 해 주셨네요. 보통 욕은 불쾌하다고 생각해요. 그래서 욕을 어떻게 다루어야 할지 고민하죠. 우리가 사는 사회는 단지 불쾌하다는 이유만으로 용납이 안 되는 행동들이 있어요.

아마 어떤 사람들이 공공장소에서 섹스를 하면 경찰이 그들을 체포할 거예요. 욕도 비슷해요. 뜬금없이 욕을 하면 회사에서 해고 당할지도 몰라요. 방송인이라면 벌금형을 선고받을지도 모르고요. 공공질서법에 의거해 욕을 해서 체포된 사람들이 실제로 있어요. 욕 때문에 법적 처벌을 받는 경우가 종종 있어요.

나이절 특정 욕을 법으로 금지할 만큼 영향력이 있는 욕을 어디까지 인정해야 하는지, 철학이 고민을 해야 한다는 말씀인가요?

리베카 네. 욕이 실제로 불쾌함을 주자 욕을 어떻게 다뤄야 하는지 철학적으로 고민하기 시작했어요. 법으로 욕을 다뤄야 하는지 아니면 그 밖의 다른 방법이 있는지에 대해서요. 그런데 사람들은 대부분 법에 기대지 않고 비공식적인 사회적 제재를 가하거나 직업이나 재정적인 측면에서 불이익을 주곤 해요.

여기서 중요한 철학적 고민이 발생해요. 어떤 행동에 대해 불쾌함을 느낀다면 사람들은 그 행동이 단지 매너의 문제라고 생각해요. 저녁 식사에 초대받은 제가 식탁에 발을 올렸어요. 불쾌하시겠죠. 그렇지만 제게 딱히 화를 내거나 벌을 주지는 않으실 거예요. 그저 다음부터는 저를 초대하지 않을 뿐이겠죠. 식탁에 발을 올렸다고 해서 법에 어긋나지는 않기 때문에 제가 일자리를 잃거나 그런 비슷한 일을 겪지는 않을 거예요.

한편으로 어떤 사람들은 불쾌한 행동에 대해 처벌이 따라야 한다고 생각해요. 수십 년 전 영국 정부는 일부 사람들이 동성 커플을 불쾌해하자 동성 커플의 자유를 특정 방식으로 제한했어요. 예를 들면 TV프로그램에서 동성 커플을 자유롭게 다룰 수 없었던 것처럼요. 지금은 감사하게도 그보다 훨씬 발전한 사회에 살고 있어요. 동성 커플이 누군가에게 불쾌함을 줄 수 있으나 그렇다고 이들의 자유를 제한해서는 안 된다는 생각이 지배적이에요.

나이절 그럼 현재 욕은 어떤 제한이 있나요?

리베카 지금 상황에서는 욕을 하면 문화적으로 처벌 받아요. 욕이 왜 불쾌한지 그리고 불쾌하다는 이유만으로 사람들의 욕할 자유를 제한해도 되는지 그 이유를 설득력 있게 설명해야 문화적 처벌을 내릴 수 있어요.

단순히 어릴 때부터 욕이 나쁜 거라고 배웠다는 이유만으로는 충분하지 않아요. 일부 사람들이 어릴 때부터 동성애에 불쾌함을 느겼다고 해서, 동성애를 표현할 자유를 제한할 수 없듯이 말이에요.

저는 욕이 동성애보다는 식탁에 발을 올리는 행위와 같다고 봐요. 공격성이 없다면 단지 욕을 했다는 이유만으로 처벌하는 건 부당하다고 생각해요. 예를 들어 상대를 위협하거나 공격하는 과정에서 욕을 한 게 아니라면 말이에요.

나이절 욕을 공공장소에서 알몸으로 다닌다든가 대변을 보는 행위로 생각할 수는 없나요? 대부분이 불쾌해하는 행동이잖아요. 우리는 특정 신체 부위를 공공장소에서 드러낼 자유가 없고, 특정 신체 부위를 지칭하는 단어를 자유롭게 말하지도 못하고, 금기시되는 행동을 묘사해서도 안 돼요.

리베카 욕을 알몸에 비교하다니 재미있네요. 대부분의 사람들이 욕은 불필요하다고 주장하죠. 이 말을 잘 들여다보면, 그렇기 때문에 욕은 정당하지 않다는 뜻이 내포되어 있어요.

알몸의 경우, 알몸이 용인되는 상황이 있고 그렇지 않은 상황이 있어요. 옷을 입은 채로 목욕을 할 수는 없잖아요. 영국에서는 욕에 적용하는 법보다 공공장소에서 알몸으로 다니는 행위에 적용하는 법이 훨씬 복잡해요.

실제로 욕을 명시적으로 언급하는 법이 없음에도 욕을 해서 체포되는 사람들이 이따금씩 있어요. 공공장소에서 알몸으로 다니는 사람보다 욕하는 사람이 더 많아요. 이 때문에 사안이 복잡해요. 간단히 설명하자면, 공공장소에서 알몸으로 다니는 사람보다 욕하는 사람을 더 많이 봐왔기 때문에, 전자보다 후자에 대한 반응이 더 발달했어요. 그리고 후자에 대한 반응들을 더 당연하게 여기고요.

나이절 욕에 더욱 관대해야 한다는 말씀인가요? 이게 욕에 대한 철학의 입장인가요?

리베카 욕을 했다는 이유만으로 처벌을 받거나 가혹한 사회적 제재를 받아서는 안 된다는 뜻이에요. 앞으로 욕을 좋아하자는 식의 주장을 하는 게 아니에요. 단지 지금보다 욕에 더 관대한 태도를 취할 타당한 이유가 있다는 점을 말씀드리고 싶을 뿐이에요.

나이절 욕을 말로 하는 것과 비교했을 때, 글로 적는 것이 혹시 더 특별히 문제가 되나요? 사람들은 가끔 욕을 적을 때 '씨***'나 '좆-' 이런 식으로 별표나 하이픈을 사용하잖아요. 이렇게 사용하는 특별한 이유가 있나요?

리베카 욕을 전체적으로 쓰는 걸 피하기 위해 별표를 사용하기도 해요. 별표를 사용하면 읽는 사람으로 하여금 불쾌함을 덜 느끼게 할 수 있어요.

그런데 글쓴이가 욕을 쓴 것이 맞고, 독자도 이미 그 단어를 안다고 쳤을 때 별표 사용이 실제로 불쾌함을 덜어 줄 수 있을까 의문이긴 해요. 하지만 사람들의 반응을 보면 입으로 내뱉는 욕보다 별표 처리한 욕에 거부감이 덜하긴 한 것 같아요.

저는 별표 사용이 글쓴이가 독자에게 보내는 일종의 신호라고 생각해요. 욕이 불쾌할 수 있다는 점을 알고, 그래서 그 불쾌함을 최대한 덜어 주고자 노력한다는 신호요. 이 신호 덕분에 독자들이 별표 처리된 욕에 불쾌함을 보다 덜 느끼는 듯싶어요.

나이절 저는 잘 이해가 안 돼요. 저는 별표 처리된 욕에 더 거부감을 느껴요. 왜냐하면 불필요한 내숭을 떤다는 생각이 들어서요. 그 단어가 뭔지 아는데 굳이 '눈 가리고 아웅' 하는 모양새로 보이잖아요.

리베카 전적으로 동의해요. 전체적으로 욕을 써도 무방한 경우, 굳이 별표로 가리면 독자들에게 '욕이 있네!' 하고 알리는 기능 같기도 하고요. 별표 사용이 오히려 불쾌함을 준다는 말에도 일리가 있어요. 별표 때문에 그 욕이 무엇인지 모호할 경우, 독자들은 열심히 유추할 수밖에 없어요. 더 심한 욕을 상상할 수도 있고요.

아까 '좆-' 말씀하셨죠. 관련해서 한 가지 예를 들어 볼게요. '좆*****'과 같은 표현을 사용하게 되면, 다시 말해 단어의 대부분을 별표로 표시할 경우, 대단히 불쾌한 단어를 정당하게 사용한 꼴이 되어 버려 불쾌함이 더 심해질 수 있어요.

별표를 지나치게 사용하면 더 이상 불쾌함을 덜어 주지 못해요. 지나친 사용은 글쓴이가 독자인 나의 감정을 고려하지 않는다는 느낌을 주거든요.

나이절 별표는 종교 문제로 사람들이 '신God'이라는 단어를 입에 올리지 못한 후로 사용되기 시작했어요. 그리고 명예훼손을 걱정해서 별표를 사용하기도 했고요. 특정 사람의 이름을 별표로 표시하면 누구인지 모두 알지만 실제로 입으로 말하지는 않았으니 명예훼손에 해당하지 않거든요.

리베카 좋은 말씀이에요. 언어학자 제프리 넌버그Geoffrey Nunberg는 욕을 마술 주문에 비유했어요. 효과를 발휘하려면 그 욕의 전체를 입으로 내뱉어야 한다는 측면에서요. 종교 용어도 비슷해요. 종교 용어를 구성하는 글자 하나하나는 신성하지 않아도 전체적으로 모아 보면 신성하게 여겨진다는 점에서요.

나이절 1960년대 영국은 D.H. 로렌스D.H. Lawrence의 소설 『채털리 부인의 연인』을 검열해야 하는지 그 여부를 두고 커다란 논쟁을 벌였어요. 그 이유는 이 소설에 'fuck', 'cunt'라는 단어가 지나치게 자주 쓰였거든요. 그런데 이 단어들은 사실은 욕이 아니었어요(해당 소설에서 fuck은 성교를, cunt는 여자 성기를 지칭한다－옮긴이). 따라서 여러 의미를 가지는 단어들은 사용해도 되지 않냐는 문학계의 주장에 대해 우리는 생각해 볼 만해요.

리베카 언어학자와 심리학자들은 욕이 다른 단어들과 상당히 달라서 흥미로워해요. 예를 들면, 욕은 늘 우리가 예상하는 대로 기능하지 않다는 점이에요.

예를 들어, '씨발Fuck you!'을 생각해 보세요. 이 말이 욕이란 걸 알지만 문자 그대로 어떻게 해석하면 좋을지 명확하지 않아요. 로렌스의 경우와는 다르죠. 로렌스는 그 단어를 일반 동사나 명사를 사용하듯이 사용했어요.

언어학자 제임스 맥콜리James McCawley는 'fuck'이 두 가지 다른 의미를 가진다고 했어요. 하나는 로렌스가 사용한 방식대로 일반 동사로서 의미를 가지고, 다른 하나는 '씨발!'처럼 언어의 범주에 속하지 않는 의미를 지닌다고요.

나이절 자유주의 철학자들의 주장에 따르면, 성인은 자유롭게 행동해도 되지만 아이들은 그러면 안 된다고 해요. 아이들에게는 필요한 제약을 가한 다음, 단계적으로 현실에 노출시켜 그 과정에서 자유로운 주체로 거듭나도록 해야 한다는 게 자유주의 철학자들의 생각이에요. 욕의 경우는 어떤가요? 아이들이 욕을 자유롭게 해도 되나요?

리베카 질문이 재밌어요. 저도 아이를 키우는 엄마로서 그 부분에 대해 입장을 정리할 필요가 있어요. 아이들은 자라면서 욕을 배워요. 그러니까 어떻게 배우는 게 적절한지에 대해서만 고민하면 될 것 같아요. 제가 아이들에게 원하는 건 뜬금없이 욕하지 않는 거예요. 상황에 어울리지 않게 뜬금없이 욕을 할 경우 상대를 화나게 할 수 있어요.

사실 아이들은 다양한 방식으로 상대를 화나게 할 수 있어요. 가령, 사람을 늘 이름으로만 불러 왔기 때문에 학교에 가서 선생님을 부를 때도 이름으로 부르는 거예요. 상황에 맞지 않아 부적절하죠. 그렇다고 아이들에게 상대를 부를 때는 항상 끝에 '씨'나 '양'을 붙여야 한다고 가르칠 수도 없어요. 우리가 할 일은 아이들에게 상황에 맞게 행동하는 법을 가르치는 거예요.

욕도 이런 식으로 배우는 게 적절하다고 생각해요. 아이들이 욕에 노출되는 게 싫다면, 논리적으로 어떤 조치를 취해서든 욕을 배우지 않도록 해야겠죠. 놀이터 출입을 금하든지, 아니면 선생님에게 아이들이 항상 바르고 고운 말만 사용할 수 있도록 지도를 부탁한다든지요.

그런데 아이들에게 그런 게 도움이 될까요? 욕이 무엇인지 그리고 어떨 때 욕을 사용해도 되는지를 가르치는 게 더 도움이 된다고 봐요.

의견이 불일치할 때 빛을 발하는

15

교양

테레사 M. 베잔

Teresa M. Bejan

옥스퍼드대학교 정치학과 정치이론 부교수. 역사적 관점에서 당대 정치문제를 논의한다. 저서로 『시민성: 불일치와 관용의 한계*Mere Civility: Disagreement and the Limits of Toleration*』가 있다. 근대 이전의 평등에 관한 책을 현재 집필 중이며, 〈뉴욕타임스〉, 〈애틀랜틱〉, 〈워싱턴포스트〉를 포함해 주요 일간지에 칼럼을 기고 중이다.

데이비드 〈철학 한입〉이 열띤 토론으로 유명하길 바라지만 교양 있는 토론으로도 유명했으면 좋겠어요. 그런데 교양 있는 토론은 어떤 건가요? 교양은 예의와 어떻게 다른가요? 정치적으로 분열된 시대를 살아가는 우리는 더욱 교양 있게 행동해야 할까요? 아니면 좀 더 비교양적이어야 할까요? 옥스퍼드대학교에서 정치이론을 강의하는 교양 있는 정치이론가 테레사 M. 베잔 씨가 나와 주셨습니다.

테레사 M. 베잔(이하 '테레사') 교양에 대해 공개 토론을 할 때 재미있는 점이 한 가지 있어요. 교양이 무엇인지 물으면 대부분 대답을 피해요. 그렇지만 '교양' 하면 일반적으로 대화의 미덕을 떠올리지 않을까 싶어요. 말하는 방식부터 말투와 태도, 내용까지 전부 고려하는 미덕이요.

나이절 교양이란 목소리를 높이지 않는 게 아닐까요? 상대를 모욕하지 않고 불쾌해할 만한 주제는 피하고요.

테레사 네, 그거예요. 그리고 교양에 대해 중요한 한 가지가 또 있어요. 교양은 특히 의견이 불일치할 때 더욱 중요하다는 점이에요. 다시 말하면 교양은 의견이 일치하지 않을 때 보이는 태도예요. 말투와 말하는 속도, 반응 및 경청 여부 등 여러 사항을 고려하는 태도로 볼 수 있어요. 그래서 사람들이 교양에 대해 말할 때 주로 염려하는 건 의견 불일치예요.

나이절 훌륭한 매너잖아요? 대화 시 일정 간격을 두고 상대의 기분을 상하게 하지 않겠다는 점이 특히나요.

테레사 네. 의례적으로 예의를 떠올리게 되죠. 많은 사람들이 교양을 예의와 가까운 덕목이라고 생각해요. 그런데 저는 교양을 예의와 따로 분리해서 생각하고 싶어요. 그리고 교양 자체가 지닌 특성에서 벗어나 보고 싶어요.

나이절 교양 자체가 지닌 특징이 뭔가요? 저는 예의와 교양이 같은 말이라고 생각하는데, 이 둘의 차이점에 대해서도 말씀해 주시면 좋겠어요.

테레사 한 가지 특성은 이미 말했어요. 교양은 특히 의견 불일치와 관련되어 있다고요. 그 밖에 독특한 특징들이 있어요. 특유의 미니멀리즘적인 특징이 있는데, 교양은 예의나 존중, 존경과 달리 때때로 부정적인 뉘앙스도 담고 있어요. 교양 있게 행동한다고 해서 반드시 예의 바른 건 아니에요. 반드시 상대를 존중하는 태도도 아니고요. 오히려 무시나 경멸을 나타낼 수도 있어요.

교양의 마지막 특징은(정말 중요한 특징이고, 역사적으로 봐도 중요해요), 내가 상대에게 바라는 행동 기준이라는 점이에요. 상대와 내가 특별한 관계이기 때문이에요. 나와 의견이 다른 상대도 나와 똑같은 시민사회의 일원일 거예요. 즉, 나와 똑같은 시민으로서 사회의 공동체 구성원이에요. 그래서 같은 공동체 구성원으로 상대도 나에게 교양을 갖춰 주기를 기대해요.

나이절 교양이 단지 대화의 미덕을 의미하는 게 아니라는 말씀이시네요. 그러니까 대화의 덕목 이상으로, 특정 정치적 배경 안에서 일어나는 상호작용이라는 말씀이시죠?

테레사 정확해요. 어떤 의미에서 교양을 정치적 덕목으로 보기도 해요. 그 이유는 교양이라는 단어의 어원 때문이에요. 교양*civility*이라는 단어는 시민을 뜻하는 라틴어 'civitas'에서 왔어요.

나이절 교양의 어원에 대해 보다 자세히 설명해 주시면 좋겠어요. 이를테면 교양의 역사에 대해서요.

테레사 음, 교양이 고대 로마공화국 시민의 덕목에 그 뿌리를 두고 있다는 말들을 자주 해요. 고대 로마공화국에서는 일종의 시민의식이라 할 수 있는 공공심public-spiritedness이 훌륭한 시민과 통치자라면 갖춰야 할 덕목이었어요.

그래서 1990년대에 수많은 정치이론가와 철학자들이 교양을 훌륭한 시민이 갖추어야 할 덕목 즉, 시민 도덕과 공공심으로 이해하기 시작했어요.

나이절 고대 로마공화국에서 갑자기 1990년대라니 그 사이 공백이 너무 커요. 1990년대에 이르러서야 교양이라는 개념과 그 기원에 관심을 가지기 시작했다는 말인가요?

테레사 네, 맞아요. 그 사이 천 년이 넘는 세월 동안 교양이라는 단어가 어떤 식으로 사용되어 왔는지 궁금하실 수 있어요. 하지만 공백이 존재해요.

1990년대와 2000년대에 정치이론가들의 관심사는 공화주의와 신공화주의였어요. 민주주의와 대의정치가 고대 로마공화국에서 시작되었다고 봤거든요. 그래서 고대 로마공화국을 연구해 그 발전 과정을 알고자 했어요.

나이절 자유주의 전통과 다른 입장인가요? 자유주의 전통에서 사람은 낯이 두꺼워야 한다고 주장해요. 그래야 남의 감정을 상하게 하더라도 자기주장을 활발히 내세울 수 있다고요. 상대에게 해를 끼치겠다는 뜻이 아니에요. 밀이 주장하는 표현의 자유를 이야기하고 있어요('어느 누구도 반대자를 침묵시킬 권리는 없다'고 말하며, 소수의 의견을 묵살해서는 안 된다고 한다 – 옮긴이).

테레사 그래서 자유주의 입장의 정치이론가들은 고대 로마공화국이 아닌 다른 역사를 가리켜 이렇게 주장했어요. 자유주의 사회에서 교양은 견고한 무언가로 그 의미가 다르다고요. 그중에서도 에드워드 실스Edward Shils와 같은 정치이론가들은 교양이 근대 부르주아사회의 덕목이라고 주장했어요. 여러 사람이 우연히 만나고 오가는 시장에서 지켜야 할 매너로 교양을 이해했어요. 사람은 함께 살아가고 삶을 공유하지만, 대개 거친 난투가 오가고 갈등도 많으니까요.

자유주의 입장의 정치이론가들은 주로 18세기와 19세기에 지금의 교양이라는 개념이 발달했다고 주장해요. 그런데 저는 지금의 교양이 즉, 의견 불일치와 관련해 특히 중요한 대화의 미덕으로서의 교양이, 실제로 18세기보다 앞선 시대에 발달했다고 생각해요.

초기 근대(17세기 – 옮긴이) 사회는 누가 시민의 테두리 안에 있고 누가 밖에 있는지 그 경계가 분명하지 않아 갈등이 많았어요. 이 당시에 종교적 관용 문제가 대두되었어요. 저는 교양이 종교적 관용 문제를 둘러싼 논쟁의 산물이라고 이해해요.

나이절 종교적 관용을 찬성하는 파와 반대하는 파가 있었을 텐데, 어느 쪽에서 교양이 비롯되었나요?

테레사 제가 지금부터 할 이야기는 반대파 이야기예요. 무례함이라는 개념을 누가 최초로 도입했는지부터 말씀드릴게요. 바로 마르틴 루터Martin Luther(개신교 창시자이자 종교개혁을 이끈 인물 – 옮긴이)가 주인공이에요. 500년 전 근대 사회는 루터로 인해 최초로 교양의 위기를 겪었어요.

루터는 가톨릭교회를 이론적으로 조목조목 반박한 걸로 모자라, 이 주장을 책으로 만들어서 대중에게 배포했어요. 루터는 이런 식으로 당시 사회적 관습을 의도적으로 비난했어요. 루터에게 개신교는 사회에 대한 저항이었고, 그래서 어쩔 수 없이 무례한 방식으로 포교 활동을 하고 부정부패를 고발할 수밖에 없다고 생각했어요.

나이절 면전에 대고 보다 솔직하게 말하는 방식이 개신교에서 시작되었다는 말씀인가요? 다른 사람들은 이러한 방식을 무례하며 예의 없고 공격적이라 생각했고요?

테레사 좀 과장하셨지만, 정확해요. 현대사회는, 특히 미국 사회는 언론의 자유가 노골적인 전도 활동(강압적인 개종주의)에서 기원했다고 봐요.

그리고 노골적인 전도 활동이 고발 문화도 가져왔다고 생각해요. 고발 문화에서는 불의를 목격하면 불의를 저지르는 사람의 기분을 고려하지 말고 언제든 신고하거나 큰소리로 항의해야 한다고 말해요.

나이절 고백하자면 저는 자유주의자들과 생각이 같아요. 중요한 사안을 논의 중이라면 상대의 기분을 지나치게 신경 쓰지 않고 내 의견을 말하는 게 미덕이라고 생각해요.

당연히 상대를 화나게 하고 싶지는 않아요. 하지만 상대의 기분을 상하게 하고 싶지 않다고 진실을 말하지 않으면, 오히려 오해가 생길 수 있어요. 절충해서 의견을 말하는 방식 또한 좋지 않다고 생각해요. 제 생각에 반대하는 사람들도 있겠죠. 이러한 자유주의 전통을 반대하는 사람들의 주장은 뭔가요?

테레사 좋은 질문이에요. 그 사람들의 주장에는 제가 교양의 전통strong tradition of civility이라 부르는 회의론이 밑바탕에 깔려 있어요.

회의론은 사실 교양이라는 덕목이 아니라, 단지 상대를 침묵하게 만드는 태도예요. 내 마음에 안 드는 생각은 아예 말도 못 하게 막아 버리는 태도죠. 나와 의견이 다른 사람, 또는 나와 같은 시민으로 보지 않거나 시민사회의 구성원으로 인정하지 않는 사람을 소외시키고 외면하는 태도예요.

루터교(마르틴 루터의 사상을 따르는 개신교 교파－옮긴이) 사람들이 교양을 이런 식으로 이해했어요. 부패한 사회에서 교양은 더 이상 덕목이 아니라는 입장이었어요. 나는 진실을 말할 의무가 있고, 상대의 기분에 맞춰 나 자신을 통제하지 않을 의무가 있어요. 쉽게 말해, 상대의 마음을 상하게 할 의무가 있어요. 왜냐하면 부패한 사회의 특권층에게 진실을 보여 주면 언제나 기분 나빠할 테니까요.

나이절 방금 말씀하신 점이 비非교양을 분명하게 나타내 주는 사례라고 생각해요. 교양이 있어야 한다고 주장하는 찬성파는 어떤 입장인가요?

테레사 교양이 필요 없다는 반대파 사람들의 말을, 찬성파 사람들은 진지하게 받아들여요. 찬성파도 교양을 말할 때 늘 아무렇지 않게 일어나는 듯 보이는 소외와 차별에 주목하거든요.

그렇지만 교양이 의견 차이를 중재하고 다스리는 역할을 한다고 쳤을 때 중요한 건, 건전한 소통을 위해서 각자의 의견을 서로 정확히 공유하는 거예요. 여기서 실질적인 공통점이 있어야만 다른 의견을 말할 수 있는 게 아니냐고 생각하실 수도 있어요. 그리고 그 자체로 차별과 소외가 아니냐고요.

하지만 대신 이렇게 생각하시면 좋겠어요. 뭔가를 서로 공유해야 한다면 공유하는 뭔가를 구체적으로 규정하는 게 정말 중요하다고요.

나이절 음…… 정확한 이해를 위해서 예를 들어 주시면 좋겠어요.

테레사 교양 찬성파가 반대파에게 가서 교양이 차별과 소외를 야기할 수 있다는 것을 인정할지도 몰라요. 하지만 교양을 전면 거부하는 태도는 의견 차이로 발발할 수 있는 상황에 미온적으로 반응하는 것이라고 주장할 거예요.

그 문제는 가령 세계관과 가치관을 보여 주는 종교와 정치 문제일 수도 있어요. 이런 문제에 의견을 각자 자유롭게 펼치기는 사실 어렵지만 그럼에도 해야 하죠. 그래서 교양에 대해 말할 때, 이 같은 의견 차이가 가능하도록 사람들이 가져야 할 자질에 대해 이야기하고 있는 거예요.

나이절 교양이 단지, 의견 차이가 있는 두 사람이 어떻게 하면 대화를 잘 이어 나갈 수 있는지에 대한 실용적 차원의 문제인가요? 상대의 기분을 상하게 하면 대화가 어렵기 때문에, 가급적 교양 있게 행동하자는 생각으로요. 그래야 대화를 계속 할 수 있으니까요.

테레사 교양이 상대의 기분을 상하지 않게 한다는 건 일차원적인 생각이고 문제를 만들기가 쉬워요. 교양을 상대의 기분과 관련지어 정의해야 한다면, 민감한 사람은 건전한 의견 차이가 어떤 형태여야 하는지 묻는 질문에 대답하지 못할 거예요.

역사적으로 이 현상은 루터의 종교개혁이 끝난 직후 일어났어요. 루터와 같은 개신교 사람들이 하는 교양 없는 포교 활동에 사람들이 우려를 표하기 시작하면서요. 개신교 사람들의 말이 공격적이라는 이야기가 많았어요. 더구나 사람들이 싫어하던 또 다른 국교도 사람들의 말도 공격적이라는 의견이 많았고요.

그 결과 교양 있는 대화에 관한 재미있는 교본이 등장했어요. 거기에 이렇게 적혀 있어요. 무신론자들은 기독교 이웃들의 기분이 상하지 않도록 신경 써서 말해야 한다고요.

나이절 요즘 시대에는 교양을 어떻게 바라봐야 하는지가 궁금하네요. 테레사 씨는 교양에 찬성하시잖아요. 그런데 아직까지 이와 관련해서 명확하게 말씀해 주시지 않았어요.

테레사 네, 그렇죠. 오늘날 제가 교양 이론가이자 교양 찬성파로 두각을 나타낼 수 있는 건, 처음에는 교양에 대해 회의적이고 비판적인 태도였기 때문일 거예요. 그리고 더 많은 교양을 요구하고 교양이 없다고 비난하는 태도가, 상대를 차별하고 소외시키며 침묵하게 하는 방식일 수 있다는 생각에 여전히 주의 깊게 반응하고요.

하지만 저는 교양 반대파도 상대가 대화 규칙을 준수하길 원한다는 것도 분명히 알아요. 가령, 말을 자르거나 욕을 퍼붓지 않으리라 기대하죠. 그래서 저에게 교양은 단지 불쾌한 말을 하지 않거나, 말을 조심하거나, 단어를 세심하게 선택하거나 하는 문제가 아니에요. 그 밖에 다른 성질이에요.

어렵더라도 대화가 가능하도록 나와 상대가 가져야 할 덕목이나 자질일지도 몰라요. 이 때문에 제가 교양 이론화에 돌입했어요. 저는 교양을 상대와, 그중에서도 심지어 가장 별로인 상대와 한 공간에 머무르며 계속해서 함께하겠다는 의지로 해석했어요. 의견 차이는 여전히 달갑지 않아도 칼보다는 말로 싸우는 게 낫다는 생각으로요.

나이절 그런데 의견 차이가 너무 심할 수도 있잖아요. 그 과정에서 싸움 없이도 상대를 불쾌하게 할지도 모르고요. 말과 폭력은 엄연히 다르지만요.

테레사 언어 철학자 J.L. 오스틴J.L. Austin의 주장을 생각하면 그런 식의 구분은 갈수록 곤란해요. 게다가 증오의 말과 성차별적인 말을 다룬 수많은 당대 이론들은 하나같이 말은 곧 행위라고 주장해요. 말은 상처를 입히고, 또 사회계급과 신분 차이를 만들어 내거나 유지하는 데 큰 역할을 한다고요.

제가 '기본 교양mere civility'이라 부르는 교양이 있어요. 대화를 나눌 때 가져야 할 최소한의 미덕으로 힘겨운 자기주장을 가능하게 하는 교양이에요. 이 기본 교양을 이론화하고자 저는 16세기와 17세기를 살펴봤어요.

제 흥미를 끈 건 그 시대에는 어느 누구도 말을 가볍게 여기지 않았다는 거예요. 하나님의 말씀을 포함해 언어와 말이 상당히 중요하다는 인식이 강했어요.

그런데 이런 식으로 말을 특권화한다면 관용 사회에서 어떻게 내 의견을 활발히 이야기할 수 있는지 의문이 생겨요. 사회분열과 내란을 초래하지 않으면서요.

나이젤 기본 교양이라는 개념을 언급하셨어요. 살을 붙여서 구체적으로 이 개념이 뜻하는 바를 말씀해 주시면 어떨까요?

테레사 기본 교양은 관용 사회에서 내 의견을 활발하게 말하는 데 필요한 미덕이에요. 사회규범인 존중하는 태도를 최소한으로 유지하거나, 대화를 이어 가는 데 필요한 최소한의 미덕을 말해요.

대화할 때 특별히 요구되는 이 기본 교양이, 주어진 상황과 상대에 따라 많이 달라진다는 점을 짐작하실 수 있을 거예요. 모자를 어떻게 벗어야 하는지, 어떤 식으로 말해야 하는지, 또는 상대를 어떤 방식으로 존중하고 존중을 표해야 하는지 등 단순히 행동만으로 교양을 생각하지 않아요. 대신에, 상황과 상대를 고려해 무엇이 필요한지 신중히 또는 실용적으로 판단하는 태도라고 생각하시면 좋겠어요. 그래야 대화를 이어갈 수 있어요.

기본 교양을 갖춘 사람은 상대에게 언제나 진실만을 이야기할 거예요. 진실을 말한다는 건 상대의 의견이 터무니없을 때 이를 솔직하게 밝힌다는 뜻이기도 해요. 정리하자면, 기본 교양은 상대에게 함부로 굴지 않고, 또한 상대를 난처하게 만들지 않으려는 노력이에요. 의견 차이가 발생해도 대화가 중단되지 않도록 말이에요.

나이절 조심스럽게 말하자면 기본 교양은 우리가 함양해야 할 중요한 미덕이네요. 그런 미덕을 갖춘 사람이 지금은 많지 않아요. 중요한 사안을 논할 때는 그런 기본 교양을 갖추기가 정신적으로 힘들거든요.

테레사 동의해요. 요즘 특히 기본 교양이 많이 부족한 것 같아요. 갈수록 거세게 교양을 비판하고요. 지금의 미국 정치사회에서 사회운동가들이 말하는 교양은 앞서 말한 것과 꽤나 다를 수 있어요. 불평등이 심각한 상황에서 그들에게 교양이란, 권력층에게 불평등을 똑바로 마주하고 인정하라고 요구하는 것이 될 테니까요.

교양 찬성파로서 저는 사람들이 교양을 단지 '오, 그러지 말고 교양 있게 행동해요. 교양 있게 대화합시다' 하며 신사다운 척하는 행동으로 볼까 봐 걱정이에요. 교양을 그저 까다로운 대화의 미덕으로만 오해한다면 즉, 엘리트주의자들의 예의 바름과 존중, 정중함 같은 거라고 생각한다면 큰일이에요.

나이절 원래는 교양에 대해 회의적인 입장이었다가 찬성파로 돌아섰다고 말씀하셨는데, 그 계기에 대해 듣고 싶어요.

테레사 찬성파로 입장을 바꾸고 나서 교양 없는 태도와 공격적인 자기주장이 초래한 결과에 더 주목하게 됐어요. 사람들이 점점 더 자신과 마음이 맞는 사람하고만 어울리려고 하더라고요. 이런 태도는 전혀 도움이 되지 않아요.

저는 학생들에게 '마음에 들지 않음'이 '불쾌함'과 동의어인 이유가 있다는 말을 하고 싶어요. 나와 생각이 똑같은 사람하고만 이야기하는 게 물론 훨씬 편하죠. 하지만 관용 사회에서 그건 재앙이에요. 민주주의의 재앙이죠. 교양은 나와 다른 생각을 받아들이려는 노력이에요. 특히 내게 정말 중요한 사안에 대한 상대의 다른 의견을요.

말한 대로 실천하리라는 믿음

16

신뢰

캐서린 홀리

Katherine Hawley

세인트앤드루스대학교 철학 교수. 옥스퍼드대학교 출판사에서 저서 『지속성과 신뢰: 아주 짧은 안내서*How Things Persist, Trust: A Very Short Introduction*』와 『믿을 만한 사람이 되는 법*How to Be Trustworthy*』을 펴냈다. 현재는 가면증후군(자신의 성공이 노력의 결과가 아니라 순전히 운으로 얻어졌고 언제가 가면이 벗겨져 초라한 실체가 드러날 것을 두려워하는 심리 – 옮긴이)에 대해 연구 중이다.

데이비드 '신뢰가 있다'는 말은 무슨 뜻일까요? 신뢰 없는 사람들은 무조건 부정직한 사람들인가요? 누군가를 '너무' 신뢰할 수 있을까요? 신뢰가 왜 중요할까요? 이 질문에 대해 대답해 주실 캐서린 홀리 씨를 모셨습니다. 신뢰를 뭐라고 정의할 수 있을까요?

캐서린 홀리(이하 '캐서린') 제 생각에 신뢰는 다양한 상황에서 다양한 의미로 쓸 수 있는 단어예요. 배우자를 신뢰할 때와 은행이나 동료를 신뢰할 때의 의미는 각기 다를 거예요.

저는 직장 동료나 이웃처럼 규칙적으로 만나는 사람들과 쌓아 올리는 신뢰를 연구해요. 아이가 생기고 사람과 관계가 인생에서 얼마나 큰 비중을 차지하는지 깨닫게 되면서 신뢰에 대해 깊이 생각하게 됐어요. 아이 친구의 부모 등 자주 만나는 사람들에게 많이 기대곤 하지만, 이 사람들과 친구가 되지는 않아요. 그래도 이 관계에서 신뢰는 정말 중요해요.

나이절 그런 관계에서 신뢰는 곧 믿음인가요? 말한 대로 실천하리라는 믿음이요.

캐서린 네, 맞아요. 이 관계에서는 말의 실천이 특히 중요해요. 부탁을 들어줄 때도 있지만 그렇지 않을 때도 있어요. 아무래도 괜찮아요. 약속한 행동을 실천할 때 신뢰가 생겨요.

약속한 장소에 있거나, 아이를 대신 데려오거나, 일하는 나를 대신해 내 역할을 해 주는 행동들이 그렇죠. 이처럼 신뢰가 있다는 건, 약속을 지킨다는 뜻이에요. 그래서 뭔가를 약속했다면 상대방을 실망시켜서는 안 돼요.

나이절 심리적인 특성 같아요. 누군가가 선의로 나를 대신해서 내 아이를 데리러 갔어요. 그런데 그만 정신이 딴 데 팔려서 내 아이를 제시간에 데려오지 않았어요. 그런데 이는 철학과는 딱히 관련이 없어 보여요. 여기서 철학적으로 논의할 만한 사안이 있나요?

캐서린 철학이 심리학 외에도 사회학, 사회과학과도 함께 가야 한다는 게 오늘 제가 드리고 싶은 말이에요. 사람들은 대개 신뢰가 없는 사람을 거짓말하고 속임수를 쓰는 사기꾼과 동일하게 취급해요. 하지만 그중에는 기본적으로 선의를 갖고 있으며 상대를 실망시키거나, 속이거나, 곤란하게 할 의도가 없는 사람들도 있어요.

후자의 경우, 무리해서라도 약속을 지키려고 하지만 때로는 체계가 없고 잘 잊어버릴 수 있어요. 우리도 마찬가지예요. 기억해 주세요. 이런 사람들도 가끔 신뢰할 수 없는 사람이 된다는 걸요. 타인의 삶에 해를 끼치거나 의도적으로 거짓말하는 사람과 동일하게 행동할 수 있다고요.

나이절 아이들 문제에 있어서 신뢰라는 건, 단지 제시간에 나타나는 것만으로는 안 돼요. 부모의 역할을 대신하기로 했으면 아이에게 무슨 일이 일어나지는 않을지 지켜보며 아이를 보호해야 해요.

캐서린 맞아요. 그런데 사람들의 기대치가 서로 다를 수 있다고 생각해요. 누군가 내 아이를 돌볼 때, 이 사람은 당연히 내 아이가 창밖으로 떨어지지 않도록, 그리고 주방에서 칼을 갖고 놀지 않도록 지켜봐야 해요. 말하지 않아도 모두 아는 기본적인 사항들이죠.

하지만 오후에 사탕을 줘도 되는지, 아이 옆에서 담배를 피워도 되는지, 이 만화영화는 보여 줘도 되는지 등 집집마다 규칙이 다를 텐데 이런 사항에 대해서는 의견이 다를 수 있어요. 타협도 쉽지 않아요. 사람들은 제 의무를 수행하는 데 최선을 다하지만 상대가 나에게 어떤 기대를 하는지는 몰라요. 그래서 곤란한 상황이 발생하기도 하죠.

나이절 신뢰의 종류가 다양하다는 말씀이신데, 그래도 본질적으로 공통점이 있지 않을까요? 가령, 신뢰가 있는 사람은 말을 실천하는 사람이라고 하셨잖아요.

캐서린 네, 일반적으로 있다고 봐요. 제가 연구하는 신뢰는 약속을 반드시 지킴으로써 생기는 신뢰예요. 상대가 약속한 걸 실천한다고 생각해 보세요. 약속 이행은 신뢰에 있어서 정말 중요해요.

그런데 구체적인 내용 없이 약속을 하는 경우도 있어요. 실제로 많아요. 예를 들어, 내가 이웃의 아이를 돌보고 있어요. 저는 다음번에 이 이웃도 내 아이를 돌봐 주리라 당연히 생각해요.

이런 식으로 상호작용 하는 상황들이 있어요. 침묵은 곧 암묵적 동의로, 싫다고 하지 않으면 약속이 성사되었다고 보죠. 약속 이행에 기반을 둔 신뢰는 의미하는 바가 넓어요. 여기서 말하는 약속은 무엇을 할지에 대한 구체적인 약속이기도 하지만 사회관계 속에서 암묵적으로 자연 발생하는 약속도 포함해요.

나이절 신뢰의 장점은 뭘까요? 다른 사람에게 신뢰를 얻으면 좋은 건가요? 신뢰는 좋은 사람의 필수조건인가요?

캐서린 신뢰는 단지 있으면 좋고 없어도 괜찮은 성질의 것이 아니에요. 상호작용 하는 타인과의 관계에서, 다양한 사회 환경에서, 그리고 모두가 함께 힘을 합쳐야 하는 공통 프로젝트에서 신뢰는 필수예요.

신뢰를 미덕이라 부르고 싶지는 않아요. 신뢰라는 게, 사람들이 보통 미덕으로 여기는 관대함이나 친절, 자발성과 다른 방향으로 움직여 긴장을 형성할 수 있거든요.

그럼에도 신뢰는 윤리의 문제이긴 해요. 약속을 어기는 행위는 윤리적 문제잖아요. 또한 윤리적 측면에서뿐만 아니라 현실에서도 중요해요. 어떤 관계에서든 신뢰는 기본이에요.

적어도 상대에게 내가 믿을 만한 사람임을 증명해야 해요. 그러지 않으면 상대는 나를 프로젝트에 끼워 주지도, 함께 일하지도, 함께 취미 생활을 하려 하지도 않을 거예요. 신뢰를 보여 주지 않으면 일상생활이 힘들어져요.

나이절 방금 신뢰를 단지 미덕으로 보고 싶지 않다고 말씀하셨어요. 아리스토텔레스에 따르면 모든 미덕은 양극단 사이에 존재해요. 덕분에 성격적 특성을 논할 수 있게 됐죠.

만약 신뢰도 미덕으로 분류한다면, 신뢰 역시 중간자예요. 한쪽 끝에는 약속을 제 맘대로 지키거나 안 지키는 불신이 있을 테고요. 다른 끝에는 뭐가 있을까요? 말하자면 좋은 사람의 영역을 벗어날 정도인 '초'신뢰일까요?

캐서린 음, 어떤 사람이 있다고 쳐요. 이 사람은 상대를 실망시킬까 봐, 약속을 못 지킬까 봐 이런 걱정에 책임이나 약속 자체를 굉장히 꺼리는 사람이에요. 애초에 약속이 몇 개 없기 때문에 약속을 어길 일도 없어요. 이런 점에서 신뢰가 있는 사람이지만 관계를 맺고 친구가 되기에는, 그리고 함께 일하기에는 어려운 사람일 거예요.

쉽게 말해, '노력해 볼게. 그렇지만 기다리지 마', '나중에 문자할게', '내 생각은 이런데 확실하지는 않아. 다른 사람에게 확인해 보는 게 나을 거야' 하고 말하는 유형의 사람이에요. 이 사람에게 '초'신뢰가 있다고 생각하지는 않겠죠.

그저 약속을 못 지킬까 봐, 다른 사람의 명예를 더럽힐까 봐 걱정하는 사람일 뿐이에요. 처음부터 약속 자체를 꺼리거나, 구체적인 계획을 짜자고 하면 좋아하지 않을 사람이죠.

나이절 신뢰와 도덕적 가치가 충돌할 수 있나요?

캐서린 네, 가능해요. 제가 신뢰에 관심을 가진 또 다른 이유는, 사람들이 신뢰를 신경 쓰느라 억지로 뭔가를 하려는 충동에 빠지기 때문이에요. 너그럽게 또는 친절하게 보이고 싶은 충동들이요.

누군가 나에게 어떤 일을 대신해 달라고 부탁했어요. 이 사람은 내가 알았다고 대답하거나 새로운 약속을 해 주길 바랄 거예요. 하지만 나는 그 부탁을 들어주기가 힘든 상황이에요. 그 일이 너무 어려운 일일 수도 있고, 다른 일이 많기 때문일 수도 있어요. 이런 상황에서는 거절을 해야 하지만 그러면 상대가 실망해요. 상대는 나를 관대하다고 생각하지 않겠죠.

사람들은 웬만하면 부탁을 거절하고 싶어 하지 않아요. 부탁을 들어주기 곤란할 때는 거절하는 게 맞지만, 관대하거나 친절하게 보이고 싶은 마음이 크면 수락하기도 해요. 신뢰와 도덕적 가치 간의 실질적 충돌은 없어 보이죠. 하지만 수락하고 나서 그 일을 결국 수행할 수 없다면 내가 보인 관대함은 의미가 없어요.

나이절 이런 상상을 해 볼 수 있겠어요. 사람이 관대하다 못해 가진 돈을 전부 남에게 줘 버렸어요. 덕분에 원래 주기로 한 사람에게는 돈을 한 푼도 줄 수 없는 거죠.

캐서린 시간이라는 자원을 가지고도 비슷한 상상을 해 볼 수 있어요. 정말 흔한 경우라고 생각해요.

내가 중요하게 여겼던 프로젝트를 한정된 시간 안에서 진행하게 됐어요. 그 이후에는 다른 사람도 도와주기로 했죠. 그런데 여러 사람들이 내게 자꾸 도와 달라고 하는 거예요. 이 사람들을 돕는 데 내 시간을 다 써 버리면, 원래 돕기로 한 사람을 실망시키게 돼요. 그러면 나는 그 사람에게 신뢰를 잃을 거고요.

나이절 지금까지 신뢰의 장점만 얘기했는데 단점도 있을 것 같아요. 제가 고문관이라고 가정해 볼게요. 고문관인 제가 고문을 당하는 사람에게 오후 3시 30분까지 오겠다고 말했어요. 저는 약속대로 제 시간에 무시무시한 장비를 챙겨서 나타났어요. 저는 확실히 신뢰가 있는 사람이에요. 그런데 이 경우에는 신뢰가 좋기만 한 건 아니겠죠?

캐서린 지켜서는 안 될 약속과 의무가 분명히 있어요. 약속 실천이 언제나 중요한 건 아니에요. 이탈리아 사회학자 디에고 감베타Diego Gambetta가 진행한 훌륭한 연구가 하나 떠오르네요.

감베타는 범죄 조직, 특히 이탈리아 시칠리아의 마피아 조직에서 발생하는 믿음과 불신, 신뢰를 주제로 많은 글을 썼어요. 범죄 조직에서는 상호 신뢰가 다른 무엇보다 우선이에요. 끔찍한 범죄를 저지르기 위해서죠.

이때는 신뢰를 칭찬할 만한 성질이라고 볼 수 없어요. 아이들이 보고 배워서는 안 될 신뢰에요. 그렇지만 적어도 조직원들끼리는 서로 신뢰할 수 있는 사람들이죠. 이런 경우에 저는 신뢰가 무의미하다기보다 어떤 의미에서 형식적인 성질이라고 봐요.

형식적인 성질은 기타 긍정적인 성질과 비교해 가치가 떨어져요. 그래서 조직원들처럼 삶에서 중요한 필수 도덕들이 매우 결여되어 있더라도 신뢰할 수 있는 사람이 될 수 있어요.

나이절 그럼 바람직한 신뢰를 기르는 최고의 방법은 뭘까요?

캐서린 아이들에게 어느 정도의 주입식 교육이 필요하다고 생각해요. 우선은 거짓말은 하면 안 된다고 가르치고, 나중에 선의의 거짓말에 대해, 그러니까 진실을 말하는 게 항상 좋은 건 아니라는 점을 가르쳐야 한다고 생각해요.

아이들에게 신뢰를 길러 주는 일은 쉽지 않아요. 하지만 성인은 일인칭 시점에서 내가 어떻게 하면 다른 사람이 날 더 신뢰할지 스스로 고민할 수 있어야 해요. 내가 할 수 있는 일과 나를 힘들게 하는 일이 뭔지 아는 게 중요해요. 내 능력과 한계를 이해해야 어떤 약속이 안전하고, 어떤 일이 내게 부담이 될지 안 될 지 알 수 있어요.

모험은 절대 안 된다거나 부담이 될 만한 일을 절대 해서는 안 된다는 말이 아니에요. 한계 설정에 도움이 된다는 말이에요. 한계를 설정하면 내가 비록 최선을 다하는 중이지만 일을 완수하기 위해서는 날 도와줄 사람이 더 필요하다고 말할 수 있을 거예요. 새로운 일을 언제 맡을 수 있고 언제 할 수 없는지 명확하게 말하는 것도 신뢰를 쌓는 데 도움이 돼요. 이런 식으로 내게 부담이 되거나 나를 곤란하게 할 것 같은 일을 거절할 수 있어요.

하지만 거절은 특권일지도 몰라요. 모두가 상사의 요구나 도움 요청 또는 부탁을 거절할 수 있는 건 아니니까요. 사회적으로 곤란하거나 난처한 입장일 때 신뢰를 기르기가 실제로 힘들 수 있어요. 저는 이 점을 현재 연구 중이에요. 조직에서 내 위치가 낮을 경우, 요구나 부탁을 거절하기가 어렵다는 것을요.

나이절 신뢰를 개념적으로 접근하면 추상적인 개념이 아니에요. 어떻게 살아야 하고 뭘 해야 하는지와 깊이 관련된 개념이거든요. 신뢰는 내 행동을 다시 생각하게 해요. 교수님이 지금껏 살아온 방식도 신뢰를 바탕에 두었나요?

캐서린 그럼요. 새로운 일을 거절하는 게 더 쉬워졌어요(좋은 결과라고 생각해요). 대부분의 사람들은 누군가의 부탁을 거절하면 자기중심적이고 이기적인 사람으로 비춰질 것을 우려해, 부탁을 가능한 많이 들어주고자 해요. 그게 사회적으로 도움이 된다고 생각하기도 하고요.

하지만 때로 솔직하게 거절하는 게 추후 상대를 실망시키지 않아 오히려 신뢰를 쌓을 수 있다는 점을 깨달으면, 거절하기가 어렵지 않을 거예요. 장기적인 관점에서 거절이 상대에게 더 도움이 될 수 있다고 보거든요. 거절은 내 필요와 바람만 우선시하는 이기적인 행동이 아니에요.

환자들의 두려움

17

사전 동의서

오노라 오닐

Onora O'Neill

케임브리지대학교 철학과 명예교수, 전 무소속 상원의원이었고, 정치철학과 윤리학을 대중의 삶과 연결지어 연구 및 해당 주제에 대한 글을 발표했다. 최근에 저서 『정의, 국경을 넘어*Justice Across Boundaries: Whose Obligations?*』, 『원칙에서 실천으로*From Principles to Practice*』를 출간했으며, 칸트상, 홀베르그상, 베르그루엔 철학상을 수상한 경력이 있다.

데이비드 미국은 전 세계에서 소송 문화가 가장 활발한 나라예요. 영국도 열심히 따라잡는 중이죠. 아무래도 의료계만큼 소송이 빈번하게 일어나는 분야는 없을 거예요. 그래서 의사나 외과의들이 치료나 수술 전, 환자에게 길고 복잡한 사전 동의서에 서명을 요구하는 일이 점점 늘어나는 추세예요. 저명한 철학자이자 케임브리지대학교 전 총장이었던 오노라 오닐 씨가 나오셨습니다. 오노라 씨는 이런 추세를 일종의 과유불급이라고 보고 계십니다.

나이절 오늘 주제는 '환자의 사전 동의'입니다. 동의도 상황에 따라 다 달라요. 의료계에서 말하는 동의는 뭔가요?

오노라 오닐(이하 '오노라') 의료계는 두 가지 상황에서 동의를 받아요. 하나는 인체 실험을 할 때고 다른 하나는 치료를 할 때예요. 1970년대부터 치료 전에 환자의 사전 동의를 받는 게 필수가 됐어요.

물론 모든 치료마다 동의서에 서명을 하지는 않아요. 예를 들어, 혈액 검사를 하러 보건소에 갔을 때 채혈 동의서에 서명하지는 않죠.

나이절 그 경우는 암묵적 동의가 아닐까요. 팔을 뒤로 뺀다면 명백한 거부 표시인데 그럼에도 의사가 채혈을 강행하기는 힘드니까요.

오노라 그렇죠. 그런데 요즘은 암묵적 동의만으로 충분하지 않아요. 사람들은 명시적인 동의를 원해요. 문서나, 서명, 서명을 증명하는 증인, 기록 등으로요.

명시적인 동의가 중요해진 데에는 여러 많은 이유가 있는데 그 중에서도 혹시 모를 항의와 소송이 두려운 게 가장 큰 이유예요. 모든 의료 행위가 환자의 동의에 따라 이뤄졌음을 증명할 수 있다면 문제가 되지 않을 테니까요.

단순히 암묵적 동의 문화에서 명시적인 동의 문화로 바뀐 게 아니에요. 이렇게 불러도 될지 모르겠으나 '형식적으로 대충하는' 동의에 만족하다가 이제는 매우 구체적인 동의를 원한다는 뜻이에요. 동의서가 갈수록 더 길어지고 있죠.

나이절 1947년 뉘른베르크 강령(인체실험에 관한 윤리적 기준을 담은 10개 조항-옮긴이)이 만들어진 배경과 어떤 점에서는 비슷해요. 나치가 사람들을 강제로 의학 실험에 동원했다는 사실에 많은 이들이 경악한 이후로 만들어진 강령이죠.

그 후 1964년에 뉘른베르크 강령을 보완한 헬싱키선언이 발표됐어요. 제가 이해하기로 헬싱키선언에는 동의 개념이 더욱 상세하게 정의되어 있어요. 이와 관련해 추가로 해 주실 말씀이 있나요?

오노라 동의는 연구 윤리에 따른 절차 중 하나였어요. 피험자를 강요 및 기만하거나 속여서는 안 된다는 뜻이 담겨 있어요. 이는 뉘른베르크 강령이 정한 기준으로 상당히 합리적이에요.

그런데 1964년에 발표된 헬싱키선언뿐만 아니라, 2013년에 나온 최신 개정판을 보면, 피험자는 이제 연구 계획과 목적, 그리고 연구비 조달 현황 등, 매우 복잡한 사항도 알아야 해요.

과연 피험자들이 이런 세부적인 사항까지 전부 이해할 수 있을지 의문이에요. 어린아이와 노약자, 학습장애를 앓는 사람들뿐 아니라, 스스로 꽤 똑똑하다고 여기는 사람들에게도 어려울지 몰라요. 현실적인 문제예요.

나이절 그렇다면 의학 실험에 참여하는 사람들을 위해 어떤 안전장치를 마련할 수 있을까요? 실험 중 발생할 수 있는 일들을 자세히 알려 주는 것 외에요.

오노라 동의만으로 충분하다고 생각한다면 착각이에요. 의료규정과 보건관리규정, 안전규정에 따르면 전체 실험 과정은 이런 식으로 진행되어야 해요. 피험자나 환자에게 제시한 선택사항이 모두 합법적이어야 하고, 실험이 누구에게도 불필요한 위험을 초래하지 말아야 하며, 실험은 교육받은 사람들에 의해 진행되어야 한다고요.

동의했다고 해서 실험 중 뭐든 해도 괜찮다고 생각하면 오산이에요. 제가 늘 하는 말이에요. 동의는 필수지만 그 자체로 충분한 건 아닙니다. 동의를 했다고 해서 윤리적으로 아무 문제가 없는 건 아니에요(이런 생각이 요즘 대세예요). 동의만큼 중요한 다른 필수사항들에 대해서도 많이 알아야 해요.

나이절 그런 생각은 못했어요. 동의라는 개념이 전체적으로 보면 자유주의 철학에서 생겨난 것 같아요. 존 스튜어트 밀과 같은 자유주의 철학자들에게서 영감을 받아 고안된 개념 같거든요.

자유주의 철학자들은 누구나 좋아하는 일을 자유롭게 할 수 있어야 한다고 주장해요. 그래서 누군가 어떤 행동을 하고자 할 때 법이 끼어들 자리가 없어요.

오노라 그게 뭐든 단지 내가 동의했다는 이유만으로 법이 개입하지 못하는 건 아니에요. 성인인 의사와 내가 수술에 서로 동의했다고 해서 그 수술이 합법적인 것도 아니고요. 적합한 교육을 받아 전문의 등록을 마친 사람이 적합한 건물에서 행하는 수술만이 합법적인 수술이에요. 동의 절차는 처치가 적절한 기준에 따라 시행되도록 하는 시스템의 작은 일부분일 뿐이에요.

지난 30년 동안 동의 절차가 큰 주목을 받았어요. 문제가 발생하는 경우 동의서가 병원이나 의료인의 책임을 덜어 주는 걸로만 여겨졌기 때문이에요.

나이절 환자나 피험자의 두려움을 덜어 주기 위해서 동의 절차에 주목한 건 아닐까요? 내게 뭐가 좋을지 나보다 더 잘 아는 누군가가 나를 마음대로 할지도 모른다는 두려움이요.

오노라 방금 하신 말씀은, 동의 절차를 주제로 논문을 쓰는 사람들이 자주 하는 말이에요. 환자들이 느끼는 두려움은 그보다 훨씬 더 커요. 환자들은 치료를 굉장히 두려워해요. 당연해요. 치료가 고통스럽지는 않을지, 혹은 치료가 전혀 효과가 없을까 봐, 또는 치료를 못 받을까 봐 두려워해요.

동의는 일종의 '필수사항 검토'이기에 도움이 돼요. 환자들은 동의서에 적힌 사항들을 하나씩 읽어 보면서 내게 어떤 일이 일어날지 어느 정도 알 수 있어요. 하지만 우리가 이를 전혀 이해하지 못했다고 해서 의료진이 치료를 거부할 수도 없어요(이런 이유로 치매나 학습장애를 앓는 사람들의 진료가 거부당한다면 심각한 문제가 될 거예요).

또 이런 상황에서 기준을 지나치게 높여 버리면 아무도 그 기준을 만족할 수 없겠죠. 저는 동의서가 도움이 된다고 생각하지만, 동의가 매우 구체적이어야 하고 동의 절차가 상당히 복잡해야 한다는 주장에는 반대예요. 잘못된 생각이라고 봐요.

나이절 아무리 지능이 뛰어나도 이해할 수 없는 게 있다고 하셨어요. 그게 뭔지 구체적으로 예를 들어 주시면 좋겠어요.

오노라 한 예를 들어 볼게요. 신약 임상실험에 참여한 환자를 무작위로 두 그룹으로 나누었어요(환자들은 자신이 어떤 그룹에 속해 있는지 몰라요). 이후 환자들에게 '왜 이 그룹에 계신가요?' 하고 물으면, '의사가 판단하길, 이 그룹이 저한테 적합하대요' 하고 대답할 거예요. 실험을 잘못 이해하고 있는 상황이죠.

환자들이 속았다거나 강요를 당했다는 말이 아니에요. 플라세보 효과를 차단하기 위해 이중맹검법(약의 효과를 객관적으로 평가하는 방법. 진짜 약과 가짜 약을 피험자에 무작위로 나눠 주는데, 의사조차도 약의 진위 여부를 모른다. 선입견을 차단하기 위한 방법으로 사용된다-옮긴이)에 따라 진행된 임상실험이었죠.

이를 환자에게 알려 줬어도 해당 방식을 이해하지 못했을 수도 있어요. 질병은 인생의 시련이에요. 더 효과적인 치료 약이 나오기만을 바라다가 드디어 신약이 나오기 직전이라고 가정해 보자고요. 사람들은 신약을 복용하는 것에만 관심이 있지, 임상실험이 어떤 식으로 설계되어 있는지에는 관심조차 없을지도 몰라요.

나이절 권유대로 동의하는 또 다른 이유는 의사와 조금이나마 더 대화를 하기 위해서라고 생각할 수 있을 것 같아요. 그렇지 않으면, 그저 나보다 잘 아는 사람에게 단순 치료만 받게 될 테니까요.

오노라 음, 사람들은 일반적으로 당연히 나보다 잘 아는 사람에게 치료를 받길 원해요. 그게 아니라면 내가 직접 하죠! 그런데 그 방식이 무례하거나 강압적이면 싫어요. 동의를 하는 근본적인 이유는 동의가 강압이나 속임수, 조작 따위는 없었다는 표시이기 때문이에요.

동의가 곧 자주권 행사는 아니에요. "네, 맹장을 제거하셔도 됩니다"라는 이 말을 자주권 행사로 이해하는 사람은 아마 없을 거예요. 단지 선택이에요. 그 순간에 세부사항을 제대로 이해하지 못했어도 말이에요.

나이절 의사결정이 힘든 사람의 경우 길고 장황하더라도 자세한 설명을 듣는 게 도움이 될지도 몰라요. 그래야 충분히 생각하고 수술을 받을 수 있으니까요.

오노라 그건 그 수술이 얼마나 복잡하고 위험한지에 주로 달렸어요. 채혈이나 체온을 잴 때 길고 장황한 설명을 원하는 사람은 없을걸요. 대부분 결과가 좋을지 나쁠지 예측하기 힘든 큰 수술을 받을 때, 그 같은 긴 대화가 필수라고 생각할 거예요.

그런데 아무 때고 설명이 길면, 환자들의 피로도가 커지고 동의서만 지나치게 길어질 뿐이에요. 길고 장황한 설명을 들은 환자들은 종종 이렇게 물을 거예요.

"그러면 선생님, 만약 선생님 아이라면 어떻게 하시겠어요?" 의사는 "음, 제 아이라면, 당연히 수술하죠" 하고 대답하고요. 동의서 작성 시, 수술을 유도하는 식으로 설명을 해서는 안 되기 때문에 환자에게 조언은 금물이에요. 하지만 환자들은 아랑곳없이 어떻게든 의사의 의견을 들으려고 하죠.

나이절 오노라 씨는 철학자이시잖아요. 당연히 철학을 바탕으로 동의에 대해 이런 생각을 하시는 게 아닌가 싶어요. 이에 대해 간략히 말씀해 주실 수 있나요?

오노라 지난 수백 년 동안 동의는 정치철학과 경제학의 중심 개념이었어요. 사회계약의 전통과 이의 현대판이라 부르는 계약주의Contractarianism, 그리고 보다 일반적으로 자유주의에 입각한 정치철학에서의 합법적인 정부란 전 국민이 동의한 정부예요.

시장경제학에서도 마찬가지로 모두가 동의한 거래만이 합법적이고, 절도나 갈취, 강탈은 합법적이지 않아요. 그러니까 저는 동의가, 내게 의무를 지켜야 할 다른 누군가에게 이따금 그 의무를 면제해 주는 가장 합법적인 방법이라고 생각해요.

다시 의학으로 돌아갈게요. 내가 만약 맹장을 제거하기로 했어요. 내 맹장 수술을 담당할 의사가 실수로 내 몸에 작디 작은 구멍을 낸다고 해도 법정 소송을 하고 싶지는 않아요. 여기서 내가 맹장 수술에 동의한다는 건 의사에게 의무를 면제해 주는 거예요. 내게 상처를 입히면 안 된다는 의무요.

이처럼 우리가 가끔 의사의 의무를 선택적으로 면제해 주기 위해 동의가 있는 것 같아요. 일반적으로 다른 사람의 몸에 구멍을 내거나 독을 바르는 등 상해를 가해서는 안 돼요. 하지만 가끔은 "제게 해롭다는 걸 알지만 네, 그렇게 하셔도 돼요" 하고 말할 수밖에 없어요. 예를 들어, 화학요법 같은 경우에요. 화학요법을 시술하는 사람이 내게 독을 주사했다고 처벌하지는 않을 거잖아요.

나이절 여타 공공정책에도 교수님이 말하는 사전 동의가 있나요?

오노라 전체적으로 드리고 싶은 말은 대다수 공공정책이 공익을 위해 만들어졌다는 거예요. 예를 들면, 의료부문에서는 공중보건정책이 있어요. 경제 부문에서는 통화 안정이나 계약 강제집행 등이 공익을 위한 정책일 거고요. 뭐든 동의에 따라 이뤄지고, 대부분 암묵적인 형태예요.

돈을 주고 샌드위치를 사는 경우를 생각하시면 돼요. 하지만 보다 중요한 거래일 경우 명시적인 동의가 필요해요. 그래서 대출을 받을 때는 아주 복잡한 서류에 서명해야 하죠. 그런데 의료 행위는 이런 식으로 구분되어 있지 않아요. 샌드위치를 사는 데 대출에 필요한 절차들을 밟을 필요가 있나요? 동의해야 할 사항이 비교적 사소하다면, 이식수술용 동의서와 똑같은 종류의 동의서가 필요하지 않을 거예요.

두 마음이
서로 어떻게든 만날 때

18

'안다'는 것

카탈린 파르카스

Katalin Farkas

오스트리아 중부유럽대학교 철학 교수. 인식론과 심리철학, 법철학을 연구한다. 저서 『피험자 관점*The Subject's Point of View*』을 출간하여 타협 불가한 내재적 심리에 대해 설명했다. 현재는 사회생물학의 창시자 격인 에드워드 윌슨Edward Wilson이 쓴 『통섭』에 대한 책을 집필 중이다.

나이절 사람들은 '알다'라는 동사를 다양한 의미로 사용해요. '3 더하기 2는 5'라는 사실을 알고, 자전거 타는 법을 알아요. 성관계로 사람을 안다고 말할지도 모르죠. 그런데 사람을 안다는 게 무슨 뜻일까요? 저와 조금 안면이 있고, 이 문제를 연구하는 카탈린 파르카스 씨를 모셨습니다.

데이비드 여기서 안다는 게 일반적으로 지식의 의미인가요? 이에 대해 먼저 설명해 주시면 좋겠어요.

카탈린 파르카스(아히 '카탈린') 서양철학에서 지식이란 일반적으로 진리에 대한 이해를 말해요. 앎이 무엇을 뜻하는지 사람들은 고대 그리스, 정확히 플라톤 시대부터 궁금해하기 시작했어요. 주로 진리나 명제, 사실을 아는 게 무엇인지에 대해서요.

그런데 어떤 사람들은 앎이 모두 진리에 대한 이해를 뜻하는 건 아니라고 생각했어요. 예를 들어, 영국의 철학자 길버트 라일Gilbert

Ryle은 '방법을 아는 것'이라는 실용적인 차원에서의 앎을 언급했어요. 이는 진리를 이해하는 것과 달라요.

데이비드 그럼 앎의 종류에 대해 이야기해 보도록 해요. 사실을 아는 건, '영국의 수도는 런던'이라고 말하는 경우예요.

카탈린 네, 정확해요. '2 더하기 2는 4'이고 '영국의 수도는 런던'임을 알고 있듯, 말 그대로 사실을 아는 거예요.

데이비드 두 번째로, 방법을 아는 것, '이 마이크로 인터뷰를 녹음할 줄 알아' 하고 말하는 경우예요.

카탈린 네. 사람들은 대부분 자전거 타는 법이나 수영하는 법 등 이런 능력을 가리켜 방법을 안다고 말해요. 이런 행위를 둘러싼 여러 사실이나 진실을 알 수 있다고 해도, 진실과 사실만으로는 자전거 타는 법이나 수영하는 법을 알지는 못해요.

데이비드 마지막으로 사람, 사물이나 현상을 안다고 하는 경우예요.

카탈린 예를 들어, 장소를 안다고 말해요. 이때 장소는 너와 내가 모두 아는 런던과 같은 장소예요. 사람을 안다고 말하면, 그 사람은 내 친구이기도 하고 네 친구이기도 해서, 너와 내가 모두 아는 사람이에요. 기분을 안다고 말하기도 하는데 가령, 슬프거나 즐거운 기분을 안다고 말하죠.

데이비드 어떤 언어에서는 이런 종류의 '앎'을 구분해서 거기에 맞는 단어를 사용해요. 독일어는 사실을 안다고 말할 때는 'wissen'이라는 단어를 사용하고, 사람이나 사물 또는 현상을 안다고 할 때는 'kennen'라는 단어를 사용해요.

카탈린 맞아요. 프랑스어에서도 전자는 'savoir'라는 단어를 사용하고, 후자는 'connaitre'를 사용하죠. 제 모국어인 헝가리어도 전자는 'tudni'이고 후자는 'ismerni'예요.

데이비드 자연스러운 구분 같아요. 이제 사람을 안다는 거에 대해 이야기를 나누고 싶어요. 교수님은 저를 아세요?

카탈린 모르죠. 오늘 처음 만났잖아요!

데이비드 지금 당장 이 공간을 나간다고 상상해 봐요. 누군가 교수님께 "데이비드 에드먼즈를 아세요?" 하고 물으면, 교수님은 "몰라요" 이렇게 대답하실 건가요?

카탈린 음, 오늘 이후로 누가 물어보면 "딱 한 번 만났어요"라고 대답할 것 같아요. 이렇게 말하면 상대는 아마 우리가 이제 막 서로 알게 되었거나, 알아 가는 중이라고 생각할 거예요. 아직 서로 안다고 말할 수 있는 사이는 아니라고요.

반면 누군가를 안다고 하면, 기본적으로 그 사람을 몇 번 만난 적이 있고, 어떤 관계를 맺고 있으리라 생각할 거예요.

데이비드 그러면 이런 경우는 어때요? 저는 BBC 라디오의 한 프로그램을 위해서 어떤 인물을 탐구했어요. 1920년대부터 1930년대까지 수많은 학자들의 생명을 구한 여성이었죠. 너무 많은 조사를 해서 저는 이제 이 여성을 안다고 느껴요(이 여성은 테스 심슨Tess Simpson이에요. 사이트 http://www.bbc.co.uk/programmes/b08pgm4b를 방문하면 해당 BBC 프로그램을 시청할 수 있어요).

카탈린 그 여성을 안다고 '느낀다'고 하셨는데, 이는 실제로 아는 것과 달라요. 왜 안다고 말하지 않고, '느낀다'고 말씀하셨을까요?

또 한 가지 흥미로운 게, 죽은 사람을 안다고 할 수는 없다는 점이에요. 만약 친구가 세상을 떠났다면, 그 친구를 '안다'고 하지 않고 '알았었다'고 과거형으로 말할 거예요. 여기에 이 사실이 반영되어 있다고 봐요. 사람을 안다는 것이 곧 만남과 상호작용으로 형성되며 지속적으로 유지되는 관계를 나타낸다는 걸요.

데이비드 그럼 소설 속 인물은요? 애거사 크리스티Agatha Christie의 추리소설을 한 권 읽었다고 쳐요. 이 소설에 나오는 탐정 에르퀼 푸아로가 특정 상황에서 어떤 반응을 보일지 예상된다고도요. 그렇다면 이 남자를 안다고 말해도 되나요?

카탈린 그 경우에도 "이 사람을 알아"라고 말하기도 해요. 정말 안다고 생각해요. 그런데 잘 알려진 사람을 안다고 할 때는 '안다'의 의미가 또 달라요. 에르퀼 푸아로 같은 사람을 안다고 할 때는 그 사람에 대해 아는 게 많다고 해도, 가족이나 친구, 직장동료를 안다고 말하는 경우와는 달라요.

데이비드 그렇다면 하나 질문하고 싶어요. 예를 들어 교수님과 제가 매일 만나서 친분을 쌓았다고 쳐요. 그런데 제가 자폐 증상이 있어서 교수님과 정서적 교류가 힘들어요. 이 경우는 어때요? 그래도 제가 교수님을 안다고 말할 수 있나요?

카탈린 아주 어려운 질문이에요. 실제 자폐증 사람들의 머릿속에 무슨 일이 일어나는지 정확히 모르니까요. 그렇지만 '안다'는 말이 대칭적인 관계를 나타낸다고 생각하는 사람들은 이를 상호반응으로 이루어진 관계라고 이해해요. 간단히 말하면 데이비드 씨와 제가 서로에게 반응한다는 말이에요. 저는 당신이 말을 하면 어떤 식으로든 그 말에 반응을 해야 한다고 생각하고, 당신도 마찬가지예요.

하지만 이런 소통이 불가능한 사람들이 있어요. 이런 사람들은 상대를 깊이 알지 못하고 어느 정도까지만 알 수 있을 거예요. 저는 이처럼, 사람이 서로 안다고 말할 때에는 기본적으로 상호 소통적인 관계를 전제한다고 봐요. 다양한 소통을 통해 더욱 발전해 나갈 수 있는 관계죠.

데이비드 말씀하신 상호주관성(다른 사람과 생각 및 감정을 공유하려는 성질-옮긴이)은 재미있는 성질이에요. 카탈린 씨는 사람이 서로 알려면 두 마음이 서로 어떻게든 만나야 한다고 말씀하시네요.

카탈린 네, 맞아요. 하지만 그 단어와 그 단어에 부여하는 의미 자체는 그렇게 중요하지 않다고 말하고 싶어요.

사람을 만나고 그 사람과 관계를 발전시켜 나가면서 내 인생에 뭔가 중요한 일이 일어난다고 생각하지 않으시나요? 기본적으로 누군가를 알아야 각기 다른 종류의 인간관계도 가능하기 때문에 사람을 안다는 건 인생에서 매우 중요해요. “이 사람을 알아, 잘 알아” 이런 식으로 표현하는 게 부자연스러운 건 아니라고 생각해요. 사람을 아는 건 내 인생을 의미 있게 하는 전제조건으로 보여요.

예를 들어, 친구 사이나 연인 사이, 협력관계 또는 동반자관계 등이요. 모르는 사람과 어떻게 친구가 되고, 어떻게 사랑에 빠질 수 있겠어요. 이런 종류의 관계는 서로를 의미 있게 여길 때 가능하다고 봐요. 이게 인간관계의 기초예요.

이때 ‘알다’라는 단어를 정확히 구분해서 사용하는 건 그렇게 중요하지 않아요. 사람을 안다고 할 때 중요한 건 어떤 관계인지, 중요한 관계인지, 의미 있는 관계인지, 단지 상대를 둘러싼 사실만 아는 건 아닌지 등등 이런 것들이에요.

데이비드 제가 카탈린 씨를 안다면 저는 당신이 특정 상황에서 어떻게 반응할지 예측할 수 있을 거예요. 이런 의미에서 사람을 안다는 건 그 사람을 예측할 수 있다는 게 아닐까요? 제가 당신의 성격을 안다면, 어떤 상황에서는 발끈해서 문을 박차고 나갈 것이고, 어떤 상황에서는 너그럽게 행동하리라 예측할 수 있겠죠.

카탈린 그런 점이 큰 부분을 차지해요. 그건 그 사람을 알아야만 가능하니까요. 그런데 실제로 만나 본 적 없는 사람에 대해서도 그 같은 예측이 가능해요.

데이비드 씨가 연구했던 20세기 초의 인물을 생각해 보세요. 그 인물과 관련된 자료를 정말 많이 읽으셨잖아요. 말씀하셨던 소설 속 인물도 생각해 보세요. 이 사람들에 대해서 하실 말씀이 많을 거예요.

하지만 이 경우는 사실을 안다고 할 수 있어요. '그는 짜증이 나면 이렇게 할 거고, 행복하면 이렇게 하겠지' 이런 식의 예측은 그 사람을 알아야 가능하긴 한데, 사실 이런 것들을 예측하고자 그들을 샅샅이 연구하는 건 아니잖아요.

데이비드 그러면 사람을 아는 것과 사실을 아는 것을 구분하는 결정적인 차이는 상호주관성이네요.

카탈린 어느 정도는 맞아요. 이때의 앎이란 100퍼센트 인지 작용은 아니라고 봐요. 반면 서양철학에서 말하는 지식의 전형인 진리에 대한 이해는 일종의 인지적 성취예요. 참인 믿음을 가진 거예요.

이와 달리, 사람을 아는 건 한편으로는 비인지적인 관계를 뜻해요. 그래서 데이비드 씨의 자폐성 언급이 이 점에서 의미가 있어요. 자폐증 사람의 인지능력이 매우 발달했다고 가정하더라도, 사회적 또는 감정적인 측면에서 뭔가 결여되어 있으면 누군가를 알아 가는 게 힘들어요.

정리하자면, 사람을 알아야 다른 종류의 관계(우정, 사랑, 동지애 등)가 가능하고, 사람을 안다는 건 인지적 관계보다는 사회·정서적 관계를 뜻해요. 그 본질을 보여 주는 비유를 한 가지 들어 볼게요. 성관계로 안다고 말하는 경우가 있어요. 이때 앎은 그 의미가 또 달라요.

성관계로 안다는 것은 누구와 섹스를 한다는 말과 같아요. 똑같이 '알다'라는 단어를 사용하는 건 우연의 일치가 아니에요. 여기서 앎은 서로 상호 소통하는 관계를 의미해요. 인지적 성취가 아니에요(일종의 성취지만 인지적 성취는 아니에요).

섹스는 진리를 아는 것과 명백히 달라요. 누군가와 섹스를 할 때 그 사람에 대한 진실을 알게 될지도 모르지만, 이때 서로를 안다고 하는 말의 의미는 진리를 아는 게 아니에요. 사람을 안다고 할 때도 이와 유사해요. 두 사람이 관계를 맺고 서로에 대한 진실을 알아 가지만, 이때 사람을 안다고 말하지 진리를 안다고 바꿔 말하지 못하잖아요. 사람을 아는 것과 진리를 아는 것은 본질이 각각 달라요. 사람을 아는 것은 인지 작용이 아니에요.

데이비드 서로 다른 앎의 종류와 범주, 그리고 종류별로 앎이 지닌 개념적 의미에 대해 이야기를 나눠 봤어요. 굉장히 흥미로웠어요. 그런데 말씀하신 사항들을 왜 신경 쓸까요?

카탈린 아리스토텔레스의 저서 『형이상학』은 이런 구절로 시작해요. '모든 사람은 본성적으로 뭐든 알고 싶어 한다'. 부디 '모든 사람'에 여자도 포함되어 있기를 바라고요.

앎을 추구하는 건 인간에게 매우 중요한 과업이에요. 세상을 이해하고 사람들과 어울려 살기 위한 노력이죠. 그래서 인식론자들(앎의 본질을 탐구하는 사람들)은 우리가 세상과 어떤 형태로 교류하는지 연구해요.

사람들은 현실적으로 알아야 할 것과 진리 차원에서 알아야 할 것이 서로 다르다고 말해요. 이 말이 흥미로운 건, 나를 알고자 할 때의 교류와 사실을 알고자 할 때의 교류가 다른 종류의 것이라는 걸 나타내기 때문이에요. 사람을 안다는 건 인간이 무엇인지에 대해, 세상과 교류하는 방식에 대해 이야기하는 거나 마찬가지예요.

고장난 시계로 본 세상의 시간

19

직관적 앎

제니퍼 나겔

Jennifer Nagel

토론토대학교 철학 교수. 지식과 믿음을 직관적으로 어떻게 인식하는지, 이 느낌이 일상생활에서 타인과 교류 시 어떤 영향을 주는지, 그리고 그 자체로 지식에 대해 우리에게 무엇을 알려 주는지 등을 최근에 주로 연구하고 있다. 저서로 『앎에 대한 아주 짧은 소개*Knowledge: A Very Short Introduction*』가 있다.

나이절 제 말이 끝나면 곧 인터뷰가 시작된다는 걸 아시나요? 아니면 그렇게 믿으시나요? 우리는 인생을 살아가면서 앎과 추측을 자연스럽게 구분하는 것 같아요. 제가 알기로, 제니퍼 나겔 씨는 직관적 앎에 대해서 전문가예요.

제니퍼 나겔(이하 '제니퍼') 지금 이 순간, 나이절 씨는 저와 서로 대화하고 있다는 걸 인지하고 있고, 저는 나이절 씨가 그런 사실을 인지하고 있다는 걸 알아요. 그냥 자연스럽게 알아요. 당신 얼굴을 봤을 뿐인데 자연스럽게 알게 됐어요.

사회적 존재인 인간에게 이런 식의 앎은 매우 일상적이에요. 우리는 상대가 무엇을 알고, 무엇을 생각하며, 무엇을 원하고 믿는지 느낌으로 알아요. 인간으로서 우리는 상호작용을 하죠. 서로 마주했을 때 우리는 단지 상대의 움직이는 팔과 다리만 보는 게 아니에요. 행동을 이끄는 내면을 봐요. 인간에게는 숨 쉬듯 자연스러운 일이에요.

영어의 경우, 동사 '알다'와 '생각하다'는 높은 사용 빈도를 자랑해요. 대부분 언어에서도 마찬가지일 거예요. 영어에서 특히 '알다'는 여덟 번째로 가장 많이 사용되는 단어예요. 중국어와 러시아어, 웨일스어, 그 밖에 다른 언어에서도 이 단어가 쓰이는 횟수는 그만큼 상위권이에요.

우리는 늘 뭔가를 안다고 하고 생각한다고 말해요. 대답하기 어려운 철학적 질문 중에 '앎이란 무엇인가' 하고 묻는 질문도 있는데, 사실 우리는 일상 대화 속에서 늘 대답하고 있는 셈이에요.

가령, 곧 해고당하리라는 걸 그 사람이 아는지, 그다음은 누가 자신의 차례라고 생각하는지 그 여부에 대해 이야기하는 것도 마찬가지죠. 일상에서 앎과 생각을 자연스럽게 구분해요. 이 구분은 우리가 사회적 존재로서 직관적으로 행하는 일들 중 하나예요.

나이절 저는 이제 제니퍼 씨가 다음 질문을 기다리고 있다는 걸 알아요. 당신에게도 제가 그렇게 하리라는 직감이 있잖아요. 이것은 신기하거나 신비롭지 않아요. 철학자들은 직감을 어떤 초자연적인 힘이 아닌 본능적인 반응으로 봐요.

제니퍼 맞아요. 직감은 초자연적인 힘이 아니라 매력적이고 불가사의한 힘이에요. 심리학 자료를 보면 직감을 뜻하는 단어로 '마음을 읽는 능력(독심술)'이 자주 등장해요. 서커스적인 행동을 연상하게 하는 단어죠.

해당 능력에는 상당히 불가사의한 점이 있어요. 어떤 사실을 아는지 모르는지 어떻게 정확하게 알아맞힐 수 있을까요? 분명한 건

의식적인 행위는 아니라는 거예요. 일부러 그러는 건 아니지만 상대의 행동에서 여러 단서를 포착해 자연스럽게 알아차려요. 상대가 보는 것, 말하는 패턴 등을 통해서요.

심리학에서도 사람들이 이를 어떻게 알아맞힐 수 있는지와 관련한 재미있는 연구를 많이 진행해요.

나이절 방금 전에 저는 제니퍼 씨가 저의 다음 질문을 기다리고 있다는 걸 '안다'고 말했는데, 제가 다음 질문을 하리라 제니퍼 씨가 믿고 있다고 제가 '생각'하는 건 어떤가요? 앎과 생각 사이에는 뚜렷한 차이가 있어요. 이 차이에 철학자들이 많은 관심을 보였고요.

제니퍼 네, 그랬죠. 지난 몇 년 동안 철학자들은 앎과 생각을 서로 대조하며 이 둘을 구별하는 보편적인 특징을 몇 가지 발견했어요.

생각과 비교해서 앎의 가장 중요한 특징 중 하나는, 앎은 명백한 사실과 관련되어 있다는 거예요. 뭔가를 사실이라 '생각한다'면, 그게 실제로 참인지 아닌지 그 여부를 내가 맞혔을 수도 있고 틀렸을 수도 있어요.

반대로 뭔가가 사실임을 '안다'면 그건 실제로 반드시 참이어야 해요. 그 사실을 믿는지의 여부도 생각과 앎을 뚜렷하게 갈라놔요.

예를 들어, 제가 두 가지 문장을 말했어요. 하나는 '잭은 자신이 다음 차례라고 생각한대'이고, 다른 하나는 '질은 자신이 다음 차례임을 안대'예요. 전자는 잭의 생각이 그렇다는 거예요. 실제로 잭이 다음 차례인지 어쩐지 저는 몰라요.

이와 달리 후자의 문장을 말할 때, 저는 질이 다음 순서임이 사실이라고 전달하는 중이에요. 이러한 점이 앎과 생각, 이 두 동사를 구분하는 중요한 차이예요.

나이절 그 사실을 어떻게 믿게 되었는지도 중요하기 때문에, 단순히 그 사실을 믿는 것만으로는 앎이라고 할 수 없어요.

제니퍼 정확해요. 앎의 또 다른 조건은 타당한 근거라고 봐요. 그저 추측했을 뿐인데 운이 좋아 사실을 맞혔다면, 일반적으로 앎으로 보지 않아요.

이런 재미있는 경우도 있어요. 제가 뭔가를 막연히 믿고 있는데, 믿음을 입증할 타당한 증거가 생겨서 내 믿음이 사실이 된 거예요. 그렇지만 믿음은 직관적인 앎이 아니에요. 믿음이 정당하고 참된 것이라 할지라도, 앎과 믿음은 구별되는 성질인 것 같아요.

나이절 역사에서 앎을 정당화된 참된 믿음이라고 생각하는 사람이 많았어요. 참된 믿음이라고 했지만 실은 거짓이었던 예는 없나요?

제니퍼 철학자 버트런드 러셀Bertrand Russell이 제시한 명쾌하고 아주 단순한 예가 하나 있어요. 한 남자가 몇 시인지 궁금해서 시계를 봤어요. 시곗바늘이 세 시를 가리키고 있어서 이 남자는 세 시라고 믿었어요. 시계를 보고 시간을 알았으니 남자의 믿음은 정당해요. 그리고 남자의 믿음이 실제로 참이라고 쳐요.

그런데 이 이야기를 살짝 꼬아 볼게요. 시계가 고장이 나는 바람에 48시간 동안 시곗바늘이 움직이지 않고 멈춰 있었던 거예요

(말하자면, 이틀 전 세 시에서 멈췄어요). 고장 난 시계를 본 남자가 지금이 세 시라는 걸 안다고 할 수 있나요?

이건 사실 실증적인 질문이에요. 저는 이와 관련해서 몇 가지 실험을 진행했어요. 철학자가 아닌 사람들에게 "이 남자는 지금 몇 시인지 아나요?" 하고 물었더니 대다수가 "아니요"로 대답했어요. 이처럼 이 남자의 믿음이 참되고 정당하다고 할지라도 대부분 이 남자가 제대로 안다고 생각하지 않았어요.

철학에서 이런 문제를 지칭하는 단어가 있어요. 철학자 에드먼드 게티어Edmund Gettier의 이름을 따서 '게티어' 문제라 불러요. 믿음이 참인 상황은 존재하지만, 지식으로는 인정하지 않는 문제예요. 에드먼드는 1963년에 고작 3장짜리 논문을 써서 세상을 놀라게 했어요. 에드먼드의 논문은 앎을 참되고 정당화된 믿음으로 이해하는 기존의 전통적인 관점을 반박했어요. 앞서 말한 사례처럼, 어떤 믿음에 타당한 근거가 있어 그 믿음이 참되고 정당하더라도, 앎이라고 할 수 없는 예상 밖의 경우가 있으니까요.

나이절 버트런드 러셀이 고장 난 시계 사례로 이 문제를 최초로 발견했나요?

제니퍼 아이러니하게도 러셀은, 이를 참되고 정당한 믿음을 가진 사람도 모를 수 있다는 사례로까지는 전개시키지 못했어요. 러셀은 그저 믿음을 앎이라고 부르기에는 불충분한 면이 있다고 밝힐 뿐이었죠. 철학사에서 러셀의 사례는 오랫동안 회자되었어요.

8세기로 거슬러 가볼게요. 당시 티베트계 인도 철학자인 다르모타라Dharmottara는 몇 가지 훌륭한 사례를 제시했어요. 그중 한 가지 사례를 알려 드릴게요.

이 사례는 제물로 바칠 고기를 굽기 위해 불을 피운 상황과 관련되어 있어요. 불이 막 붙어서 아직 연기는 나지 않지만 그 위에 고기를 얹었더니, 고기 냄새를 맡고 곤충 떼가 자욱하게 몰려들었어요. 그때 저 멀리 있는 한 남자가 고개를 들어 내다보니 지평선에 검은 구름이 보이는 거예요. 남자는 속으로 '저기서 불을 피웠구나' 하고 생각했어요. 다르모타라는 이 남자에게 저 멀리서 불을 피운 걸 실제로 아느냐고 물었어요. 남자는 연기를 보고 저기서 불을 피웠다고 나름 합리적으로 추론했어요. 추론은 정확했어요. 저 멀리서 실제로 불이 타오르고 있으니까요.

하지만 다르모타라는 이걸 앎이라고 부를 수는 없다고 했어요. 왜냐하면 남자가 본 검은 구름은 연기가 아니니까요.

나이절 이 사례에서 남자는 불을 피운 걸 맞혔어요. 특별히 신뢰할 만한 방법으로 알아맞힌 건 아니지만요. 그런데 사실을 알아맞혔으면 그만이지 왜 신뢰할 만한 방법이냐 아니냐도 따지는 건가요?

제니퍼 우리가 원하는 게 앎의 본질 파악이라면 중요해요. 그동안 우리는 앎에 도달하려면 무엇을 확인해야 하는지 알아내기 위해 노력했어요. 무슨 근거로 '이건 앎이 아니야'라고 직관적으로 말할 수 있는 걸까요? 무엇에 주목해야 할까요? 철학자들은 정확히 무엇에 주목해야 하는지를 제시하고자 노력해 왔어요.

유명한 이론이 하나 있어요. 1963년에 발표된 게티어 논문에 대한 일종의 반응인데요. 이 이론은 앎에 이르는 도중에 잘못된 판단에 의존하는 게 문제라고 주장해요. 다시 말해, 앎에 도달하는 건 일종의 나무로 된 다리를 건너는 것과 같아서 도중에 널빤지가 하나만 썩어도 그 다리를 건널 수 없어요.

그래서 앎에 대한 전통적인 개념을 이렇게 정정할 수 있으리라 생각했어요. 앎을 단지 정당화된 참된 지식이 아닌, 잘못된 판단에 의존하지 않고 도달한 정당화된 참된 믿음으로 정정해야 한다고요.

나이절 그러니까 이런 말씀이시네요. 예를 들어, 다르모타라의 사례에 등장하는 남자에게 당신이 본 건 연기가 아니라 곤충 떼임을 밝히는 거죠? 남자는 길을 건너는 도중에 썩은 널빤지를 만나 잘못 판단한 걸 깨닫고는 자신의 믿음을 앎으로 받아들이지 않을 거예요.

더욱이 남자가 진정 원하는 건 모든 널빤지가 성한 온전한 다리를 건너서 앎에 이르는 거고요.

제니퍼 네, 맞아요. 잘못된 판단을 걸어 낼 수 있다면, 성공적으로 앎에 도달할 수 있어요. 하지만 이게 정답은 아니에요. 다르모타라가 또 다른 사례를 제시했거든요.

이 사례는 잘못된 판단에 의존하지 않고 앎에 이른다고 해도, 직관적으로 느껴지지 않는 경우도 있음을 보여 줘요.

나이절 어떤 사례였나요?

제니퍼 이 사례에는 지각을 통해 판단을 내린 사람이 등장해요. 이 사람은 단서(연기구름)를 통해 뭔가를 참(저 멀리 타오르는 불)으로 판단하지 않고, 단 한 번에 판단을 내려요. 이야기는 이래요.

사막을 여행하고 있는 목마른 여행자가 지평선 너머 물이 반짝이는 걸 보았어요. 아름다운 오아시스였죠. 물론 환각이었어요. 사막이었고 목이 너무 말랐거든요. 하지만 남자는 물이 있다고 생각되는 곳을 향해 언덕을 달려 내려갔어요.

우연의 일치인지, 도착해 보니 바위 아래에 물이 정말 흐르고 있었어요. 다르모타라는, 이 사막 여행자에게 실제로 물이 거기 있는지 알았냐고 물어봐요.

비록 잘못된 판단을 통한 추론이 아닌 무의식적인 인식으로 내린 판단이었지만, 남자가 내린 판단은 실제로 옳았어요.

나이절 말씀하신 사례들을 통해 어떤 결론을 내려야 하나요? 앎과 관련해, 신뢰할 수 없는 방법이 사용된 사례와, 신뢰할 수 있는 방법이 사용되었지만 시스템에 여전히 문제가 있는 사례를 모두 말씀해 주셨어요. 이 두 가지 사례가 철학에 어떤 영향을 주었나요?

제니퍼 솔직히 말씀드리면, 잘 몰라요. 철학자들은 지난 반세기 동안 앎을 정의하기 위해 골머리를 앓았어요. 다시 말해 앎에 대해 보다 더 자세한 분석을 내놓기 위해 노력했죠.

비관론도 존재해요. 일부 철학자들은, 특히 티모시 윌리엄슨Timothy Williamson은 앎을 분석하려는 시도는 그 자체로 무의미할지도 모른대요. 윌리엄슨에 따르면, 앎은 무정의 용어로서 굳이 정의가 필요 없는 근본적인 용어이고, 믿음은 파생 개념일지도 몰라요.

나이절 굉장히 흥미로운데요. 철학자들이 직관을 보다 넓은 의미로 받아들여, 그에 맞는 알고리즘을 찾으려고 노력해 왔다는 생각이 들어요. 그 알고리즘으로 말하자면 우리 내부에 숨은 기계예요. 이 기계는 우리가 무엇이 앎이고 아닌지 직관적으로 알게 해 줘요.

제니퍼 맞아요. 그게 바로 많은 철학자들이 기울인 노력이에요. 덕분에 지금은 그 숨어 있는 기계를 더 많이 알게 되어, 이제는 더 깊이 생각할 수 있는 위치에 와 있어요.

먼저, 그 기계에 자연적 한계와 결함이 있다는 걸 알게 됐어요. 한계와 결함에 대해 더 많이 이해할수록, 앎의 바탕을 이루는 본질을 보다 정확히 추정할 수 있어요.

우리는 차가움과 뜨거움을 자연스레 감지해요. 그럼에도 불구하고 타고난 감각만으로는 외부의 객관적인 현상을 정확히 알기란 힘들다는 생각이 오랫동안 만연했었어요. 예를 들어, 한 손은 차가운 물에, 다른 한 손은 뜨거운 물에 잠시 담근 다음 두 손을 모두 꺼내서 온수에 담그면 이 두 손에 상반된 반응이 일어나요. 앎의 상태도 사실 이와 비슷해요.

똑같은 시나리오라도 한 번은 이런 방식으로, 다른 한 번은 약간 다른 방식으로 설명하면, 시나리오 속 인물을 직관적으로 다르게 느낄 거예요. 간단히 말하면 직관적인 앎에는 모순과 역설이 존재한다는 뜻이에요.

나이절 이에 관한 쉬운 예는 없을까요?

제니퍼 물론 있죠. 러셀의 고장 난 시계 사례로 다시 돌아가 볼게요. 시계가 정상 작동한다고 이 사례를 더 간단하게 바꿔 봤어요. 한 남자가 작동 중인 시계를 보고, 시곗바늘을 정확하게 읽어 현재 시각이 세 시라고 판단했어요. 이 남자가 지금 시간을 알고 있다고 말할 수 있나요? 우리는 직관적으로 그렇다고 대답할 거예요.

자, 이제 다시 시계가 고장 났다는 그 사실을 추가해 볼게요. 그랬더니 사람들은 그 남자가 지금 시간을 모른다고 대답했어요. 이제 제 방식대로 사례를 구성할게요. '시계는 정상적으로 작동하지만 가끔씩 고장이 난다. 그래서 존은 정말로 시계가 가끔 고장 나는지 알아보기 위해 오랫동안 시계를 보지 않았다.' 이 경우에도 대부분 사람들은 남자가 시간을 모른다고 해요.

저는 여기서 한 가지 물어보고 싶어요. 단순한 시나리오(시계가 정상 작동하는 시나리오)에 대해 사람들이 보인 반응과, 시나리오는 똑같지만 화자의 관점에서 의심을 추가했을 때(시계가 고장 난 시나리오) 사람들이 보이는 본능적인 반응을 모두 고려해서, 앎에 대해 이야기할 수 있는지 말이에요. 다시 말해, 앎에 대해 일관적으로 이야기할 수 있는지 물어보고 싶어요.

나이절 말씀하신 점들이 모두 흥미롭기는 한데, '앎이 무엇인가?'에 대한 대답이 될 수 있나요?

제니퍼 그 질문에 대답을 하려면 약간의 수고가 필요해요. 조금 전에 손을 비유로 들었어요. 여기서 손의 온도에 대해 말하는 건 이미 객관적인 뭔가를 이야기하고 있는 거예요.

바로 분자 운동에너지인데, 우리 몸의 열 수용기가 완벽하지는 않아도 이 분자 운동에너지를 인식해요. 몸 안의 분자 구조와 열 수용기에 대해 많은 걸 이해해야 온도에 대해 명확하게 설명할 수 있어요.

저는 이 같은 과정에 이제 막 착수했다고 생각해요. 고장 난 또는 고장이 안 난 시계 사례에, 앎에 대한 아주 복잡한 이론을 적용시킬 수 있을 거예요.

어떤 사람들은 '맥락주의'라는 이론을 제시했어요. 이 이론은 '알다'라는 동사의 의미가 맥락에 따라 다르다고 말해요. 예를 들어, 시계의 오작동 가능성을 언급하는 사례에서 '알다' 동사는, 버스정류장에서 버스가 5분 안에 올지 말지 그 여부를 안다고 할 때보다 의미가 훨씬 더 강하고 복잡해요.

나이절 이 이론이 정설처럼 느껴지는데요. 다른 이론은 없나요?

제니퍼 다른 이론도 있어요. 앎을 단순하고 불변의 성질로 이해하는 오래된 이론인데, 어떤 상황에서든 앎의 의미는 언제나 똑같다고 말해요(달라지지 않는다고요). 그리고 이 이론에 따라 제가 시계 사례에서 이유 없이 시계 오작동 가능성을 언급하면, 아마 인지적 왜곡으로 볼 거예요.

재미있는 건, 어떤 문제에 대해 상대방의 생각을 추측할 때 내가 그 문제에 대해 상대보다 더 깊이 생각한다면 상대의 생각 방식을 내 식대로 오해할 수 있어요. 이를 편향이라 일컫고, 구체적으로 '자기중심적 편향'이라고 말해요.

두 손을 온수로 가져가기 전에 한 손은 뜨거운 물에, 다른 한 손은 차가운 물에 담궈 온도 감지 장치가 작동하지 않았듯, 시계 오작동 가능성을 언급하면 마음을 읽는 내부 장치도 작동하지 않을 수 있어요.

나를 통제하는 것이 곧 자유

20

미셸 푸코와 지식

수전 제임스

Susan James

런던대학교 버벡대학교 철학 교수. 초기 근대 철학과 정치철학에 대해 다수 집필했다. 최근 저서로는 『스피노자에게 배우는 공동생활*Spinoza on Learning to Live Together*』과 『스피노자식의 철학과 이론, 정치학: 신학 정치론*Spinoza on Philosophy, Theology and Politics: The Theologico-Political Treatise*』이 있다.

데이비드 철학 퀴즈를 하나 낼게요. 성과 권력, 처벌, 광기 이 네 가지의 공통점은 뭘까요? 정답은, 네 가지 모두 미셸 푸코Michel Foucault가 책에서 다룬 주제라는 거예요.

미셸 푸코는 20세기 프랑스 철학자로 수많은 저서를 펴냈어요. 오늘 나와 주신 수전 제임스 씨는 현재 버벡대학교에서 철학을 가르치고 계시며 오래전부터 푸코에게 마음을 빼앗겼다고 합니다. 수전 씨는 푸코의 작품 전체를 관통하는 주제가 단 하나라고 해요. 바로 지식이라 간주하는 것에 푸코가 보이는 집착이랍니다.

수전 제임스(이하 '수전') 프랑스 철학자인 푸코는 1920년대에 프랑스 푸아티에(프랑스 중서부 도시-옮긴이)에서 태어났어요. 그리고 1984년, 58세라는 비교적 젊은 나이에 생을 마감했어요. 프랑스 파리에서 공부했고 졸업 후 바로 교수가 됐어요. 재밌는 점은, 프랑스에서 교수로 지내다가 스웨덴과 폴란드로 넘어가서는 외교관으로서 일했다는 거예요.

푸코는 튀니지에서도 얼마간 살았어요. 프랑스로 돌아와서는 클레르몽오베르뉴대학교에서 교수로 재직했어요. 그러다가 1960년대 말, 뱅센대학교 철학과에서 교수로 지내며 당대 훌륭한 젊은 철학자들을 일부 영입했어요. 놀랍고 획기적이었죠.

1970년쯤 40대 중반에 이른 푸코는 콜레주드프랑스(1530년 프랑수아 1세 국왕이 설립한 고등교육 및 연구 기관-옮긴이) 교수가 됐어요. 프랑스 사회에서는 매우 대단한 일이에요. 푸코는 여기에 재직하면서 매년 공개 강의를 했어요. 그와 동시에 세계적인 슈퍼스타로서 1970년대를 지냈죠.

나이절 푸코의 책은 광범위해요. 그럼에도 불구하고 어떤 공통된 주제가 있을까요?

수전 푸코의 책은 굉장히 다양하고 일반적인 철학 문제를 다루지 않아요. 푸코는 첫 번째 책에서는 광기의 역사를 논했어요. 그 후 심리학의 역사, 감옥의 역사와 처벌 제도, 성의 역사도 다뤘어요. 특히 성의 역사 주제로만 3권의 책을 펴냈죠.

푸코가 도대체 무슨 말을 하려는 건지 궁금해하실 수 있어요. 어떤 면에서는 좋은 질문이에요. 모두 푸코가 혼자 쓴 책들이고 푸코 자신도 정확히 어디를 향하고 있는지 몰랐으니까요. 하지만 그 궤도에 대해서 물어보면, 이따금 푸코는 자신이 내내 걱정하는 한 문제가 있다고 대답했어요. 바로 주체와 진리의 관계였어요.

저는 푸코가 전체 책을 통틀어, 사람이 인식아(주체)로 기능하기 위해 근본적으로 갖춰야 할 필수요건들을 중점적으로 다루고 있다고 봐요. 사람은 진실을 말할 수 있고, 또 상대방이 진실을 말하고 있다는 걸 알 수 있어요. 그리고 사람은 서로에게 지식의 대상일 수도 있어요.

나이절 주체와 대상에 대한 이야기가 흥미롭기는 한데, 일상 대화에서는 이런 이야기를 잘 안 해요. 푸코는 왜 '주체'라는 용어를 사용했나요?

수전 제 생각에는 성장배경 탓인 것 같아요. 푸코는 제1차 세계대전 이후에 프랑스에서 태어나 자랐어요. 실존주의처럼 주체를 논하는 철학이 당시는 주류였어요.

나이절 예를 들어 사르트르의 실존주의는 몰역사적이라며 자주 비난을 받았어요. 주체는 그저 존재하고 언제든 항상 존재해 왔다고 본다는 점에서요. 그런데 푸코는 모든 건 살아 있을 때뿐이라고 주장했어요.

수전 정확해요. 그래서 푸코는 실존주의와 마르크스주의에 저항했다고 보여요. 푸코는 자신의 관심사인 주체와 진리의 관계에 계보학적으로 접근해야겠다고 생각했고 덕분에 니체에게 엄청난 빚을 졌죠.

계보학을 통해 푸코는 주체를 다양한 방식으로 이해했어요. 하나는 계보학을 통해 본질 또는 근원이라는 개념을 파헤치고 거부했어요. 핵심적인 주체는 없다는 게 푸코의 주장으로, 지식의 주체가 되고 지식의 대상이 되는 주체성의 역사만 있을 뿐이라는 거예요.

푸코는 주체성과 더불어 불안정성에도 관심이 많았어요. 왜냐하면 니체와 마찬가지로 푸코도 주체성과 불안정성의 변화가 중요하고, 어떻게 변하는지 알아야 한다고 생각했거든요. 그래서 언제, 어디서 살고 있느냐에 따라 이야기가 달라진다고 봤어요.

그런데 계보학은 일종의 비판적인 태도예요. 계보학에 따르면 주체성은 역사적 현상이며 나의 주체성도 우연에 지나지 않아요. 주체성은 변할 수 있어요. 푸코도 적어도 말년에는 주체성을 자유로운 통찰력으로 이해했어요.

나이절 여기서 말하는 계보학은 과거 사람들의 지금과 다른 행동 양식을 살펴보는 거예요. 다시 말해 푸코에게 계보학은, 예를 들어 과거 사람들이 광기를 어떻게 취급했는지, 어떤 식으로 처벌을 가했는지에 대해 살피는 걸 의미해요. 푸코의 계보학은 유전학이 아닌 다양한 관행들이 어떻게 발전해 왔는지에 주목해요.

수전 맞습니다. 그리고 푸코는 계보학이 세세한 부분까지 다룬다며 좋아했어요. 통찰력을 끌어내려면 이상하다고 생각되는 부분도 다 살펴봐야 하죠. 누구도 주목하지 않은 것들이 오히려 의미 있을 수 있어요.

그래서 푸코는 광범위하고 방대한 양의 자료들을 읽었어요. 기록된 문서와 그림, 회고록 등을요. 철학서도 읽었지만 단지 참고 자료 중 하나였을 뿐 특별히 좋아했던 건 아니었어요. 푸코는 주체성이 우연일 뿐임을 증명할 낯설고 예기치 못한 변화를 찾는 데에만 관심이 있었어요.

나이절 예를 들어 주시면 좋겠어요.

수전 푸코는 첫 번째 저서 『광기와 문명*Madness and Civilization*』을 시작으로 이러한 접근방식을 보여 줘요. 푸코는 광기를 이성의 어두운 면으로 이해했고, 이성과 광기를 3단계로 나눠서 비교했어요.

과거에는 광기를 두 가지 시선으로 바라봤어요. 하나는 광기를 진실의 한 형태로, 말하자면 예언자나 선견자에서 볼 수 있는 통찰력의 한 형태로 여겼어요. 다른 하나는 광기 있는 사람을 범죄자와 묶어서 생각했어요. 그래서 광기 있는 사람은 사회 활동을 비롯해 정치에 참여하지 못하도록 배제됐어요. 그러다가 18세기부터 새로운 시선으로 광기를 바라보게 된 거예요. 광기를 건강상의 문제로 본 거죠.

이때부터 광기는 비난의 대상이 아니라 치료해야 할 질병으로 인식됐어요. 광기에 본질이란 없어요. 시간이 지나면서 광기를 이해하는 방식이 변한 거죠.

나이절 관행이 어떻게 변화해 왔는지 살펴보는 전략을 푸코는 『감시와 처벌』에서도 똑같이 사용했어요.

수전 네, 맞아요. 『감시와 처벌』에서 푸코는 보다 완벽하게 다듬은 접근방식으로 처벌의 역사를 다뤘어요. 이 책은 세상을 발칵 뒤집은 한 사건을 이야기하며 시작해요.

그 사건은, 프랑스 국왕 루이15세를 암살하려다 미수에 그치고 체포된 암살미수범 로베르 프랑수아 다미엥의 형벌 사건이었어요.

푸코는 다미엥에게 자행된 형언할 수 없는 고문을 세세하게 논했어요. 푸코가 책의 시작부터 이 사건을 언급한 까닭은 뒤에 이야기할 18세기의 형벌 절차와 다미엥의 고문을 서로 대조하기 위해서였어요. 푸코는 처벌의 형태에 따라 주체를 이해하는 방식이 변한다는 것을 말하고자 했어요.

18세기에는 죄를 지으면 사형 대신 감옥에 수감됐어요. 수감 체제도 말할 수 없이 복잡하고 세세했어요. 재소자의 일거수일투족을 체계화해 감시하고 평가했죠. 이 같은 감시 체제는 벤담이 고안한 팬옵티콘(원형감옥, 감시자 없이도 죄수들 자신이 스스로를 감시하는 방식—옮긴이)을 모티브로 만들어졌어요.

팬옵티콘에 수감된 죄수는 쉴 틈 없이 감시를 받고 규율을 어기면 처벌을 받아요. 그 규율은 가령 정해진 시간에 반드시 잠자리에 들으라는 것들이에요. 팬옵티콘의 목적은 죄수들이 감시를 내면화해서 감시를 받든 안 받든(죄수들은 언제 감시를 받고 있는지를 몰라요) 규율을 따르도록 하는 거였어요. 죄수들은 이제 스스로 특정 질서를 부과하는 주체가 됐어요.

푸코는 여기서 한 발자국 더 나아가요. 늘 그랬듯이요. 푸코는 그 당시 우후죽순 생겨나는 기관들도 팬옵티콘을 모델로 삼았다고 생각했어요. 기관들은 모두 푸코가 말하는 '규율'을 도입했어요. 그래서 푸코는 감옥만 연구하지 않고 군사학교, 일반 학교, 공장 등 다양한 기관들도 함께 연구했어요. 연구 결과, 기관은 모두 감시에 중점을 둔 체계를 갖고 있었어요. 이를 '팬옵티시즘'이라고 해요.

나이절 세부적인 특정 요소를 살피는 안목이 이렇게까지 뛰어났다니 놀라운데요. 요소들 자체로도 흥미롭고요. 이제는 세부사항 검토가 사물에 대해 생각하는 모든 방식을 상징해요.

수전 그렇죠. 하지만 팬옵티시즘은 단지 상징이 아니에요. 푸코는 팬옵티시즘을 바탕으로 일반적으로 보이는 현상들, 다시 말해 주체를 형성하는 관행들을 특징화했어요. 거기다가 그런 관행들이 정신뿐만 아니라 신체에도 작용한다고 주장했어요. 사람들은 그 관행들을 통해 뭔가를 배워요.

예를 들어, 죄수는 어떻게 하면 얌전하게 법을 준수하는 사람이 되는지 알아요. 공장의 근로자들은 생산라인에서 일하는 방법을 알죠. 하지만 관행은 신체도 단련시켜요. 군인의 경우 자세만 봐도 군인인 줄 알아요. 적절한 교육을 받은 사람은 올바르게 앉아야 한다든지, 어떤 자세로 앉아 글을 써야 하는지 등을 알고요.

또 하나, 푸코는 규율이 출현하면서 사회과학이 발전했다고 말해요. 범죄학과 심리학, 교육이론과 같은 지식이 생겨났거든요.

나이절 거기에 자유의 자리는 없나요? 푸코가 역사를 통해 설명하는 규율은 대상을 더 강하게 통제하는 방법인 것 같아요.

수전 대답하기가 복잡해요. 푸코는 규율적인 관행과 사회과학적인 규율이 권력과 하나로 얽혀 있다고 설명했어요. 푸코에게는 권력과 관련해 사람들이 알았으면 하는 사실이 하나 있었어요. 권력은 누군가가 소유한 후 다른 사람에게 행사하는 게 아니라, 규율적인 관행에 스며들어 내가 할 수 있는 일과 상대가 할 수 있는 일을 부분적으로 결정짓는 역할을 한다고요. 상당히 무섭고 오웰적인(전체주의적인) 말이에요.

게다가 푸코는 『감시와 처벌』의 말미에서 비관적인 태도를 보여요. 해당 장에서 푸코는 권력은 축적되고 있는 중이며, 사회과학적 지식이 발전할수록 그만큼 더 많은 권력이 생겨날 것이라는 뉘앙스를 풍겨요.

그렇다면 자유는 어떻게 되나요? 물어볼 수밖에 없죠. 푸코를 비판하는 일부 사람들은 푸코가 개인을 파괴했다고 주장했어요. 다시 말해, 푸코는 그 어디에서도 개인의 자유를 전혀 고려하지 않았다고요. 푸코는 이 주장을 받아들이지 않았어요. 자신이 말하는 권력을 그들이 잘못 이해했다고 말했어요. 푸코가 이해하는 권력은 뭔가를 하도록 행동을 수정하게 하는 권력이에요. 이런 의미에서 권력이란 어디에나 존재해요.

권력을 항상 나쁘게만 봐서는 안 돼요. 권력에는 생산성이 있어요. 연인 사이도 권력관계이며, 학교에는 상당히 생산적인 권력이 존재해서 누군가는 반드시 알아야 할 것을 가르치고 누군가는 그걸 배워요. 모두 인정하는 사실이에요.

권력은 그저 삶의 조건일 뿐이에요. 문제는 권력이 순환되고 분배되는 방식이에요. 이게 사실 푸코의 진정한 관심사였어요. 푸코는 권력이 순환되지 않는 상황과 권력이 공평하게 분배되는 즉, 권력 뒤집기가 가능한 상황을 서로 대조해 보고 싶어 했어요.

나이절 그런데 푸코는 일부 책에서 사회가 어떻게 기계처럼 작동할 수 있는지 그 역사를 보여 줬어요. 그리고 주체는 그 기계의 톱니바퀴에 불과하다고 말했어요. 권력에 저항하기 위해서는 일종의 의식적인 자유가 필요할 거예요. 환상 속의 자유가 아니라요.

수전 맞는 말입니다. 푸코가 말년에 이르러 그전과 다소 다른 태도를 취한 건, 바로 말씀하신 사항을 인식했기 때문이었어요. 말년의 푸코가 보여 주고자 한 주체의 계보학은, 인간을 외부에서 비롯된 사회적 관행이 아닌, 자유로운 한 개인으로 기능할 수 있도록 하는 사회적 관행에 주목해요. 여기서 인간은 내 지식을 스스로 검열하고 행동을 책임진다는 의미에서 자유로운 존재예요.

하지만 인간에게 자유로운 자아가 있더라도 이 역시 역사와 무관하지 않다는 게 푸코의 입장이었어요. 자유롭게 행동한다는 건 무엇일까요? 우리가 하는 행동 중에 자유로운 행동으로 간주되는 건 하나도 없어요. 어떤 행동은 아마 그저 광기로 치부될 거예요.

푸코가 전반적으로 강조하는 바는 자유롭게 행동할 수 있는 주체가 되려면 방법을 배워야 한다는 거였어요. 가령, 나 자신을 스스로 통제하는 거예요. 그래야 제멋대로 이상하게 구는 사람이 되지 않거든요. 푸코는 사람들이 자유롭게 행동할 수 있도록 그 능력을 키워 준 역사적 관행에 대해 살펴봤어요. 이는 푸코의 길고 긴 지적 여행에서 가장 흥미로운 부분이 아닐까 싶어요.

푸코는 고대 그리스에서 흥미로운 사례를 찾았는데, 고대 로마 철학자 세네카Seneca의 사례였어요. 세네카는 다음과 같이 말해요. '잠자리에 든 아내가 마침내 입을 다물면 나는 하루를 되돌아보고 오늘 하루도 잘 살았는지, 그리고 해야 할 일을 했는지 나 자신에게 스스로 물어본다.' 고대 그리스 문헌을 살펴보면 대부분 이런 식의 이야기예요. 마르쿠스 아우렐리우스Marcus Aurelius가 쓴 『명상록』을 생각해 보세요. 온통 자기 수양 얘기뿐이죠.

푸코는 자기 수양을 교양적인 측면에서의 사회적 관행으로 이해했어요. 사람은 자기 수양이라는 사회적 관행을 통해 자유롭게 행동할 수 있으며 주체가 될 수 있다고 주장했어요. 진실만을 말함으로써 나 자신을 스스로 책임질 수 있다는 의미에서요.

나이절 그런데 그건 일종의 문화·역사적 상대주의가 아닌가 싶어요. 상대주의에서 내가 아는 건 객관적인 진실이 아니에요. 진실이란 개인이 처한 문화·역사적 환경에 따라 달라지니까요.

수전 음, 그렇기도 하고 아니기도 해요. 푸코에게 '그리스인들의 윤리적 믿음이 올바른가?' 또는 '히스테리에 대해 프로이트Freud의 생각이 옳았는가?'와 같은 문제는 전혀 관심 밖이었어요. 물론 이런 질문을 할 수는 있다고 생각해요. 하지만 푸코가 묻고 싶은 질문은 '윤리학이나 프로이트의 히스테리 분석이 지식으로 간주되려면 무엇이 필요한가?'와 같은 질문이었어요.

나이절 일종의 지식사회학(지식 또는 정신문화 일반을 역사적·사회적 요인과의 관련 속에서 연구하는 학문－옮긴이)이네요. 사람들이 얻은 지식의 종류에 대해 좋은지 나쁜지 평가적인 판단을 하기보다는 설명만 하는 거예요.

수전 다시 말씀드리지만 복잡해요. 푸코는 계보학의 핵심이 비판이라고 말했어요. 정확히 말하면, 옳고 그름을 판단하는 비판이 아니에요. 진실 또는 옳고 그름을 구분하기 위해 우리가 기대는 기준이 우연에 지나지 않음을 보여 주는 비판이에요.

그렇기 때문에 진실을 안다거나 지금의 규범적 기준이 옳다고 가볍게 말해서도 지나치게 확신해서도 안 돼요.

나이젤 말씀하셨다시피 푸코는 1984년에 세상을 떠났어요. 프랑스 철학에서 푸코는 그저 특이하고 별난 학자로 기억될 뿐인가요? 아니면 여전히 영향력 있는 학자인가요?

수전 제가 생각하기에, 비록 언제나 인정받은 건 아니었지만 푸코의 영향력은 엄청났고, 지금도 그 영향력이 존재한다고 봐요. 현대 철학에서 계보학이 커다란 전환점을 맞는 데 푸코의 공헌이 컸어요. 동시에 푸코의 관점은 정치철학 내에서 또 다른 논쟁을 낳았고요. 자유에 대해 그리고 정치적 합의와 불합의 상태에 대한 논쟁을 예로 들 수 있어요. 하지만 무엇보다도 푸코의 권력 분석이 가장 큰 영향을 끼치지 않았나 싶어요.

푸코는 독일 철학자 위르겐 하버마스Jurgen Habermas와 권력을 두고 치열한 논쟁을 벌였어요. 이 논쟁에서 푸코는 하버마스의 주장을 유토피아적이라며 비난했어요. 요즘 사회적 차원의 인식론이 갈수록 큰 관심을 받고 있어요. 어느 정도는 지식에 대한 푸코의 혁명적인 관점 덕분이라고 생각해요.

사랑 외의 다른 일

21

보부아르의 삶과 업적

케이트 커크패트릭

Kate Kirkpatrick

옥스퍼드대학교 리젠트파크칼리지 철학·기독교윤리학 교수. 주로 보부아르, 사르트르, 윤리학, 종교철학에 대해 글을 썼다. 저서로 『사르트르와 악*Sartre on Sin*』, 『사르트르와 신학*Sartre and Theology*』, 『보부아르, 여성의 탄생』 등이 있다.

데이비드 1949년에 발표한 『제2의 성』은, 프랑스 철학자 시몬 드 보부아르의 책 중에서 가장 유명합니다. 보부아르는 실존주의자이자 페미니스트였어요. 장 폴 사르트르와 오랜 연인 사이기도 했고요.

『제2의 성』에는 '여성은 태어나지 않고 여자가 될 뿐이다'라는 유명한 구절이 적혀 있어요. 원어를 정확하게 번역한 게 맞나요? 케이트 커크패트릭 씨는 보부아르의 전기를 썼고 보부아르의 철학을 이해하려면 그녀의 삶을 연구해야 한다고 생각하시는 분입니다.

나이절 오늘 주제는 '시몬 드 보부아르의 삶과 업적'입니다. 케이트 씨는 보부아르의 전기를 쓰셨지만 본업은 철학이시잖아요. 왜 보부아르의 생각보다 삶에 더 관심을 가지시나요?

케이트 커크패트릭(이하 '케이트') 처음에는 보부아르의 생각을 연구하고 싶었어요. 그런데 영어권과 프랑스어권 학자들 모두 보부아르의 삶에서 중요한 부분을 간과했더라고요. 그 중요한 부분을 알고 나니, 저는 보부아르의 생각을 달리 이해하게 됐어요.

나이절 학자들이 보부아르에 대해 어떤 점을 오해했다는 말인가요? 보부아르는 수많은 편지와 자서전을 남겼어요. 보부아르에 대해 쓰여진 책도 정말 많고요.

케이트 '실존주의'라는 이 단어가 중요한 역할을 해요. 원래 '실존주의'라는 용어는 1940년대에 철학자 가브리엘 마르셀Gabriel Marcel이 사르트르의 철학을 지칭하기 위해 만든 단어였어요.

그런데 생겨나자마자 사람들은 보부아르의 소설을 두고 이 용어를 사용했죠. 사실 보부아르가 자신은 실존주의적인 소설을 쓴 적이 없다고 말했을 때부터 굳어졌어요(특히 『타인의 피』는 제2차 세계대전이 끝난 후 출간되었어요). 보부아르는 이 때문에 여러 비난을 받았어요. 사르트르의 생각을 세상에 전파할 뿐이라는 둥, 사르트르의 생각에 대해 비평하지 않는다는 둥 말이에요.

보부아르가 세상을 떠난 후, 프랑스 조간신문은 보부아르의 사망 소식을 전하는 기사를 실었는데, 제목이 '보부아르의 저서는 창작물이기보다 전파물에 가깝다'였어요. 그 밖에도 보부아르는, 단지 잉크통에 불과하며 상상력이라고는 전혀 없다는 비판을 받기도 했고요.

보부아르와 관련해서 '적용'이라는 단어를 흔히 볼 수 있을 거예요. 보부아르가 사르트르의 생각을 적용했다는 뜻이에요. 심지어 『제2의 성』에도 사르트르의 생각을 적용했다면서요. 하지만 그게 사실이 아님을 보여 주는 증거가 많아요.

나이젤 말씀하신 대로 보부아르의 저서를 그런 식으로 평가하는 시선들이 있어요. 사르트르의 실존주의 철학을 다른 영역에 적용시켰을 뿐이라고요.

특히, '사회의 기대와 역할에 따라 여자는 여자가 된다'고 말한 것을 두고, 그런 식의 비판이 있었죠. 그런데 케이트 씨의 연구에 따르면, 그런 식의 비판은 순전히 보부아르를 웃음거리로 만들기 위함일 뿐이었어요.

케이트 맞습니다. 지난 10년 동안 사르트르와 보부아르의 관계를 논하는 의미 있는 책들이 몇 권 출간되었어요. 이 두 철학자의 관계를 기존의 시각과 다르게 분석한 책들이었어요.

그중 한 권은 보부아르가 학생 때 쓴 일기를 모아 놓은 책이었는데 2008년도에 출간됐어요. 이 책을 읽다 보면 보부아르가 사르트르를 만나기 전부터 이미 자아란 무엇인지에 대해 관심이 있었다는 걸 알 수 있어요. 학생 시절의 보부아르는 니체 등 영어권의 유명 철학자들이 쓴 책을 읽고 있었어요. 니체는 '나는 나 자신이 되어야 한다'는 유명한 말을 남겼죠.

이뿐만 아니라, 보부아르는 모리스 블롱델Maurice Blondel과 같은 비교적 덜 유명한 철학자들의 책도 읽었어요. 블롱델은 인간의 본질은 행동에 있으며, 인간은 스스로를 만들어 나간다고 말했어요. 이 말은 사르트르가 자신의 저서 『실존주의는 휴머니즘이다』에서 한 말과 거의 똑같아요.

잘 알려져 있다시피 장 자크 루소Jean-Jacques Rousseau는 '인간은 자유롭게 태어나 어디에서나 쇠사슬에 묶여 있다'고 말했어요. 반면에, 자유와 결정론을 연구한 프랑스 철학자 알프레드 푸예Alfred Fouillée는 루소에 반대하여 인간은 자유롭게 태어나는 게 아니라 자유로워질 뿐이라고 주장했고요.

이는 보부아르가 『제2의 성』에서 말한 '여자는 여자로 태어나지 않고 여자가 될 뿐이다'는 말의 원형이라고 볼 수 있어요. 『제2의 성』에 쓰인 문학적 은유를 좁은 의미로 해석해 보면 '실존주의'에 관한 질문은 없다는 걸 알 거예요.

보부아르가 우리에게 하는 질문은 사르트르를 만나기 전에 했던 질문과 똑같아요. '어떻게 나 자신이 될 수 있을까?', '나는 어떤 사람이 될까?' 이런 질문이에요. 구체적으로 『제2의 성』에서 보부아르가 던지는 질문은 이거예요. '남자에게는 왜 사랑 외에 다른 일을 즉, 생물학적인 제약에서 자유로운 직업을 가지라고 할까? 그리고 어떻게 하면 여자들이 자유를 생각하고 나 자신이 되는 것을 하나의 과업으로 삼을 수 있을까?'

나이절 흥미롭네요. 보부아르에게 '사르트르적'이라고 말하는 까닭은 보부아르가 사르트르를 어린 시절에 만났기 때문이에요. 그 일기를 쓸 당시에 보부아르는 어렸고, 사르트르를 만났을 때도 보부아르는 어렸어요.

케이트 네, 맞아요. 보부아르는 21살 때 사르트르를 만났어요. 하지만 사르트르를 만나기 전부터 보부아르는 소설을 쓰고 있었어요. 오래전부터 소설을 쓰고 있었던 거죠.

그 당시 보부아르가 쓴 소설 중에 『실존 기도*An Attempted Exis-*

tence』라는 소설이 있어요. 게다가 보부아르는 자기 자신을 스스로 자유롭게 선택하는 여성들을 찾아서 목록으로 만들고 싶다고도 했고요.

다시 말해, 보부아르는 사르트르를 만나기 전부터 이미 '남자들에게는 자기 자신으로 존재하라고 하면서 즉, 스스로 삶을 꾸리라고 하면서 왜 여자들에게는 똑같이 말하지 않을까?' 하는 이런 문제를 고민하고 있었어요.

나이젤 보부아르가 '여자가 될 뿐이다' 이 구절을 쓸 당시 푸예의 말('인간은 자유롭게 태어나는 게 아니라 자유로워질 뿐')을 의식했을지도 모른다고 했잖아요? 이를 알고 난 다음 '여자가 될 뿐이다' 이 구절이 달리 보였나요?

케이트 네, 그랬어요. 보부아르는 여자들이 자유로워지고 자기 자신으로 존재하길 바랐어요. 『제2의 성』에서 자신이 비판했던 여자가 되라는, 그런 신화에 구속받지 않는 삶을 꾸려 가기를요. 저는 그 구절이 보부아르의 이 바람과 꼭 들어맞는다고 생각해요. 『제2의 성』은 그 구절이 전부라고 해도 과언이 아니에요.

다의적인 해석이 가능한 구절이기도 해요. 영어권에서는 두 가지 버전으로 번역됐어요. 하나는 부정관사를 사용한 경우(one is not born but rather becomes ***a woman***)인데, 이 경우 여성을 저마다 다른 개개인으로 보는 것 같아요. 다른 하나는, 부정관사를 사용하지 않은 경우(one is not born but rather becomes ***woman***)로 보다 최근에 나온 번역이에요. 이때는 마치 여성들이 모두 공통된 특정 범주 안에 포함된 것처럼 느껴져요. 개인적으로 저는 첫 번째 버전이 더 좋아요. 이 버전은 개개인의 실존적 특수성과, 나만의 삶을 추구할 수 있는 여성들 개개인이 지닌 개성을 나타내기 때문이에요.

두 가지 번역에 대해 저마다 다른 이유로 선호도 차이는 있겠지만 보부아르의 행동을 보면 보부아르가 여성 개개인을 얼마나 소중히 대했고 여성들이 자기 자신으로 존재할 수 있도록 얼마나 돕고 싶어 했는지 알 수 있어요.

나이절 '보부아르의 행동'이라고 말씀하셨는데, 무슨 뜻인가요?

케이트 1950년대 이후 보부아르는 독자들과 방대한 양의 편지를 주고받았어요. 사람들은 이 사실을 잘 몰라요. 보부아르는 독자들에게 답장을 쓰기 위해 하루 중 한 시간을 따로 빼 두기도 했어요. 보부아르가 독자들에게 받은 편지는 현재 프랑스국립도서관에 보관 중이고 그 양은 거의 2만 통에 달해요.

편지에서 독자들은 대개 비슷한 말을 했어요. '너무 외로워요. 아무도 제 기분을 모를 거예요. 분명히 만족해야 하는데 전혀 만족스럽지 않아요' 같은 말들이었죠. 가정주부로서 엄마로서의 생활을 답답해하는 여자들이 많았고 작가 지망생도 있었어요.

무려 10년 동안 편지를 주고받은 독자도 있어요. 보부아르는 그 독자를 직접 만나기도 했고 독자가 쓴 문학작품을 읽어 주기도 했어요. 그리고 많은 독자들이 작가로서 성장할 수 있도록 응원했고요.

보부아르는, 모든 여성들은 각각 다르고 어떤 일을 하며 스스로의 삶을 꾸려 갈지 선택할 수 있어야 한다고 봤어요. 보부아르가 이렇게 여성 개인의 개성을 강조한 만큼 저는 그 구절을 영어로 번역할 때 부정관사 'a'가 필요하다고 생각해요.

나이절 방금 말씀한 점들이, 그러니까 문장이 어디에서 유래했는지 그 철학적 출처를 알고, 또 독자들과 보부아르가 꾸준히 편지를 주고받았다는 점이, '여자가 될 뿐이다' 이 구절을 이해하는 데 영향을 주었다는 말씀인가요?

케이트 네. 그 사실을 알고 나니 보부아르가 어떤 목적으로 『제2의 성』을 썼는지 이해가 됐어요. 보부아르는 『제2의 성』을 통해 역사적으로 오랜 논쟁거리인 '자유가 무엇인지'를 논하고자 했던 거예요.

사르트르는 자신의 저서 『존재와 무』에서 자유를 나름대로 정의했는데, 보부아르는 그가 말하는 자유에 동의하지 않아요. 하지만 사람들은 보부아르만의 독자적인 생각을 과소평가하죠.

나이절 케이트 씨가 보부아르의 전기를 쓰는 이유는 보부아르에게 알맞은 자리를 찾아 주고 그녀가 단지 사르트르의 대변인 노릇을 한 게 아님을 알리고 싶으셨던 거군요.

그럼에도 불구하고 보부아르가 소설 외의 철학을 할 때는 '사르트르 팀'의 일원일 뿐이라는 시각이 대부분이에요.

케이트 네, 안타깝게도 심지어 페미니스트 철학자도 그렇게 생각하더라고요. 보부아르는 그저 사르트르의 제자일 뿐이라는 폄하와 더

불어 그 역할에 만족해야 한다는 소리까지 들었어요. 보부아르가 여러 자리에서 분명히 아니라고 밝혔음에도 말이에요. 최소한 1944년부터 보부아르는 개인적으로도 그리고 공개적으로도 사르트르를 비판했어요.

1943년에 사르트르의 『존재와 무』가 출간되었죠. 그가 정의하는 자유는 이따금 '급진적 자유'로 불리곤 했는데 그는 『존재와 무』에서 자유에 대한 생각을 더욱 발전시켰어요. 인간은 자유라는 형을 선고받았고, 피할 수 없는 자유는 인간을 자기 자신에게서 그리고 타인에게서 멀어지게 만든다고 정의했어요.

보부아르는 형이상학적인 의미에서 인간은 자유롭다는 생각에 동의했어요. 하지만 그녀는 사르트르가 자유를 그런 식으로 대조하려면, 자유와 권력 사이에서 데카르트Descartes가 보인 태도와 유사한 태도를 취해야 한다고 생각했어요. 모든 인간은 형이상학적으로 자유롭지만 누구나 자유를 행사할 권력을 갖지는 않아요. 우리 모두 인정하는 사실이죠.

1930년대에 보부아르는 이슬람에 있는 하렘을 예로 들어 이 점을 분명히 밝혔어요. 남자가 만든 하렘에 갇혀 있다면 자유가 무슨 소용이냐고요. 1943년에 보부아르는 사르트르가 정의 내린 자유에 대해 반박하는 글을 써 달라는 청탁을 받았는데 1944년도에 출간된 에세이 『모든 사람은 혼자다』에 그 글이 수록되어 있어요.

나이젤 보부아르가 사르트르를 맹렬히 비판했다는 말씀인가요? 사르트르의 급진적 자유에 대해서요. 사르트르가 말하는 자유는, 사람들에게 예나 지금이나 도달할 수 없는 자유로 느껴져요. 당시 그가 정의한 급진적 자유는, 인간은 무엇이든 할 수 있다는 뜻을 내포했기 때문이에요. 예를 들어, 우울증에서 벗어나고 싶다면 그렇게 하면 된다는 식이죠.

케이트 네, 맞아요. 보부아르는 사르트르의 자유를 거부했고, 더욱이 그가 말하는 실존주의에 윤리가 없다고 비난했어요.

나이절 보부아르는 사르트르와 다른 식으로 실존주의에 접근했나요?

케이트 네, 사르트르는 실존주의를 말할 때 윤리를 언급하지 않았어요. 사르트르가 『실존주의는 휴머니즘이다』를 펴내면서 윤리적인 뭔가를 말하기 시작할 무렵에 보부아르는 이미 『모든 사람은 혼자다』 에세이를 출간한 후였어요. 사르트르가 보부아르의 생각을 차용하기 시작했죠.

한 가지 예로, 『실존주의는 휴머니즘이다』를 출간하기 전까지 사르트르는 공식 석상에서 휴머니즘은 쓸모없다고 말하고 다녔어요.

나이절 오히려 사르트르가 보부아르의 영향을 받았다고 생각하시는군요. 그 반대가 아니라요.

케이트 네. 물론 일방적으로 어느 한쪽이 다른 한쪽에게만 영향을 주었다고 확실히 말하기는 어려워요.

1930년대에 보부아르와 사르트르는 서로에 대한 글을 썼어요. 둘은 끊임없이 대화를 나누는 사이였어요. 제 의도는 사르트르가 보부아르의 생각을 훔쳤는지 그걸 증명하는 게 아니에요.

이렇게 주장하는 사람들도 있지만 저는 너무 멀리 갔다고 생각해요. 보부아르와 사르트르가 철학적으로 진한 우정을 나눴기에 보부아르가 사르트르의 생각을 크게 비판할 수 있었다고 생각해요. 보부아르의 독창성이 무시되다 보니 사르트르를 향한 보부아르의 비판이 주목받지 못했지만요.

나이절 보부아르의 독창성이 인정받지 못한 까닭이 뭘까요?

케이트 보부아르의 에세이 『모든 사람은 혼자다』는 2004년이 되어서야 영어로 번역됐거든요. 원어로 쓴 텍스트가 이따금 무시되곤 하는데 이것도 하나의 이유가 아닐까 싶어요.

또 다른 이유로, 보부아르가 사르트르는 철학자지만 자신은 철학자가 아니라고 말했기 때문이 아닐까 싶어요. 하지만 제 생각에 이 말은 사실상 사르트르를 비난하기 위한 말이었던 것 같아요.

보부아르는 철학자를 유형별로 '시스템' 철학자와 '주체성' 철학자로 나누기도 했어요. 시스템 철학자는 말 그대로 시스템을 강조하는 철학자로, 예를 들어 스피노자Spinoza나 라이프니츠Leibniz 같은 철학자를 말해요. 그들은 절대 소설을 쓰지 않을 거예요. 반대로, 자유롭고자 하며 나만의 일을 찾으려고 노력하는 즉, 개개인의 주체성에 관심을 가지는 주체성 철학자는 다양한 문학적 형태의 글을 쓰려고 할 거예요.

보부아르는 자신을 후자의 범주에 포함했어요. 삶과 동떨어진 철학자가 되고 싶지 않았던 거예요. 보부아르는 철학이 살아 있기를 바랐어요. 그리고 어떤 경우에서는 시스템 철학보다 문학이 훨씬 더 철학을 살아 있게 한다고 생각했고요.

나이절 흥미롭네요. 방금 하신 말씀에 따르면 '나는 철학자가 아닙니다' 이 간단한 번역 문장을 읽을 때, 우리는 이 문장을 글자 그대로 받아들였을 뿐 이 말의 맥락을 파악하지 못했어요. 그래서 그 뜻을 제대로 이해하지 못했고요.

'나는 철학자가 아닙니다'라는 이 말을 통해 보부아르가 전달하고자 했던 의미는 철학자마다 방식이 다양하다는 거였어요.

케이트 철학적 맥락이 각 나라마다 다르기 때문에 이 모든 걸 담아내는 건 어렵다고 봐요. 파스칼Pascal 같은 프랑스 철학자들은 문학적으로 다양한 글을 써요. 볼테르Volaire는 파스칼처럼 다른 철학자를 풍자하는 글을 쓰기도 했죠.

프랑스에서는 다양한 장르의 철학적 글쓰기가 있고 모두 철학으로 인정받아요. 이와 달리, 영어권의 경우 철학적 글쓰기가 보다 제한되어 있어요.

나이절 일부 강경한 철학자들은 일종의 재미있는 뒷얘기 차원에서 한 철학자의 전기를 쓰는 건 좋지만, 전기가 철학과는 무관하다고 주장할지도 몰라요. 사람들은 그저 철학자의 주장과 생각만 알기를 원한다면서요. 이러한 강경파 철학자들에게 어떤 말을 해 주고 싶나요?

케이트 적어도 일부 철학자에 한해서는 그들의 일생을 연구할 필요가 있다고 생각해요.

독일 철학자 칸트를 보세요. 칸트는 쾨니히스베르크를 산책하는 습관이 있었어요. 이걸 안다고 해서 칸트를 이해하는 데 어떤 도움이 되는지는 잘 모르겠어요.

하지만 보부아르는 달라요. 보부아르의 인생은 그 자체로 정치적 논쟁거리였고 그녀의 철학은 수십 년 동안 번역서가 출간되지 않을 정도로 묵살당했어요. 그래서 저는 보부아르의 경우, 그 일생을 두고도 철학적 문제를 제기할 수 있다고 봐요.

신체로 타인을 이해하는 일

22

메를로 퐁티와 신체

캐서린 J. 모리스

Katherine J. Morris

옥스퍼드대학교 맨스필드칼리지 철학 교수. 저서로 『데카르트의 이원론*Descartes' Dualism*』(철학자 고든 베이커Gordon Baker와 공동 집필), 『사르트르*Sartre*』, 『메를로 퐁티에게서 배우다*Starting with Merleau-Ponty*』 등이 있다. 데카르트와 사르트르, 메를로 퐁티 및 비트겐슈타인Wittgentein에 대한 책을 주로 펴냈다. 여성학(여성, 젠더, 섹슈얼리티 연구) 석사 과정 학생들에게 선택과목으로 신체에 대한 페미니스트적 관점을 가르쳤다.

데이비드 장 폴 사르트르, 시몬 드 보부아르, 미셸 푸코, 그리고 알베르 카뮈Albert Camus는 모두 프랑스를 넘어 그리고 철학을 넘어 유명세를 떨쳤어요. 이들에게는 한 명의 친구가 있었어요. 바로 모리스 메를로 퐁티Maurice Merleau-Ponty라는 사람들에게 잘 알려지지 않은 철학자였죠.

메를로 퐁티는 현상학의 대가로 신체를 통해 지식을 얻을 수 있다고 주장했어요. 캐서린 J. 모리스 씨는 메를로 퐁티가 재평가를 받아야 한다고 말씀하십니다.

캐서린 J. 모리스(이하 '캐서린') 메를로 퐁티는 20세기 프랑스 철학자예요. 장 폴 사르트르와 시몬 드 보부아르의 친구이자 동료로 강의도 했어요. 특히 인류학과 사회학, 더욱이 심리학과 같은 인간과학을 활발히 연구했다는 점에서 흥미로운 철학자예요.

메를로 퐁티는 철학자 피아제Piaget의 뒤를 이어 프랑스 소르본 대학의 아동심리학 및 교육학과 과장직을 맡았어요. 50대 초반이라는 비교적 젊은 나이에 세상을 떠났고요.

나이절 메를로 퐁티는 현상학을 연구했어요. 현상학이라니 그 단어도 어렵습니다. 대체 현상학이 뭔가요?

캐서린 현상학은 다방면에 걸친 철학이에요. 에드문트 후설Edmund Husserl이 현상학을 고안해 냈고 이후 마르틴 하이데거Martin Heidegger와 장 폴 사르트르, 그리고 메를로 퐁티, 그 외 여러 철학자들이 다양한 방식으로 현상학을 연구했어요.

현상학은 제일 먼저 인간 경험의 세계, 다시 말해 인간이 직접 경험한 세상을 설명하고자 해요. 그런 다음 인간이 세상을 어떤 식으로 경험하는지 그 기본 구조를 파악하고자 하고요.

어떤 면에서는 칸트 철학과 유사하게 보일지도 몰라요. 칸트도 인간이 세계를 공간, 시간 그리고 인과관계 이 세 가지 구조로 경험한다고 말했으니까요. 하지만 현상학자들은 칸트와 달리 신체를 기본 구조(자세한 건 나중에 말하기로 해요)에 추가했고 타자도 포함시켰어요.

나이절 현상학이 의식적으로 경험한 세상을 설명하는 데 주력하다 보니, 메를로 퐁티가 신체에 크게 주목한 게 아닐까요? 메를로 퐁티는 일반적으로 신체에 어떤 식으로 접근했나요?

캐서린 'Leib'와 'Körper' 이 두 단어는 모두 신체를 뜻하는 독일어예요. 독일어는 이 두 단어의 차이를 구분할 수 있지만 영어는 구분하지 못해요. 이 단어로 메를로 퐁티의 접근방식을 조금이나마 쉽게 이해할 수 있을 거예요.

'Leib'는 주로 '살아 있는 신체(몸)'로 번역되는 반면 'Körper'는 말 그대로 '신체'를 뜻해요. '신체'라는 단어를 들으면, 대부분 생리학적으로 해부 가능한 대상을 떠올려요. 메를로 퐁티가 말하는 '신체'는 'Leib' 즉, 살아 있는 신체예요. 이른바 실존주의적 현상학자라 불리는 사르트르와 메를로 퐁티는 하이데거와 후설을 따랐어요.

하이데거는 인간을 '세계 내의 존재'로 정의했는데, 특히 하이데거의 이러한 인간 개념을 사르트르와 메를로 퐁티가 차용했어요. 이 개념에 따르면 세계에 존재하지 않는 한 우리는 인간이 아니에요. 그리고 인간이 없다면 세계는 그 자체로 세계일 수 없고요. 그러니까 인간이 없으면 세계는 살아 있는 세계, 생명의 세계 즉, 생활세계Lebenswelt가 아니라는 말이에요.

비록 하이데거는 인간이 세계에 존재하기 위해 몸이라는 형태를 부여받아야 한다는 것을 몰랐을 수도 있지만 사르트르와 메를로 퐁티는 분명히 인지했어요.

나이절 감각을 통해 세계를 경험하고 감각으로 세계라는 그림을 완성한다는 말이 오래전부터 있었어요. 흄과 로크학파의 경험주의자들이 하는 말이었는데요. 메를로 퐁티는 반대 입장이었어요. 맞습니까?

캐서린 네, 맞아요. 제 생각에 메를로 퐁티는 경험주의도 겨냥했던 것 같아요. 경험주의는 신체를 단지 사물로만 취급해요. 그저 감각이 지나다니는 중계국 정도로요. 경험주의를 잠깐만 공부해도 알 수 있는 사실이에요.

경험주의가 지닌 가장 큰 특징은, 인지를 여러 감각의 집합체로 이해한다는 거예요. 각기 서로 다른 감각기관을 통해 전해지는 감각들을요.

제가 "레몬이 보여" 하고 말한다면, 엄밀히 말해서 이때 저는 여러 감각들을 동시에 말하고 있는 거예요. 눈으로 노란색을 보고, 손으로 시원함을 느끼며 혀로는 신맛을 느껴요. 하지만 메를로 퐁티는 인간이 감각으로 세계를 경험한다고 생각하지 않았어요.

레몬을 볼 때 단순히 레몬이라는 전체 사물을 보고 있을 뿐 내가 어떤 감각을 느끼고 있는지 각각 구분하지 않아요. 메를로 퐁티에게 중요한 건 신체였어요. 인지가 아니라 여러 개별 감각들이 신체에서 통합된다고 봤거든요.

나이절 한 가지 분명히 해 둘게요. 그렇다고 메를로 퐁티가 모든 경험적 연구를 거부했다는 말씀은 아니시죠? 그러니까 사람들이 실제로 어떻게 행동하는지 연구하는, 과학적 연구를 거부했다는 건 아니죠?

캐서린 물론 아니에요. 다만 메를로 퐁티는 과학만능주의를 거부했어요. 과학만능주의는 영미권의 철학자들이 말하는 자연주의와 유사해요.

왜냐하면 둘 다 자연과학적인 방법을 통해서만 지식을 얻을 수 있다고 주장하고, 자연과학이 실재의 본질을 탐구한다는 관점이거든요(이른바 존재론적 과학주의, 또는 존재론적 자연주의라고 해요). 메를로 퐁티는 과학만능주의에서 벗어나 과학을 하길 바랐어요. 실제로 메를로 퐁티의 모든 연구는 과학을 바탕으로 해요.

나이절 인간의 신체적 특징 중 하나는 반복이에요. 다시 말해 버릇이에요. 제가 알기로 메를로 퐁티는 인류와, 이 세계에서 인류가 차지하는 위치를 파악하기 위해 버릇을 연구했어요.

캐서린 버릇을 연구한 철학자는 실제로 별로 없어요. 의외죠. 분명히 말씀드리면 메를로 퐁티가 말하는 버릇은, 담배를 피우거나 손톱을 물어뜯는 등 이런 나쁜 버릇이 아니에요. 차를 운전하거나 타자를 치는 운동기능을 의미한다고 보시면 돼요.

메를로 퐁티가 버릇에 관심을 가진 이유는 여러 가지일 거예요. 그 이유 중 하나는 경험주의자와 주지주의자 모두 버릇이 왜 생기는지 설명하지 못했거든요. 경험주의자들은 버릇을 단지 연속적인 반사작용이라고 이해했어요. 메를로 퐁티는 동의하지 않았고 상당히 설득력 있는 반론을 펼쳤어요.

메를로 퐁티는 피아니스트라면 새 피아노가 기존의 피아노보다 작든 크든 상관없이 조금만 연습해도 새 피아노로 소나타를 연주할 수 있다고 말했어요. 또한 오른손으로 운전하는 게 익숙하더라도, 처음부터 다시 배우지 않고도 왼손으로 운전할 수 있다고도요.

메를로 퐁티가 말한 이 경우를 생각하면 버릇은 경험주의자들의 말과 달리 단순 연속적인 반사작용일 수 없어요. 주지주의자들도 버릇을 들일 때 힘들었을 거예요. 운전을 배우는 등 실제로 어떤 버릇을 들일 때 온통 거기에만 신경을 쏟아야 하잖아요.

제 경우, 몇 년 전에 영국에서 운전을 다시 배울 때 정말 힘들었어요. 정말 처음부터 운전을 다시 배워야 했어요. 운전을 배울 때 "맙소사, 한번에 생각해야 할 게 너무 많아, 기어변속기를 앞으로 밀어 밟으면서 클러치도 밟아야 하고 양쪽 백미러도 봐야 해"라고 중얼거렸거든요. 모두 한 번씩은 이런 말을 해 본 경험이 있을 거예요. 모든 걸 한꺼번에 생각하느라 거의 정신이 없죠.

하지만 운전을 한번 배우고 나면 이제는 몸이 알아서 해요. 더 이상 머릿속으로 생각할 필요가 없죠. 물론 주지주의자들은 이렇게 말할 거예요. "아, 그건 무의식적으로 생각하는 거예요" 하고요. 주지주의자들과 이성주의자, 그리고 칸트와 같은 선험적 이상주의자들은 모두 생각을 통해서 행동한다고 봐요.

이와 달리 메를로 퐁티는 몸이 알아서 한다고 주장해요. 몸이 생각할 필요조차 없게 하니까요. 몸이 그저 알아서 함으로써 생각할 필요조차 없게 만들어 준다고 말해요.

나이절 메를로 퐁티는 실존주의적 현상학자예요. 그래서 사르트르를 비롯해 보부아르와 친구가 되었죠. 그렇다면 메를로 퐁티도 인간은 근본적으로 자유로우며 따라서 내 신체로 무엇을 할지 자유롭게 선택할 수 있다는 입장이었나요? 제약 없이 말이죠.

캐서린 여기서 '버릇'이라는 개념이 상당히 중요해요. 메를로 퐁티는 버릇이 구속과 해방 두 가지 성질을 동시에 가지고 있다고 이해했어요. 이런 운동신경에 의거한 버릇이 없었더라면, 우린 말을 하거나 읽지 못했을 거예요. 그래서 운동기능인 버릇은 분명히 해방적인 측면이 있어요. 사회화 과정은 전체적으로 운동기능을 획득하는 과정이에요. 버릇을 획득하는 이 놀라운 능력이 신체에 없었더라면 인간이 할 수 있는 건 하나도 없어요.

하지만 동시에 운동기능은 구속으로 작용하기도 해요. 이런 맥락과 함께 메를로 퐁티는 사르트르의 급진적 자유를 비판했어요. 지난 30년 동안 늘 같은 방식으로 살아왔다면 하루아침에 그 방식을 바꾸기가 힘들다는 거예요.

사르트르는 메를로 퐁티가 말한 사항을 전혀 인지하지 못했어요. 구체적으로 사르트르는 변화가 어렵다는 건 알았지만 왜 어려운지는 몰랐어요. 메를로 퐁티는 '체화'라는 개념을 사용했어요. 체화란 과거에 해 오던 일과 행동 방식이 몸에 배는 걸 말해요. 뭔가를 늘 어떤 방식으로 해 왔다면, 하루아침에 그 방식을 바꾸기란 힘들어요. 강물이 흐르는 방향을 갑자기 바꾸기 힘들 듯이요.

나이절 레몬과 자동차를 신체와 관련지어 말씀하셨는데 기본적으로 신체는 타인과 관련이 있는 것 같아요.

캐서린 제가 보기에 메를로 퐁티는 사르트르와 같은 뛰어난 철학자도 하지 못했던 연구를 했어요. 타인과의 관계 속에서 신체가 하는 역할을 연구했다는 점이 그래요. 영미철학은 이른바 '타인의 마음'이라는 문제를 연구해 왔어요. 타인을 마주할 때 단지 신체를 마주할 뿐이라면 신체가 의식이나 마음을 감추고 있는 건 아닌지 사실상 이 문제를 고심해 볼 수밖에 없어요.

이 문제에 대해 사르트르가 몇 가지 중요한 입장을 내놨어요. 사르트르는 타인을 마주할 때 단지 물리적으로 움직이는 물체만 마주하는 건 아니라고 주장했어요. 예를 들어 주먹을 꽉 쥐고 얼굴이 붉어진 사람을 봤다면, 단지 신체적 특징만 본 게 아니라 그 사람이 처한 상황도 함께 본 거예요. 어떤 꼬마 개구쟁이가 그 사람의 지갑을 훔쳐 간 상황인지도 모르죠. 사르트르가 중요한 점을 지적했다고 봐요.

메를로 퐁티는 여기서 한 걸음 더 나아가서 사실상 내 신체로 타인을 이해한다고 말했어요. 그리고 젖먹이 아기를 예로 들었어요. 아기 손가락을 하나 잡아 입으로 무는 척 장난을 칠 때 아기도 똑같이 입을 벌려요. 아기가 '저 사람이 내 손가락을 물려고 입을 벌리는구나. 내가 입을 벌리면 저 사람도 내가 물려고 하는 줄 알겠지. 공평하게 나도 무는 시늉을 해야지' 하고 생각하면서 힘겨루기를 하는 게 아니에요. 아이가 그런 생각을 한다니 말도 안 되죠!

아기의 신체 안에는 메를로 퐁티에 따르면 등가 체계인 '신체도식'이 있어요. 그래서 내가 입을 벌렸을 때 그 모양 그대로의 똑같은 감각을 느껴요. 추론의 문제가 아니에요. 입을 벌리면 그 의도가 온몸으로 느껴질 뿐이에요.

게다가 메를로 퐁티는 이제 막 세상에 나온 아기는 나 자신과 나를 돌봐 주는 사람을 명확히 구분하지 못한다고 해요. 그렇기 때문에 아기는 심지어 아직 한 명의 개인도 아니에요. 이렇듯 아기는 나 자신과 나를 돌봐 주는 사람을 하나로 인식해요.

아기는 자라면서 개별적인 존재가 되어 엄마와 자신을 점점 분리하지만 메를로 퐁티에 따르면 그럼에도 여전히 '신체 상호주의'

라는 것을 갖고 있어요. 나와 같은 계층이며 같은 문화 등을 공유하는 사람과는 특히 몸짓만 봐도 그 즉시 의도를 알아차려요. 상대가 유리잔을 향해 손을 뻗을 때 나는 상대가 뭘 하려는지 궁금해하지도 않을걸요. 상대의 몸짓을 보고 내 몸이 그 의도를 바로 알아차리니까요.

나이절 상당히 흥미롭네요. 신체를 통해 세계와 타인을 이해한다는 이 주장은 충분히 논의할 가치가 있는 것 같아요. 그럼에도 최근까지 논의가 거의 없었어요. 사르트르와 하이데거 같은 철학자들에게 메를로 퐁티가 가려진 게 아닐까요? 더욱이 마음을 연구하는 철학자들은 뇌를 주목하잖아요.

캐서린 아마 사르트르와 하이데거가 메를로 퐁티보다 자기 홍보에 능했다는 점이 이유가 아닐까 싶어요.

더욱이 메를로 퐁티는 과학만능주의 다시 말해 영미철학에서 자연주의라 부르는 것에 반대하잖아요. 제가 알기로 영미철학은 자연주의를 상당히 고수해요. 메를로 퐁티가 주목받지 못한 데에 이 이유가 가장 크지 않을까 싶네요.

나이절 메를로 퐁티가 철학 외에 다른 분야에도 영향을 주었나요?

캐서린 오, 놀라운 질문인데요. 저는 메를로 퐁티가 다른 분야에도 영향을 주었다고 생각해요. 인류학 즉, 의료인류학에서도 메를로 퐁티의 영향이 느껴져요. 의료인류학은 질병을 생물학적인 측면에서도 연구하지만 사회·문화적인 측면에서도 연구해요. 생물학적 연구 방식에는 신체를 사물로 바라보는 개념이 어울릴 테지만 사회·문화적인 연구 방식에는 메를로 퐁티가 말한 살아 있는 사물로서 신체 개념이 어울릴 거예요.

사회학을 비롯해 최근에는 신학에서도 메를로 퐁티의 영향을 느낄 수 있어요. 문학 연구에도 상당한 영향을 미친 걸로 알고 있고요. 또한 페미니스트 연구도 메를로 퐁티의 덕을 많이 봤어요. 저는 메를로 퐁티적인 지리학자에 대해서도 들어 봤어요. 이처럼 메를로 퐁티의 영향은 어느 분야에서든 찾아볼 수 있어요. 오직 철학만이, 적어도 영미철학만이 메를로 퐁티를 경시할 따름이에요.

늘 같은 자리에 존재하는 자아는 없다

23

흄과 불교

앨리슨 고프닉

Alison Gopnik

버클리 캘리포니아대학교 심리학 교수이자 철학과 겸임교수. 아동에 대한 글을 주로 썼으며, 인공지능과 흄, 인과 추론에 대해서도 다수의 글을 썼다. 주요 저서로 『말과 생각과 이론*Words, Thoughts and Theories*』, 『아기들은 어떻게 배울까?』, 『우리 아이의 머릿속』, 『정원사 부모와 목수 부모』 등이 있다. 〈월스트리트저널〉, 〈애틀랜틱〉, 〈뉴욕타임스〉 등에 칼럼을 기고 중이다.

데이비드 석가모니는 기원전 5세기에 현재 '네팔'이라 불리는 곳에서 태어났어요. 데이비드 흄은 18세기에 스코틀랜드에서 태어났고요.

알려진 바로 석가모니와 흄은 모두 살집이 많았다고 해요. 그런데 이 둘 사이에 철학적인 공통점도 있을까요? 흄이 불교의 영향을 받았을 가능성이 있나요? 저명한 심리학자이자 철학자인 앨리슨 고프닉 씨는 이 가능성에 대해 연구해 오셨습니다.

앨리슨 고프닉(이하 '앨리슨') 흄의 철학적 관점을 살펴보면 전통 불교와 놀랍도록 유사해요. 특히 자아에 대한 흄의 관점 때문에 흄과 불교 이 둘 사이의 공통점을 연구하게 됐어요.

흄은 자아에 대해 근본적으로 완전히 새로운 관점을 내놨어요. 흄이 생각하는 자아는 기존의 관점과 상당히 달라요. 데카르트와 같은 사상가들은 인간에게 자아가 있다고 주장해요. 머릿속을 들여다보면 그 안에 자아가 존재한다고요. 그리고 자아는 지금도 그리고 앞으로도 계속 존재한다고 해요. 데카르트는 자아가 존재한다는 사실만 우리가 분명히 알 뿐이라고 말했어요.

흄은 정반대의 입장이었죠. 인간의 머릿속을 들여다보면 생각과 신념, 믿음이 한데 어우러져 있을 뿐 그 배후에 '나'라는 존재, 다시 말해 자아는 존재하지 않는다는 입장이었어요.

흄의 입장은 현대 심리학 주장과 상당히 유사해요. 지난 20여 년간 심리학이 여러 커다란 발견을 했지만 그중에서도 경험론적으로 인간이 단 하나의 연속적인 자아를 가진다고 볼 만한 증거가 없다고 밝혔어요. 저는 발달심리학에 대해 연구하는데, 특히 아이들을 관찰해 보면 '연속된 자아'는 일종의 발견이라기보다 지어 낸 개념이에요.

나이절 굉장히 흥미로운데요. 그러니까 이를테면 아이들이 삶을 꾸며 낸다는 말씀인가요?

앨리슨 네, 그거예요. 자전적 기억(내 존재를 증명하는 데 가장 중심이 되는 것)은 사실 각색되고 구성된 기억이지 원래부터 존재했던 기억이 아니에요. 증거도 꽤 많아요. 특히 주요 불교 경전 중 하나인 나가세나(기원전 2세기경 인도의 불교 승려 – 옮긴이)의 질문*Nāgasena's questions*을 살펴보면, 자아는 없다고 주장했던 흄과 똑같은 주장을 담고 있어요.

나이절 흄은 자아 성찰에 대해 배우들이 이리저리 움직이는 연극무대를 관람하는 것으로 비유했어요. 인간은 자아 성찰을 하지만 자아가 늘 같은 자리에 존재하는 건 아니라고요.

앨리슨 나가세나와 왕이 나눈 대화를 통해 불교가 자아를 어디에 비유하는지 알 수 있어요(훌륭한 비유예요). 왕이 "나가세나 스님, 이 무슨 말씀이십니까. 스님이 존재하지 않는다니요. 그럼 저는 지금 누구와 대화하는 겁니까?" 하고 말하니, 나가세나가 "전하, 여기에 어떻게 오셨는지 먼저 여쭈어도 되겠습니까?" 하고 말해요.

왕이 "마차를 타고 왔지요" 하고 대답하자 나가세나는 "이 마차에서 말과 바퀴와 몸체를 제외하면 무엇이 남습니까?" 하고 물었어요. 왕이 "남는 게 없지요. 마차는 조립품일 뿐입니다" 하고 대답하자 나가세나가 이렇게 말했어요. "자아도 똑같습니다. 제 생각과 신념 그리고 경험을 제외하면 나가세나도 없습니다."

나이절 재미있는 이야기네요. 불교와 흄이 자아를 비슷하게 바라봤다니 전혀 몰랐어요. 불교와 흄 사이의 인과관계를 알 길이 있나요? 흄이 불교의 영향을 받았으리라 추측하는 사람들이 있지만 앨리슨 씨는 보다 더 구체적인 이야기를 하고 계시는 것 같아요.

앨리슨 음, 역사적으로 흄과 불교 사이에서 일차원적인 연결고리를 찾기란 힘들어요. 저 또한 앞서 언급한 불교 경전과 흄의 『인간이란 무엇인가』를 읽고 둘 사이에 아무런 관련이 없다고 생각했어요. 흄은 1730년대에 이 책을 집필했고, 당시 유럽 사람들은 불교에 대해 전혀 몰랐으니까요. 그때는 유럽에 불교가 전해지지 않았거든요. 더욱이 흄의 공식 일대기를 보면 흄은 프랑스의 어느 이름 모를 시골에서 모두와 멀리 떨어져 이 책을 집필했어요. 흄의 전기 작가는 '시골살이'라는 단어를 사용했죠.

그런데 자세히 살펴보면 1720년대에 불교철학에 대해 소상하게 아는 누군가가 있었어요. 바로 이폴리토 데시데리Ippolito Desideri라는 가톨릭 신부였어요. 데시데리 신부는 로마에서 출발해 티베트로 선교활동을 떠났어요. 데시데리 신부가 티베트에 도착했을 때 티베트 사람들은 기꺼이 개종을 하겠다고 했어요.

대신 조건을 내걸었어요. 데시데리 신부가 먼저 티베트 불교를 구석구석 이해하고 가톨릭이 티베트 불교보다 뛰어나다는 것을 입증한다면 말이에요.

그래서 데시데리 신부는 5년 동안 티베트 사원에서 티베트 철학과 불교의 전통을 공부했어요. 티베트 말도 배워 총카파Tsongkhapa(티베트 불교의 창시자－옮긴이)의 경전을 라틴어로 옮기고 라틴어로 된 가톨릭 성서를 티베트어로 번역했어요. 저서도 한 편 남겼는데 오늘날 티베트 철학을 가장 잘 설명해 주는 책들 중 하나예요.

문제는 티베트 철학에 관한 책이기 때문에 교회는 이 책을 묵살했고 20세기가 될 때까지 그 누구도 거들떠보지 않는 책으로 바티칸 교황청에 방치되었어요. 어쨌든 불교철학에 대해 누군가는 알았어요.

나이절 흄이 실제로 이 모든 사실을 알았나요?

앨리슨 데시데리 신부는 1727년에 로마로 돌아왔어요. 사실 티베트 종교지도자가 데시데리 신부를 쫓아냈어요. 데시데리 신부는 로마로 돌아올 때 라플레슈라는 프랑스 시골 마을을 경유했는데, 이곳이 바로 흄이 『인간이란 무엇인가』를 집필한 곳이라고 해요.

게다가 데시데리 신부가 라플레슈를 경유한 이유는 유럽에서 규모가 가장 크다는 예수회 학교 한 곳 때문이었는데요. 이곳은 바로 흄이 혼자 사색하며 지내던 조그마한 시골 마을이었던 거예요. 그 학교는 바로 라플레슈 예수회 왕립학교였어요. 데카르트도 이 학교를 다녔죠.

흄이 머물렀던 곳은 이제 더 이상 이름 모를 곳이 아니에요. 여러 지적인 활동과 생각이 오가던 장소였죠. 흄은 혼자가 아니었다는 뜻이에요. 그는 데카르트가 다녔던 그 예수회 학교 한복판에 앉아 있던 거예요.

나이절 또 하나 추정해 보자면, 사상가이자 작가였던 흄에게 책은 없어서는 안 될 필수품이었다는 점을 꼽을 수 있어요.

앨리슨 맞아요. 흄은 편지에 라플레슈 왕립학교가 책을 4만 권 보유하고 있다고 썼어요. 당시 어마어마한 양이었죠. 영국 어디에도 그보다 좋은 도서관은 없었어요.

흄은 또한 편지에 '현재 라플레슈에 머무르고 있어. 나는 대학교 교수님에게 배우는 것보다 훌륭한 도서관이 있는 게 훨씬 좋더라. 여기 너무 좋아. 이야기할 사람들도 있고……' 하고 분명히 썼어요.

더군다나 훗날 흄은 편지에 기적을 언급하면서 '예수회 사람과 라플레슈 예수회 왕립학교를 거닐 때 이 생각이 떠올랐어' 하고 썼어요. 여기서 제 질문은 그 예수회 사람이 누구냐는 거예요. 누굴까요?

나이절 아마 절대 모를 것 같은데요. 몇백 년 전에 라플레슈에서 주고받았던 편지인데 어떻게 알 수 있겠어요?

앨리슨 저는 오히려 그 예수회 사람이 누구인지 아무도 알아내려고 하지 않았다는 사실에 놀랐어요. 다행히 예수회는 예수회 대학에 다닌 사람들에 대한 모든 기록을 남겼어요. 그래서 제가 무엇을 했냐면 로마에 있는 예수회 기록보관소를 방문했어요(엄청난 모험이었어요). 실제로 대학을 다녔던 모든 사람들의 신상 정보가 거기에 보관되어 있었거든요.

데시데리 신부는 라플레슈 여정에 대해 기록하면서 '돌루 신부님과 많은 대화를 나눴다' 하고 썼어요. 예수회 기록보관소를 뒤져보니 아니나 다를까 실제로 샤를 프랑수아 돌루Charles Francois Dolu라는 이름을 가진 사람이 있었어요. 돌루 신부는 흄이 라플레슈에 있는 동안에도, 데시데리 신부가 라플레슈에 있는 동안에도 그곳에 함께 있었어요.

돌루 신부는 아주 매력적인 인물이더라고요. 과학에 대해 모르는 게 없었어요. 돌루 신부는 1680년대 프랑스를 출발해 샴(현재의 태국–옮긴이)으로 떠나는 원정에 합류했어요. 망원경을 가지고 간 돌루 신부는 거기서 천체를 관측했어요.

샴은 불교의 나라였죠. 숙소가 수도원 바로 옆에 있었기 때문에 예수회 사람들은 숙소와 수도원 사이를 오갔어요. 흄은 동떨어진 어느 이름 모를 장소에 있었던 게 아니에요. 1720년대에 유럽에서 불교철학에 대해 잘 아는 사람들이 있었던 그 한가운데에 있었던 거예요.

나이절 정황상 가능한 추정이네요. 그런데 정황만 가지고 흄이 실제로 불교의 영향을 받았다고 보기에는 불충분하지 않나요?

애슬린 모르죠. 하지만 돌루 신부에 대한 기록이 남아 있어요. 저한테는 결정적인 한 방이에요. 이 기록에 의하면 돌루 신부는 굉장히 매력적인 사람이에요. 세상 그 누구보다 재치를 아는 사람이었거든요.

흄에 대해 알려진 바를 토대로 추정해 보건대, 재미있고 매력적인 데다가 과학에 능통하고 전 세계를 여행한 돌루 신부를 만났더라면 흄은 분명 그와 대화하는 걸 즐겼을 거예요. 흄이 딱 좋아하는 유형이거든요. 재치가 있고 박식했던 흄은, 똑같이 재치 있고 박식한 사람과 이야기하는 걸 몹시 좋아했어요. 최소한 흄이 무신론에 대해, 반反토대주의에 대해, 특히 자아에 대해 들어 봤을 가능성이 커요.

나이절 흄과 불교 사이에 다른 공통점도 있나요?

앨리슨 네, 또 있어요. 흄은 처음에는 무신론에 큰 관심을 보였어요. 『인간이란 무엇인가』를 집필하기 전에는 무신론에 대한 글을 많이 썼어요. 신이 개입하지 않고도 과연 문명이 생겨날 수 있었을까에 대해서도 많은 생각을 했고요. 그중에서 불교의 존재를 알았던 사람들을 전부 놀라게 했던 생각이 하나 있어요.

흄은 창조주인 신의 손길이 느껴지지 않는 고도로 발달된 문명이 있다고 믿었어요(신은 존재하지만 일종의 신화적 차원에서 신이고, 단

하나인 창조주라기보다 영혼을 지닌 존재로 이해했어요). 불교도 표현만 다르지 흄과 같은 입장이었어요. 불교는 토대주의(절대적 진리가 존재한다고 보는 이념–옮긴이)를 인정하지 않아요. 불교의 순야타(아무것도 없음을 나타내는 공空사상. 인간을 포함한 일체 만물에는 고정불변의 실체가 없다–옮긴이)에 따르면 경험 외에는 아무것도 없어요. 다시 말해 경험이 전부라는 소리예요. 데카르트는 경험 뒤에 자아가 있다고 주장했는데, 공사상은 자아조차 인정하지 않아요.

흄은 어느 순간 회의주의에 빠져들었어요. 회의주의에 빠지면 처음에는 성경에 적힌 믿기 어려운 기적에, 그다음에는 신에 대해, 그리고 그다음에는 독립된 실체의 존재에 대해 회의적인 반응을 보여요(데카르트가 말한 회의주의 경로예요). 종래에는 나의 자아조차 의심해요.

회의주의 경로를 걸으면 무슨 일이 일어날까요? 확실한 건 불교는 회의주의의 경로를 걸었고 그 경로의 끝에서 중요한 건 하나도 없다는 결론에 이르렀어요. 이래도 저래도 다 좋다고요. 신이 존재하지 않더라도, 만물을 이루는 외부 실체가 없다고 하더라도, 그리고 자아가 없다고 하더라도, 우리의 경험과 일상생활, 또 경험이 주는 풍성함은 변함없이 똑같아요.

이 길은 흄이 걸은 길이기도 해요(불교의 영향이 아닌 독자적으로 이런 길을 걸었다고 생각해요). 하지만 궤도가 유사해요. 흄은 『인간이란 무엇인가』에서 초기에 위기를 겪었다고 고백해요. 우리가 알기로 사실이에요. 흄은 신에 대해, 실체에 대해, 그리고 자아에 대해 회의를 느끼면서 신경쇠약을 앓았어요. 모든 것이 무너져 내렸고 아무것도 할 수 없었어요. 그러다 흄이 잠시 멈칫하던 순간이 있었어요. 모든 건 변함없다는 생각에 이르렀던 거죠. 불교와 마찬가지로요.

나이절 확실히 흄과 불교 사이에는 유사점이 있네요. 그런데 차이점도 분명히 있을 텐데요.

앨리슨 불교의 철학적 과제는 넓은 의미에서 치유였어요. 흄과 크게 다르죠. 총카파가 일생을 바쳐 완성한 철학은 상당히 무미건조하지만, 목적은 오로지 인간 구제였어요. 인간이 지금보다 더 나은 존재가 되고, 더 행복하며, 더 잘 살기를 바랐어요.

불교에서는 중요한 게 하나도 없다는 이 사실을 깨달으면, 이전보다 고통 없이 세상을 살아 나갈 수 있다고 봤어요. 흄에게서는 전혀 읽을 수 없는 목적이에요. 흄은 냉소적인 태도를 보였어요. 흄은 철학이 인간을 더 나은 모습으로 만들어 준다거나 인간의 고통을 덜어 주리라 기대하지 않았어요.

나이절 처음에 발달심리학 연구를 언급하면서 아이들에게는 자아의식이 없다고 말씀하셨어요. 자아의식은 만들어 가는 거라고 말씀하셨죠.

그렇다면 자아에 대한 교수님의 입장은 흄이나 불교와는 또 다른가요? 교수님 말씀에 따르면 아이들과 달리 어른은 자아의식이 있으니까요.

앨리슨 흄을 해석하고 불교의 전통을 이해하면서, 성인에게 자아가 없다는 게 정확히 무슨 의미인지에 대해 재미있는 논쟁이 일어난 적이 있어요.

총카파는 불교에서 말하는 중도를 취했어요. 중도 사상의 입장에서 자아는 환상이에요. 하지만 쓸모와 의미가 있기 때문에 인간은 자아라는 환상을 없애려 하지는 않아요. 아마 흄의 관점과 똑같다고 생각하실 거예요. 흄도 자아는 환상이지만 실제로 어떤 역할을 수행하는 환상이라고 봤으니까요. 말하자면 실체가 있는 환상이에요. 흄도 총카파와 똑같은 말을 한 거죠. 이에 대한 타당한 논거를 발달심리학에서 얻을 수 있어요.

예를 들어 내 자아가 현재나 미래나 항상 똑같을 거라 생각한다면, 굳이 미래를 위해 돈을 모으거나 만족지연에 해당하는 행동은 하지 않을 거예요. 우리가 크면서 알게 되는 것들 중 하나는 자아 확장이, 미래의 이익을 위해 지금을 인내하는 일종의 만족지연 능력과 관련되어 있다는 거예요.

미래의 자아가 내가 아니라면, 무엇 하러 미래를 위해 지금을 인내하겠어요? 왜 8세의 앨리슨이 미래의 앨리슨을 위해 돈을 저축해야 하죠? 친구에게 줘 버리지 않고요.

자아라는 환상을 가질 때만 나 자신에게 도움이 되는 방식으로 이해하고 행동할 수 있어요. 흄과 총카파 모두 이 점을 알았던 거예요.

나이젤 자아가 단지 심리학적 용어일 뿐이라면, 다시 말해 자아가 쓸모 있는 환상에 지나지 않는다면 그 쓸모가 뭔가요? 자아라는 환상을 통해 미래의 자아가 얻는 이익이 뭐죠?

앨리슨 심리학자이자 자연주의 철학자로서 저는 진화론적 사고를 통해 이 질문에 대한 대답을 할 수 있다고 봐요. 특히 진화론적 관점에서 매우 복잡한 인지능력을 가진 인간은 예를 들어, 내년을 위해 올해 수확한 곡식을 저장해 두는 게 좋아요. 그래야 내년에도 잘 살고 생존 및 번식을 할 수 있으니까요.

똑같은 사람이 한 명 더 있다고 생각하는 게 비록 어떤 의미에서는 환상에 지나지 않는다고 해도 이 환상으로 우리가 하는 일들(가령 돈을 저축하거나, 미래를 생각 또는 계획하는 등)은 내 생존과 삶에 실질적으로 도움이 돼요.

아프리카 철학은 정말 특수한가?

24

아프리카 철학

카트린 플릭스호

Katrin Flikschuh

런던정치경제대학교 현대정치이론학 교수. 학부에서 정치학을 전공한 후, 아프리카철학을 연구하여 석사를 취득했으며, 이후 정치학 박사를 취득했다. 칸트의 정치철학을 주제로 다수의 논문을 발표했다. 칸트를 비롯해 아프리카철학을 주제로 한 학회지 논문을 다수 발표했고, 저서 『칸트와 근대 정치철학, 자유: 당대 자유주의 관점*Kant and Modern Political Philosophy, Freedom: Contemporary Liberal Perspectives*』 등을 출간했다.

데이비드 제가 철학과 학부생일 때, 강의계획서에 아프리카 철학자가 포함되어 있었는지 아니었는지 기억이 잘 안 나요. 카트린 플릭스호 씨는 이런 교과과정을 업데이트할 필요가 있다고 하시는데요. 아프리카 철학이 그동안 발전해 왔고, 그 자체로도 논의할 게 많으며, 해묵은 철학 문제에 새로운 관점을 제시해 줄 수 있다면서요.

나이절 네, 맞아요. 그래서 오늘 주제는 '아프리카 철학'입니다. 땅이 넓은 만큼 아프리카 철학도 굉장히 다양할 것 같아요. 아프리카 철학만의 특징이 있나요?

카트린 플릭스호(이하 '카트린') 좋은 질문이에요. 그 질문에 대해 실제로 아프리카 철학 내에서도 열띤 토론이 벌어졌어요. 아프리카 철학자들의 관점은 저마다 달라요. 일부는 단지 아프리카라는 특정 지리적 장소만 다를 뿐 별다른 특징이 없다고 했어요. 반대로 아프리카 철학은 다른 지역의 철학들과 분명히 구분된다는 주장도 있었고요.

나이절 무엇보다 아프리카 철학은 탈식민지 운동의 영향을 많이 받았을 것 같아요.

카트린 여러 의미에서 그건 사실일 수 있어요. 하나 주목할 점은 은크루마Nkrumah(가나 초대 대통령–옮긴이)나 니에레레Nyerere(탄자니아 초대 대통령–옮긴이), 상고르Sengor(세네갈 초대 대통령–옮긴이) 등 아프리카 독립 후 1대 지도자들은 모두 어떤 의미에서 철학자였어요. 실제 교육받은 철학자였거나 아니면 스스로 철학자라고 생각했거든요.

무슨 말이냐면 아프리카 철학은 항상(독립 이후) 특정한 방식으로 공적 기능을 수행했다는 거예요. 아프리카 철학자들도 인정해요. 그래서 국가 문맹률이 높은 상황에서도 지금껏 공적 기능을 잃지 않았어요.

아프리카 철학은 정치적 목적도 내포하는데 독립 이후의 투쟁과 그에 따라 생겨난 범아프리카주의(아프리카 대륙 통합 운동–옮긴이)와 관련이 많아요.

당연히 아프리카 철학자라고 해서 모두 범아프리카주의자는 아니에요. 아프리카 철학의 배후에 정치사상이 큰 자리를 차지한다는 걸 알려 드리고 싶었을 뿐이에요.

나이절 그 밖에 또 다른 면도 있을 것 같아요. 아프리카 대륙에는 많은 국가들이 있어요. 철학도 분명히 그만큼 다양하지 않을까 싶어요.

카트린 맞아요. 다시 말씀드리지만 아프리카 철학은 식민지 영향도 받았어요. 철학자 콰메 지키Kwame Gyekye와 크와시 위레두는 모두 가나 출신이지만 서양국가에서 교육을 받아 영미철학 전통을 연구했어요.

또 다른 아프리카 출신 철학자로 플랭 웅통지Paulin Hountondji가 있어요. 플랭 웅통지는 베냉공화국 출신으로 앞서 가나 출신 철학자들과 달리 불어권 철학을 연구했어요. 학파마다 방법론이 조금씩 다른 것도 흥미로운데, 이 아프리카 출신 철학자들은 각자 출신지만의 특수한 상황도 철학에 반영해요.

나이절 유럽철학이나 미국철학, 호주철학 등 타국의 철학을 수입해 와서 자국의 상황에 맞게 논의하고 있다는 생각이 먼저 들어요.

카트린 저는 가나대학교에서 오랫동안 철학을 가르쳤어요. 동료 중 한 명이 이런 말을 하더군요. 서양식 교육과정을 따르기는 하지만 학생들과 교수들이 정녕 관심 있는 건, 아프리카 국가만의 내부 문제와 그 안에서 발생하는 철학적 질문들이라고요.

식민 시대의 산물인 서양 교육과정을 택하는 게 다소 이상해 보일지도 모르지만(서양 전통을 모르면 철학을 할 수 없다는 의미이기도 하고요), 그럼에도 서양철학을 공부함으로써 결국 아프리카 사회가 처한 현실을 다룰 수 있다는 뜻이죠.

나이절 우리가 더 알아야 할 아프리카만의 철학 방식이 있다는 말씀으로 들려요. 그건 교수님의 관심사이기도 하고요.

카트린 맞아요. 아프리카 철학을 연구하면서 내린 결론은 아프리카만의 철학 방식이 있고 우린 그걸 알아야 한다는 거예요. 하지만 이것은 결론이지 제가 아프리카 철학을 연구하게 된 계기는 아니에요.

제가 아프리카 철학을 연구하기 시작한 건 어느 순간 영미철학이 생각보다 훨씬 더 편협하다는 생각이 들었기 때문이에요. 특히 '지구촌 정의'에 대해 이야기할 때 영미철학이 편협하게 느껴졌어요.

지구촌 정의에 대해 토론할 때 원칙이나 생각 또는 인간이라는 개념이 보편타당해야 한다고들 말해요. 보편타당에 대한 주장이 그야말로 당연해서 여기에 이의를 제기하는 경우가 사실상 없어요. 저는 이게 불편하더라고요.

또 영미철학의 관점으로만 사안을 다뤄서는 안 된다는 생각으로 아프리카 철학을 연구하기 시작했죠. 아프리카 철학을 연구하고 나서 뜻밖의 수확이 생겼어요. 영미철학의 상당 부분을 재평가하게 되었거든요. 우리가 세상을 바라볼 때 아프리카 철학의 관점으로 바라볼 필요도 있겠다는 생각이 들더라고요.

나이절 구체적인 예를 들면요?

카트린 음, 크와시 위레두는 제가 몹시 존경하는 아프리카 철학자 중 한 분인데, 정말 똑똑하고 품위 있는 분이라 좋아할 수밖에 없어요. 영미철학자들이 보기에 위레두는 철학자가 되는 정통 코스를 밟았어요. 옥스퍼드대학교에서 철학자 피터 스트로슨Peter Strawson의 지도 아래 철학을 공부했으니까요.

그래서인지 위레두는 전형적인 분석철학자예요. 언어를 다룬 철학서를 여러 권 썼어요. 위레두는 분석철학을 도구로 활용해 모국어인 아칸어에서 얻은 개념을 분석했고, 그 결과 서양에서 인정받는 이론에 의문을 던졌어요. 서양에서 당연시하는 진리론 즉, 진리대응론(어떤 믿음이나 주장이 참이라는 건 그 믿음이나 주장에 대응되는 사실이 있다는 뜻-옮긴이)을 아칸어 개념 도식에 적용해 보면 이 이론에는 논리가 없다고 주장했어요. 퉈어Twi라고도 하는 아칸어는 사실과 진리를 용어적으로 따로 구분해서 사용하지 않거든요.

따라서 아칸어에 비추어 보면 진리대응론은 명료하지 않아요. 쉽게 말해 진리는 사실에 대응한다는 이 논지를 명확하게 설명할 수가 없어요. 이 사례를 통해 불현듯 깨달았어요. 언어체계에 따라 세상을 바라보는 관점도 다를 수 있다는 걸요.

나이절 굳이 관심을 기울이지 않아도 사람들마다 세상을 바라보는 관점이 다르다는 것쯤은 쉽게 알 수 있어요. 예를 들어 종교는 굉장히 다양하죠. 모든 종교가 다 참은 아닐 거예요. 일부는 완전 엉터리이기도 하고요. 그 종교의 비상식적인 관행들을 굳이 탐구하지 않아도 엉터리라는 걸 우리는 알아요.

카트린 글쎄요. 특정 종교나 세계관이 처음에는 비상식적으로 보여도 탐구해 보면 괜찮을 때도 있지 않나요?

저는 요즘 인간을 정의하는 다양한 개념들을 살펴보고 있어요. 특히 나이지리아 철학자 이피니 멘키티Ifeanyi Menkiti의 인간 개념에 관심이 있어요. 멘키티가 정립한 이론에 따르면 아프리카는 영어권에서 '조상'이라 부르는 존재를 생물학적으로는 죽었지만(육신은 없지만) 시공간적으로는 여전히 살아 있는 사람으로 봐요. 즉, 육신만 없는 시공간적인 존재로 언제나 함께 생활하고 마땅히 사람으로 대우해야 해는 존재예요.

이 생각을 처음 들으면 비상식적으로 느껴질 거예요. 과학 이전의 원시 사상에 바탕을 둔 생각으로, 말 그대로 비상식적이죠. 하지만 영어권에서도 영혼불멸에 헌신적인 태도를 보이고 철학적으로도 이런 태도를 버리기 어려워해요. 저는 영혼불멸을 향한 영어권 사람의 태도와 멘키티 이론을 서로 비교해 보는 중이에요.

영어권 사람의 태도를 깊이 관찰해 보면, 멘키티 이론이 그렇게 비상식적이라거나 육체와 영혼을 구분하는 데카르트적 시각과 크게 다르다고 할 수 없을 거예요. 이렇듯 다른 관점을 살펴 보면 내 관점을 다시 바라보게 돼요. 저는 이 점이 정말 매력적이라고 생각해요.

나이절 아프리카 철학을 살펴보는 한 가지 방법이군요. 내 생각을 다른 관점으로 재평가해 보는 거요. 또는 해당 철학 이론이 논리적이고 적용 가능한지 비교분석 해 볼 수 있을 거예요.

저는 아프리카 철학자들이 정치철학에서 논하는 민주주의에 틀림없이 많은 기여를 하고 있으리라 생각해요. 민주주의는 아프리카 여러 국가에서 화두니까요.

카트린 민주주의를 논의하는 방식이 계속해서 바뀌고 있기 때문에 저는 민주주의가 여러 가지 측면에서 여전히 불완전하다고 생각해요. 많은 아프리카 철학자는 어떤 제약에 시달려요. 서양 정치철학자들이 직면하는 제약과는 다른 형태예요.

아프리카 정치철학자들과 달리 서양의 정치철학자들에게는 유기적이고 개방적인 국가가 당연한 역사일 수 있어요. 지금 그런 국가에서 살고 있으니까요. 게다가 500년의 정치철학 역사를 가지고 있고요. 이 두 가지를 기반으로 서양 정치철학자들은 당대 정치철학의 틀을 조금씩 바꿔 나갈 수 있어요.

하지만 아프리카는 경우가 달라요. 아프리카 대륙에 존재하는 국가들을 더 이상 모른 척할 수 없는데, 이들 국가는 유기적이거나 자연스럽게, 또는 개방적인 형태로 발달한 국가가 아니에요.

문제는 아프리카 사람들이 일종의 신제국주의가 발생하지 않도록 아프리카 정치 상황을 서양의 정치 상황과 차별화시키려고 한다는 거예요. 그렇지만 비국가적인 정치형태에 적합했던, 식민지 이전의 전통적인 정치 개념을 지금 적용하기에는 어려워 보여요.

그래서 현재 아프리카 내에서는, 예를 들어 민주주의 이론에 대해 열띤 논의를 벌이고 있어요. 아프리카 철학자들은 발생할지도 모를 신제국주의라는 덫에 갇히길 원하지 않고, 신제국주의로 말미암아 자유민주주의 가치를 분별없이 받아들이는 것 또한 원치 않아요. 아프리카 철학자들은 아프리카만의 민주주의를 보여 주고 싶어 해요.

아프리카가 직면한 문제는, 식민지 이전의 전통적인 정치 개념이 다시 말해 식민지 이전의 정치 조직과 권리 개념이 식민지 이후의 아프리카 상황과 맞지 않다는 거예요.

자유주의 개념을 합의 기반의 전통적 민주주의 개념(대립하지 않고 이기적이지 않으며, 다당제 기반이 아닌 합의 지향적인 민주주의)과 대조하는 경향이 있어요. 그런데 식민지 이전의 정치 개념이 식민지 이후의 법치국가 구조에 적합한지는 충분히 고찰해 보지 않아요.

나이절 제가 알기로 카트린 씨는 인권에도 관심이 많아요. 아프리카 철학은 인권을 어떻게 다루고 있나요? 서양국가의 인권 개념을 따르나요?

카트린 인권은 또 다른 복잡한 문제예요. 서양 사고방식에서 인권은 당연한 권리예요. 새로운 국제공통어라고 봐도 무방하죠.

저는 제 동료들보다 인권에 조금 회의적이에요. 아프리카 내에서도 인권을 둘러싼 의견이 다양해요. 인권은 반공동체주의를 표방하여 아프리카 전통사회(공동체 정신이 강한 사회예요)에 부합하지 않는다는 등 그 의견이 다양하죠. 아프리카 사회는 공동체를 지향하고 아프리카 철학자들도 대부분 동의해요. 그래서 인권은 우리의 모든 신념에 반하는 개념이라고 말하기도 해요.

정반대의 의견도 있긴 해요. 철학자 아쥼 윙고Ajume Wingo는 아프리카인이 유럽인보다 훨씬 오래전부터 인권에 대해 생각해 왔다고 주장했어요. 제가 보기에 아프리카 철학자들은 인권과 관련해 콰메 지키가 말한 '온건한 공동체주의'를 받아들이는 것 같아요.

온건한 공동체주의에 따르면, 인권은 아프리카 전통사회에 반하는 개념이 아니고, 단지 공동체가 개인에게 의무를 다하는 만큼 개인도 공동체에 의무를 다해야 함을 알려 주는 개념이에요. 이와 관련해 아프리카 철학자들은 사람들이 온건한 공동체주의를 도덕적 개인주의(공동체 안에서 문제를 일으키지 않고 타인에게 피해를 주지 않는 상태에서 양심껏 자신의 인생을 자기 마음대로 사는 것을 일컫는다-옮긴이)로 받아들일까 봐 걱정해요.

나이절 흥미롭네요. 정리하자면 아프리카 철학자들은 개인을 보호하기 위한 목적이 아닌 공동체 국가에 이바지하기 위한 목적으로 인권을 인식한다는 뜻이네요.

카트린 아프리카는 일반적으로 공동체가 개인의 정체성을 형성한다고 봐요. 인권은 이에 맞서는 개념이고요. 아프리카에서 개인은 공동체 안에서 맡은 바 역할을 수행하고 권리와 의무를 다함으로써 한 사람이 돼요. 공동체를 통해 도덕적인 개인으로 성장할 수 있다는 말이에요.

제 생각에 인권은, 공동체보다 개인을 앞세우기 때문에 아프리카에서 이 개념을 불안해하는 게 아닐까 싶어요. 공동체보다 개인을 우선시할 경우 사회가 붕괴될 위험이 있으니까요.

나이절 좀 다른 얘기지만, 제가 아는 아프리카 철학자는 대학원생일 때 공부했던 성 아우구스티누스가 전부예요. 학생들이 아프리카 철학을 공부하는 경우는 잘 없더라고요. 만약 카트린 씨가 철학과 교육과정을 다시 쓰신다면, 어떤 철학자를 포함시키고 어떤 식으로 다룰 건가요?

카트린 좋은 질문이고, 중요한 질문이기도 한데 간단히 답하기는 힘들어요. 실제로 영국의 대학교들은 아프리카 철학을 별로 다루지 않아요. 미국은 상황이 조금 달라요. 미국에는 아프리카계 미국인 수가 굉장히 많기 때문에 그에 따라 아프리카계 미국인만의 철학이 생겨났어요. 주로 인종 문제를 다루는 철학이에요.

그런데 흥미롭게도 정작 아프리카 철학은 인종 문제를 별로 논하지 않아요. 아프리카계 미국인 철학과 차이를 보이죠. 아프리카 철학은 잃어버린 개념과 잃어버린 형이상학적 체계를 되찾는 것에 주로 몰두해요. 일단 사람들이 왜 아프리카 철학을 등한시하는지, 제일 먼저 그 이유를 찾아야 한다고 생각해요.

나이지리아 소설가 치누아 아체베(노벨문학상을 수상하지는 못했지만 수상할 만큼 대단한 작가예요)는 에세이 『아프리카 이미지』를 써서 아프리카는 후지고 낙후됐으며 도움 따위는 전혀 안 된다고 보는 유럽인들의 시선을 비판했어요. 유럽인들에게는 이런 식의 이미지가 여전히 강한 것 같아요. 그러다 보니 아프리카 철학에 관심이 없을지도 모르고요.

여하간 저는 개인적으로 크와시 위레두를 정말 존경해요. 제가 교육과정을 새로이 짠다면 기필코 포함시킬 철학자예요. 그리고 가나 철학자인 콰메 지키, 플랭 웅통지도 반드시 포함시킬 거예요. 플랭 웅통지는 마르크스주의를 따르는데, 후설과 마르크스주의를 함께 연구한다는 점에서 흥미로운 철학자예요. 게다가 '아프리카 철학이 단지 지리적 분파에 불과한가 아니면 어떤 색다른 의미를 지니는가?' 하는 이러한 질문도 주로 다루죠.

어떡하죠? 해묵은 철학 문제를 새롭게 바라보기 위해선, 교육과정에 포함해야 할 아프리카 철학자들이 너무 많아요.

인간에게 전쟁은 필수일까?

25

플라톤과 전쟁

앤지 홉스

Angie Hobbs

셰필드대학교 철학과 교수. 주 관심 분야는 고대 그리스 철학이며, 고대 그리스부터 당대에 이르기까지 윤리학과 정치이론을 연구했다. 저서 『플라톤과 영웅*Plato and the Hero*』, 『플라톤의 공화국*Plato's Republic: A Ladybird Expert Book*』 등을 펴냈다. 라디오와 TV프로그램 등에 고정 게스트로 출연 중이다.

데이비드 토마스 홉스Thomas Hobbs는 국가가 없다면 갈등은 피할 수 없는 일이라고 믿었어요. '만인의 만인에 대한 투쟁'이 일어날 거라고요. 루소는 반대로 인간의 본성은 선하고 문명이 인간을 파괴시킨다고 주장했어요.

2000년 전에 플라톤은 인간 본성과 전쟁에 대해 몇 가지 질문을 던지고 스스로 해결했어요. 플라톤은 전쟁이 비록 좋은 훈련장이고 용기와 같은 덕목을 시험하는 장소가 될 수 있지만 그럼에도 전쟁은 항상 악이라고 단언했죠.

그런데 인류는 전쟁을 치를 수밖에 없나요? 셰필드대학교에서 고대 그리스 철학을 연구하는 철학자 앤지 홉스 씨가 나와 주셨습니다.

앤지 홉스(이하 '앤지') 플라톤은 두 가지 질문을 던졌어요. 우선 인류에게 전쟁이란 피할 수 없는 것인지 그 여부를 물어봤어요. 전쟁을 하지 않고도 살아남을 수 있을까요? 다음으로 플라톤은 전쟁 없이 공동체가 제 기능을 할 수 있을지 물어봤어요. 너무 많은 걸 포기해야 하지 않을까요?

나이절 지금 플라톤의 『국가론』에 대해 말씀하시는 것 같은데, 맞나요?

앤지 맞습니다. 플라톤의 수많은 대화편을 보면 전쟁에 대한 이야기가 자주 나와요. 특히 플라톤은 『국가론』에서 아무것도 갖춰지지 않은 국가를 하나 건설해 과연 전쟁이 일어날 수밖에 없는지 따져 보고자 했어요.

나이절 첫 번째 질문부터 해결해 봅시다. 전쟁은 피할 수 있나요?

앤지 플라톤은 『국가론』 제2권(372년)에서 원시사회를 건설했어요. 계급이 없고 정치에 무심하며 목축 생활을 하는 사회예요. 이 원시사회에서는 전쟁이 일어나지 않아요. 소크라테스가 등장인물인데, 그는 정치 계급이 없으면 생산자와 소비자는 평화롭고 목가적인 생활을 누린다고 말해요. 둘러앉아 구운 도토리를 씹어 먹고 신을 찬송하고 서로 어울려 지내면서요.

상당히 제한된 생활로 보여요. 우리가 아는 범위에서의 예술도, 과학도, 철학도 없고(이런 게 없는 사회는 어떨까요?) 전쟁과 빈곤도 없어요. 소크라테스는 과연 이 같은 공동체 사회가 실재하고, 역사적으로 있음직하며, 경험할 수 있는 일이라고 생각했을까요?

제 개인적인 생각으로는 아니에요. 이런 사회가 존재하리라 가정은 해 볼 수 있겠죠. 그렇지만 우리는 이런 사회를 '문명'이라고 부르기를 망설일 거예요. 소크라테스의 대화 상대 중 한 명이 이렇게 말했어요. 그런 삶은 끔찍하고, 그런 사회는 돼지에게나 어울린다고요. 돼지를 언급한 건 아마 구운 도토리 때문일 거예요. 이 말은 인간에게 보다 풍부한 재화와 보다 수준 높은 오락거리가 필요하다는 뜻이에요.

그러자 소크라테스가 산해진미, 향수, 화장품, 값비싼 옷, 푹신한 의자, 탁자, 금 등의 온갖 재화와 갖가지 예술품을 몽땅 언급하면서, 인간이 이런 불필요한 욕구를 탐닉하는 순간 문제가 발생한다고 말해요. 불필요한 욕구는 무한정이지만 욕구를 만족시켜 줄 수 있는 자원은 유한하기 때문이죠.

소크라테스는 사람들이 갈수록 더 많이 원하고 더 많은 땅을 소유할 거라고 말해요. 그러면 이웃의 질투가 시작되고, 땅을 둘러싼 분쟁과 갈등에 휘말리며 결국 전쟁으로 이어진다고요. 더욱이 전쟁을 치르려면 별도로 훈련받은 병사들이 필요할 거예요.

여기서 소크라테스가 하는 말은 문명과 예술을 원하고, 삶이 다채롭고 재미있으며, 자극적이고, 적어도 꽤 편안하고 풍요롭기를 원한다면, 전쟁은 숙명이라는 거예요.

나이절 목축 생활을 하는 플라톤의 원시사회는 갈등이라고는 전혀 없어 보여요. 토마스 홉스의 자연 상태와 대비되죠. 홉스에 따르면 자연 상태에서 인간은 한정된 자원을 두고 서로 싸워요.

앤지 맞아요. 우선 『국가론』에서 플라톤이 하는 말은 홉스가 『리바이어던』과 『시민론De Cive』, 『법의 기초Elements of Law』에서 하는 말과 정반대예요. 홉스는 자연 상태에서(정치가 없다는 의미에서의 자연 상태) 인간은 필연적으로 서로 싸울 수밖에 없고 싸움을 멈추려면 강력한 통치가 필요하다고 주장했어요.

그런데 사람들은 플라톤의 말을 이런 식으로 해석하더라고요. 자연 상태에서 인간은 평화롭고, 오히려 문명과 정치의 발달이 문제를 야기한다고요. 이건 너무 단순한 해석이에요.

나이절 그럼 앤지 씨는 국가론에 나오는 소크라테스의 전통적인 견해를 거부하시나요?

앤지 네. 사람들은 영토와 부를 향한 불필요한 욕망이 전쟁을 촉발시킨다고 이해해요. 그러므로 정치와 문명 발달은 불가능하다고 판단하죠. 너무 섣부른 판단이에요. 사람들은 이게 이야기의 끝이며 알아야 할 전부라고 생각하는데, 제 생각에는 『국가론』을 주의 깊게 읽지 않은 것 같아요.

『국가론』을 계속 읽다 보면 소크라테스가 전쟁에 휩싸인 국가를 정화할 방법이 없는지 물어보는 대목을 만날 거예요. 대답은 '있다'예요. 자세히 들여다보면 소크라테스는 전쟁의 이유를 영토와 부를 향한 욕망이 아니라 인간의 타고난 욕망에서 찾아요.

인간은 날 때부터 물질적 재화와 육체적 쾌락, 명예를 추구하고자 하는 욕망을 갖고 태어나요. 그릇된 대상을 욕망하고 숭배하는 부패한 사회에서, 방금 말한 인간의 타고난 욕망은(물질적 재화나 육체적 쾌락을 향한 욕망이든, 명예욕이든) 뒤틀리고 변질되게 되어 있어요. 한정된 재화를 서로 원하고 싸워서 뺏으려고 하죠.

물질적 재화의 획득과 과시가 곧 명예나 지위가 될 때 최악의 문제가 발생해요. 그런데 만약 우리가 전혀 다른 사회에서 산다면, 다시 말해 지혜로운 철학자 즉, 통치자가 이끄는 사회에 살고 있다면 이야기는 달라져요. 물질적 안락과 육체적 쾌락, 명예, 지위, 자기 존중 등 우리의 타고난 욕망은, 한정된 재화를 두고 이웃과 갈등을 빚지 않아도 충족될 수 있어요.

플라톤과 홉스가 서로 정반대인 전쟁 해결책을 제시하는 듯 보여도 그 이면은 더 복잡해요. 서로 주장하는 원시 자연 상태는 다르지만 정치 국가와 전쟁이 서로 어떤 식으로 연결되어 있는지 보는 관점에 있어서는 플라톤과 홉스 간 거리가 그렇게 멀지 않아요.

나이절 그러니까 플라톤은 계급이 출현함으로써, 다시 말해 철학자와 같은 통치자가 출현하고 시민을 교육한다면, 전쟁이 없는 그리고 다른 국가를 침략하지 않는 국가가 가능하다고 생각했던 건가요?

앤지 네, 그거예요. 플라톤은 그런 통치자가 국가를 운영한다면 적어도 침략전쟁은 피할 수 있다고 생각했어요. 그렇지만 그에 따른 대가는 클 거예요. 예술을 혹독하게 검열하고 교육을 매우 엄격하게 통제하는 방식으로 국가를 운영할 테니까요. 여기서 개인은 전체를 위해 존재할 따름이에요. 기탄없이 말하자면 전체주의 국가예요. 누가 이 대가를 치르려고 할까요?

긍정적인 메시지를 하나 드릴게요. 꼭 전체주의 국가의 길을 걷지 않아도 『국가론』에 등장하는 소크라테스의 말에서 뭔가를 배우면 돼요. 소크라테스는 우리가 너무 게으르다고 말해요. 전쟁과 침략이 왜 발생하는지 그 이유를 열심히 고민하지 않는다고요. 전쟁과 침략이 주변에서 항상 발생하고 쉽게 목격되다 보니 그저 불가피하다고 이해할 뿐이에요. 원인에 대해서 깊이 그리고 충분히 생각하지 않아요.

소크라테스는 침략과 전쟁의 원인을 열심히 생각하면, 맨 먼저 전쟁이 문화적 현상이고 학습된 욕망이라는 점을 어렵지 않게 깨닫게 된다고 말해요. 날 때부터 전쟁을 욕망하는 사람은 없어요. 전쟁은 학습된 욕망이에요. 그리고 논란의 여지는 있지만 제가 보기에 소크라테스는 공격성을 인간의 타고난 본성으로 간주하지 않아요. 대신 공격 태세를 갖출 잠재력은 있어요.

우리는 기본적으로 육체적 쾌락과 명예를 욕망하잖아요. 그런데 육체적 욕망을 채우기 위해 달달한 음식과 장신구를 만들지 않아도 되는 사회에서 성장했다면 아마 상황이 달라졌을 거예요. 그런 사회에서는 렌틸콩 수프와 완두콩만으로도 충분할 테고 이렇게 먹을 때 장기적으로 더 행복할 거예요.

나아가 사람을 죽이며 명예와 지위를 탐할 필요가 없어지죠. 명예와 지위는 철학자가 됨으로써 얻을 수 있어요. 영웅 대접을 받고자 아킬레우스가 되지 않아도 돼요. 소크라테스가 되어도 영웅이 될 수 있어요. 플라톤은 궁극적으로 『국가론』을 통해 훌륭한 인간을 정의하고 그 개념을 다시 쓰고 확장시키고 싶어 했어요.

나이절 전쟁에 대한 플라톤의 생각에서 오늘날 우리가 배울 점이 있나요?

앤지 물론이죠. 당연히 전체주의 국가는 수용하고 싶지 않지만 그럼에도 배울 점이 많다고 생각해요. 『국가론』에 등장하는 소크라테스는 우리에게 침략이 어디에서 오는지 생각해 보라고 말해요. 무엇이 인간의 공격성을 야기하는지 말이에요. 사람들은 대부분 이 질문을 하지 않았어요. 공격성이 전쟁을 촉발시킨다고 쉽게 생각해 왔으니까요.

하지만 플라톤은 달랐어요. 플라톤은 무엇이 공격성을 야기하는지 자문했고 그에 대한 해답으로 인간의 타고난 욕망을 떠올렸어요. 공격성이 발휘될 때쯤이면 이 타고난 욕망은 이미 뒤틀리고 변질된 상태예요. 플라톤은 인간의 타고난 욕망을 다른 방식으로 해소하고 다스릴 수 있다고 생각했어요. 전쟁을 완전히 피할 수는 없겠지만요(플라톤은 전쟁 회피에 대해 꽤 비관적이었는데 그 이유는 철학자와 같은 통치자들이 전 세계를 다스리기는커녕, 그런 사람이 단 한 명이라도 있을 리 만무하다고 생각했거든요). 다시 말해 이상적인 국가에 도달할 수 없을지라도, 우리는 이상 국가를 청사진으로 삼아 욕망의 대상을 변경함으로써 공격성을 줄이는 노력은 할 수 있어요.

저처럼 철학자가 통치하는 국가를 청사진으로 삼고 싶지 않다고 해도, 욕망의 대상을 변경하라는 이 메시지는 의미가 있어요. 개개인의 마음속에 품은 이상적인 공동체가 무엇이든, 욕망의 방향 전환이 주 과업일 거예요. 우리가 만들려는 사회는 다름을 존중하는 사회잖아요. 그러려면 대대적인 사회개혁이 있어야만 해요. 전쟁의 위험을 어떻게든 줄일 수 있다면 저는 플라톤에게 배우는 수고를 아끼지 않았으면 해요.

말하는 당나귀가 실제로 존재하는 세계

26

가능세계

헬렌 비비

Helen Beebee

맨체스터대학교 철학 교수. 주 연구 분야는 현대 형이상학이고, 특히 인과성과 자유의지를 연구한다. 주요 저서로는 『흄의 인과관계와 철학: 왜 문제인가*Hume on Causation and Philosophy: Why It Matters*』가 있다(흄의 철학에 대해서는 철학자 마이클Michael Rush 러시와 공동 집필).

데이비드 여러분들은 〈철학 한입〉을 듣는 대신에 쇼핑을 간다든지 다른 일을 할 수도 있었잖아요. 이처럼 또 다른 가능세계는 어떻게 존재할까요? 〈철학 한입〉을 듣는 대신 북한으로 가는 편도 항공권을 구매하기로 선택했어요. 이런 상상이 가능한가요? 가능세계에 매혹된 헬렌 비비 씨가 나와 주셨습니다. 가능세계란 무엇이며, 왜 철학자들이 중요하게 생각하나요?

헬렌 비비(이하 '헬렌') 가능세계를 왜 철학에서 다루게 되었는지 먼저 생각해 보면 답을 얻을 수 있을 거예요. 가능세계는 오래된 개념이에요.

17세기 말에서 18세기 초, 철학자 라이프니츠Leibniz가 이런 말을 했어요. 우리는 있을 수 있는 세계 중 최상의 세계에 살고 있다고요. 이 말을 할 때 라이프니츠는 악의 문제를 고민하던 중이었어요. 다시 말해 자애롭고 전지전능한 하나님이 왜 온갖 괴로움과 고통이 가득한 지금의 세상을 창조했는지 알고 싶어 했어요. 하지만 하나님이 지금의 세계를 창조한 데는 틀림없이 이유가 있을 거예요. 그러므로 지금 우리는 존재할 수 있는 세계 중에서 가장 최상의 세계에 살고 있는 거죠(그게 아니라면 하나님은 지금과 다른 세상을 만들었을 거예요).

라이프니츠는 가능세계를 믿었고 지금의 세계가 가능세계를 통해 생겨났다고 생각했어요. 가능세계 안에서 하나님은 어떤 세계를 만들지 선택권이 많았어요. 그리고 조건과 법칙을 설정하자마자 만물이 그에 따라 움직였어요. 다르게 설정했더라면 다른 상황이 일어났을 거예요. 지구만 달라지지 않을 뿐 만물이 다른 방식으로 전개될 거예요.

여러 대안적인 세계가 존재해요. 현재 우리가 사는 세계에는 우주, 은하수, 별과 지구 그리고 인간 등이 있어요. 아무것도 없는 세계도 있을 거예요. 지구가 없는 세계, 인간이 전혀 존재하지 않는 세계 등등이요. 이게 가능세계의 기본 개념이에요.

소설도 생각해 볼 수 있어요. 특히 과학소설(범위가 보통 아주 넓어요) 안에서 작가는 우리에게 가능세계의 작은 한 귀퉁이를 보여줘요. 셜록 홈즈 시리즈를 예로 들면 등장인물(셜록 홈즈와 모리어티 교수 등)이 사는 가능세계에서 우리는 제한된 시공간만 봐요. 소설을 읽으면서 가능세계의 전체 모습이 궁금할 수 있어요. 시공간을 넘나들면서 셜록 홈즈 시리즈를 과거와 미래로 확장시키면, 쉽게 말해 세부사항을 모두 채워 넣으면 가능세계의 전체적인 모습을 볼 수 있겠죠.

나이절 라이프니츠로 다시 돌아가 볼게요. 프랑스 철학자 볼테르Voltaire

는 자신의 저서 『캉디드』에서 라이프니츠가 앞서 한 말을 공개적으로 조롱했어요. 볼테르는 사람들이 지금보다 서로에게 친절하게 행동하는 가능세계가 틀림없이 있다고 믿었거든요.

헬렌 맞아요. 볼테르는 라이프니츠가 악의 문제를 고민하면서 위와 같이 보인 반응에 우려를 표했어요. 가능세계라는 개념을 진지하게 살펴보면 '지금보다 더 나은 세계는 없다'라는 라이프니츠의 말에 동의하기가 힘들어요.

고통을 생각해 보세요. 고통이 없는 세계는 상상 가능하고 지금보다 더 나은 세계예요. 네, 저는 라이프니츠가 악의 문제를 고민하며 보인 반응이 아주 설득력 있다고 생각하지는 않아요.

나이절 그렇군요. 이제 이 '가능'이라는 단어를 따져 보고 싶어요. 상상이 반드시 현실이 되리라고 생각하지는 않잖아요.

헬렌 가능세계에 대해 말할 때 방금 말씀하신 그 부분을 생각해요. 최근에 철학자들이 가능세계에 관심을 갖는 까닭은 필연성과 가능성, 현실성, 우연성을 나타내는 '양상(판단의 확실성을 가리키는 논리학 용어 – 옮긴이)'이라는 것을 이해하기 위해서예요.

철학자에게는 모든 것이 수수께끼지만 특히 양상은 더욱 난해해요. 어떤 상황은 바꿀 수 있어요. 예를 들어, 나는 아침에 제시간에 일어났지만 늦잠을 잘 수도 있었던 상황, 혹은 버스를 놓치지 않았지만 더 잤더라면 버스를 놓칠 수 있었던 상황 등등이요. 하지만 어떤 상황은 절대 바꿀 수 없어요. 가령, '2 더하기 2는 4'라는 불변의 사실은 우연이 아닌 반드시 참이죠.

철학자들은 그 차이를 이해하고 싶어 해요. 사후 가정도 철학자들이 이해하고 싶어 하는 한 가지예요. 사후 가정이 무엇이냐면, 예를 들어 "아침에 5분 더 잤어도 제시간에 도착했을 거야. 그렇지만 한 시간이나 더 잤더라면 지각했겠지" 하고 말하는 식이에요. 우리는 일상생활에서 이런 식의 사후 가정을 잘해요. 말 그대로 가정이지만 우리는 그 가정이 참일지 아닐지 잘 알아요.

무엇이 가정을 참이나 거짓으로 만드는 걸까요? 또 한 번의 수수께끼예요. 가능세계는 사후 가정을 이해하는 데 도움이 돼요. "오늘 어쩌다 보니 여기에 앉아 있네요" 하고 제가 말해요(다른 자리에 갈 수도 있었다는 의미예요). 현실 세계에서 이 말은 참이에요. 하지만 제가 지금 여기 없고 완전히 다른 일을 하고 있을 가능성도 있어요. 그 가능세계에서 방금 제 말은 거짓이에요.

뭔가가 절대 바뀔 수 없다고 말한다면('2 더하기 2는 4'와 같이), 그 뭔가는 어느 가능세계에서든 참이어야 해요. 즉, '2 더하기 2는 4'가 모든 가능세계에서 참인 거죠.

이처럼 가능세계를 이용해서 뭔가가 일어날 수도, 일어나지 않을 수도 있음을 나타내는 양상을 이해하거나 아니면 양상을 가능세계 범위로 좁혀서 이해할 수 있어요. 철학자에게 가능세계는 정말 큰 도움이 돼요.

나이절 그런 말들로 가능세계를 설명할 수 있는 게 왜 도움이 되죠? "내가 늦잠을 잤더라면 나는 여기에 없었을 거야" 이 말을 "늦잠을 자서 여기 오지 못하는 가능세계가 있어"로 해석할 수 있는 게 어째서 도움이 된다는 거예요? 이게 무슨 소용이 있나요?

헬렌 한편으로 가능세계는 그저 기술적인 장치일 뿐이에요. 필연성, 가능성, 우연성은 분석이 안 된 개념들이에요. 이 개념들에게 가능세계라는 아주 간단한 장치를 쓰면 모두 똑같은 방식으로 분석할 수 있다고 생각했어요. 가능세계라는 장치를 왜 사용하고 싶어 하는지는 형이상학적으로 심오한 이유가 있어요.

철학자 데이비드 루이스David Lewis가 가능세계에 일정한 관심을 보였던 이유는 필연성의 본질이 몹시 궁금했기 때문이었어요. 몇 백 년 전에 흄도 필연성의 본질을 굉장히 궁금해했어요. 흄은 필연성의 인과관계를 알고 싶어 했어요. 흄에게 필연성은 아주 모호한 개념이었어요. 제 생각에 루이스도 마찬가지로 필연성에 당혹감을 느꼈을 거예요. 필연성을 고민하다가 가능세계로 넘어오면, 이 세계에서 필연성을 모두 지울 수 있어요.

즉, 필연성이 가능세계로 해결되기 때문에 이 세계에 필연성이 존재한다고 생각할 필요가 없어요. 필연성을 세계의 일부로 보지 않아도 돼요. 가능세계를 중요하게 다루는 까닭은 바로 현실 세계에서 필연성을 지워 버리고 싶은 형이상학적인 이유 때문이에요.

나이젤 제가 알기로 일부 철학자들은 가능세계를 단지 장치로 사용하지 않고 현실 세계가 존재하듯 가능세계도 실제로 존재한다고 믿고 있어요.

헬렌 맞아요. 그런 철학자들 중에서 루이스가 대표적이에요. 루이스는 가능세계가 실제로 존재한다고 믿는 이론에 '양상실재론'이라는 이름을 붙여 줬어요. 루이스는 양상실재론이 어떻게 하면 하나의 이론으로 인정받고 철학 논쟁에서 비중을 차지할 수 있는지 고심했어요.

루이스에게 가능세계는 양상뿐만 아니라 광범위한 다른 현상도 이해하게 해 주는 놀랍도록 유용한 장치였어요. 유용하다면 믿어야 한다는 게 루이스의 주장이었어요.

루이스는 가능세계를 수학 집합에 비유했어요. 루이스는 집합이 정말 이상하다고 생각했어요. 예를 들어, 여기 나이절이 있는데 저기 집합에 나이절이 또 있어요. 정말 이해하기 어렵죠. 루이스는 철학자의 입장에서 집합이 이상하다고 했지만 우리는 집합 없이는 수학을 할 수 없기 때문에 집합을 하나의 실체로 받아들여요. 루이스에게 가능세계는 이와 마찬가지였어요. 가능세계가 실제로 존재하고 구체적인 실체라고 생각했죠.

셜록 홈즈 시리즈의 등장인물들이 실제 존재하는 가능세계가 정말 있다고 생각하는 거예요. 모두 살과 피를 가진 실제 사람들이라는 거죠. 거기서 셜록 홈즈는 진짜 파이프 담배를 피우며 진짜 음식을 먹고 진짜 테이블에 앉아 있어요. 우리와 똑같이 말이에요. 낯설고 추상적인 인물이 아니라 실제로 존재하는 인물이죠.

나이절 영국이 월드컵이란 월드컵에서 모조리 우승을 차지하는 가능세계가 있고 루이스는 이 가능세계가 실제로 존재한다고 믿었다는 말씀이군요.

헬렌 정확해요. 방금 양상실재론을 언급하셨고 저는 양상실재론이 매우 마음에 들지만 아직 입장을 정하지는 못했어요. 조금이나마 덜 낯설게 가능세계를 설명할 방법은 없을까요?

실제로 양상실재론과 다른 이론이 있어요. '양상허구론'이라 알려진 이론이 있는데, 이 이론에 따르면 가능세계는 이야기예요. 간단히 말해 양상허구론은 가능세계가 실제로 존재하는 게 아니라 이야기에 불과하다고 주장합니다.

뭔가가 어떤 가능세계에서 참이라면, 그 뭔가가 항상 발생하는 이야기가 있다는 뜻이에요. 예를 들어 말하는 당나귀가 존재하는 가능세계가 있어요. 루이스와 양상허구론자 모두 말하는 당나귀가 참이라고 동의한다면 말하는 당나귀는 실제로 존재할지도 몰라요.

하지만 양상허구론자들은 말하는 당나귀의 존재를 믿을 필요는 없다고 말해요. 그런 세계는 단지 아주 그럴싸한 이야기일 뿐이니까요. 즉, 가능세계는 독립되고 추상적인 이야기로서 모든 가능세계는 다 이야기라고 추정돼요.

나이절 저는 양상허구론에 좀 더 끌리는데요. 가능세계라는 개념 자체가 현실을 뜻하지 않으니까요. 제 말은 '현실'이 아니니 '가능'세계라고 말하는 거잖아요.

헬렌 방금 말씀하신 점에 대해 두 가지 드릴 말씀이 있어요. 하나는 루이스에 따르면 현실은 지금 우리가 사는 세계고, 현실이라는 세계는 여러 가능세계 중 하나예요. 다른 가능세계도 실체가 있고 실제로 존재하는 세계예요. 어떤 일이 벌어졌다고 말할 때 이 말은, 그 일이 다른 세계가 아니라 지금 내가 있는 이 세계에서 일어났다는 걸 의미해요.

가령 "여기 이런 일이 벌어지고 있어" 하고 제가 말했어요. 이때 저는 그 일이 어디서 벌어지고 있는지 장소를 나타냈지만 '여기'는 다른 곳에 비해 형이상학적으로 특별한 장소는 아니에요.

다른 하나는 가능세계가 추상적인 이야기일 뿐이라는 양상허구론자들의 주장에 대해 루이스가 한 가지 걱정한 점이에요. 이야기가 타당하려면 어떤 조건을 만족시켜야 해요. 그 조건이 뭘까요? 아마 일관성일 거예요.

셜록 홈즈 시리즈를 보면 시리즈마다 셜록 홈즈가 태어난 해라든가 특정 시점이 다 달라요. 이 시리즈를 조합해서 하나의 커다란 이야기 덩어리로 보면, 셜록 홈즈 시리즈는 일관성이 없어요. 셜록 홈즈 시리즈에 이처럼 모순이 있기 때문에, 셜록 홈즈 시리즈는 양상허구론자들의 주장처럼 가능세계일 수가 없어요.

정리하자면 어떤 이야기를 가능세계라고 부르려면 이야기가 타당해야 하는데, 이야기가 타당하려면 일관성이 있어야 해요. 그런데 일관성 역시 양상이에요. 어떤 문장 전체가 서로 호응해야만 참이라고 말할 수 있는 식이죠.

양상허구론을 따를 경우 가능성과 필연성이라는 앞서 말한 개념에서 벗어나지 못해요. 가능세계라는 장치를 사용해서 해결하고자 한 개념들이죠.

나이절 필연성에 대한 문제를 논했는데, 가능세계로 인해 새롭게 조명된 철학 영역도 있나요?

헬렌 그럼요. 그 하나가 반사실적 조건이에요. 아까 가능세계를 설명하면서 "아침에 5분 더 잤어도 제시간에 도착했을 거야. 그렇지만 한 시간 더 잤더라면 지각했겠지"라는 말을 했는데, 이 말은 반사실적 조건문이기도 해요. 루이스는 가능세계로 반사실적 조건문을 다룰 수 있다고 생각했어요(보편적인 견해예요).

현실 세계와 거의 모든 면에서 비슷한 가능세계를 상상하고 몇 가지 사소한 차이를 첨가해요. 예를 들어, 한 시간 늦게 일어났다는 차이를 첨가하고, 실제로 지각하는지 보는 거예요. 봤더니 현실과 상당히 유사한 이 가능세계에서 실제로 지각이 발생했어요. 그럴 경우 한 시간 더 잤더라면 지각했을 거라는 이 조건문은 참이에요. 루이스는 이런 반사실적 조건문을 사용해서 인과관계를 분석했어요. 인과관계는 형이상학에서 상당히 중요한 개념이에요.

루이스에 따르면 하나가 다른 뭔가를 야기했을 경우, 이는 그 하나가 없었더라면 다른 뭔가가 발생하지 않았을 수도 있다는 의미이기도 해요. 게다가 루이스는 가능세계를 다른 영역에도 적용할 수 있다고 생각했어요. 예를 들어 '속성'이라는 개념에도 가능세계를 적용해 볼 수 있어요.

두 가지 빨간색 물건이 있어요. '빨간색'은 이 두 가지 물건이 공유하는 속성이에요. 어떤 의미에서 속성을 말하는지도 형이상학에서는 중요해요. 루이스에게 속성은 가능한 개체들의 집합이에요. 모든 가능세계가 모인 집합 즉, 빨간색인 개체들을 생각해 봐요. 그게 바로 빨간색이에요.

명제라는 개념에도 가능세계를 적용할 수 있어요. '눈은 하얗다'라는 이 말을 우리말로 하든 독일어로 하든 단어는 달라도 의미는 똑같아요. 철학은 기본적으로 같은 명제를 다른 언어로 표현한다고 해요. 그런데 명제는 아주 독특한 독립체로서 명제가 무엇인지 고민할 필요가 있어요. 루이스 관점에서 명제는 가능세계가 모인 집합이에요. '눈이 하얗다' 이 명제는, 실제로 눈이 하얀 모든 가능세계의 집합이에요(계속 같은 말을 되풀이하는 듯해도 꼭 그렇지만은 않아요).

나이절 가능세계라는 개념이 교수님의 전문 분야를 연구할 때 도움이 되나요?

헬렌 그럼요. 형이상학과 언어철학을 포함한 모든 철학 영역에서 가능세계는 없어서는 안 될 개념이에요. 저도 인과관계를 연구하기 때문에 가능세계에 대해 많이 이야기해요.

그런데 가능세계를 장치로 사용하다 보면 항상 맞닥뜨리는 문제가 있어요. 이 가능세계가 대체 무엇인지 말이에요. 저는 확실히 루이스의 입장과 동일한 건 아니에요. 가능세계가 구체적인 실체라고는 생각하지 않아요. 여전히 가능세계란 무엇인가가 제 고민거리고, 대다수 철학자들도 이 문제를 어떻게 해결해야 할지 몰라요.

사실상 가능세계에 대해 우리 철학자들이 해야 할 형이상학적인 이야기를 다른 누군가 대신 고민해 주리라 생각하죠. 이 사람들에게 문제 해결을 맡겨 두고 그저 편하게 가상세계를 장치로 이용할 따름이에요.

영혼을 비유하는 방법

27

철학자들의 예시

타마 자보 겐들러

Tamar Szabó Gendler

예일대학교 예술과학부 학장이자, 철학과 및 심리학·인지과학과 교수. 저서로 『사고 실험: 가상 사례의 효과 및 한계 연구*Thought Experiments: On the Powers and Limits of Imaginary Cases*』, 『직관과 상상력, 철학적 형이상학*Intuition, Imagination and Philosophical Methodology*』 등이 있다.

데이비드 살인마에게 쫓기는 사람을 집에 숨겨 주었는데 우리 집 현관 앞에 살인마가 나타나 이 사람의 행방을 물어요. 이때 나는 거짓말을 해도 되나요?

익숙하실지 모르겠지만 칸트가 사용한 예시예요. 칸트는 왜 먼저 이 사례를 제시했을까요? 철학자들은 왜 곧장 말하지 않고 이런 예시를 먼저 사용할까요? 오늘 나와 주신 타마 자보 겐들러 씨가 대답해 주실 겁니다.

타마 자보 겐들러(이하 '타마') 고대 그리스 전통 철학서를 하나 집어 들었어요. 임의로 플라톤의 『국가론』을 집어 들었다고 칩시다. 이 책을 펼치면 추상론(구체적인 수단이나 방법에 바탕을 두지 않은 이론－옮긴이)은 물론 생생한 예시로도 가득해요.

플라톤은 인간의 영혼이 다면적이라고 했어요. 저는 이 말속에 대화 형식의 『국가론』이 왜 추상론뿐만 아니라 생생한 예시로 가득한지 그 이유가 있다고 생각해요.

알다시피 플라톤은 『국가론』이나 다른 몇몇 대화편에서, 인간은 이성과 기개 및 욕구로 구성되어 있다고 말했어요. 인간은 이성과 논증을 바탕으로 세상을 판단하고 이해하지만 한편으로는 이성이 아닌 다른 것으로도 세상을 이해한다는 뜻이에요. 이는 동서양 전통 철학의 공통점이에요. 바로 이 점이 예시를 사용하는 이유고요.

나이절 그 유명한 플라톤의 동굴 비유가 있어요. 동굴에서 죄수들은 사슬로 포박당한 채 벽을 바라보고 앉아 있어요. 죄수들 뒤로는 횃불이 타오르고 그 앞을 사람들이 지나다녀요. 죄수들이 보는 건 오로지 벽에 비친 이들의 그림자뿐이에요. 동굴 비유는 인간의 이성에 호소하지 않는 건가요?

타마 음, 플라톤의 동굴 비유는 두 가지 역할을 해요. 동굴 비유가 매력적인 이유는 구조적으로 분석할 수 있어서예요. 그리고 비유의 기능도 수행해요. 플라톤은 사람들이 세계의 원형에 관심을 갖기 바라는 마음으로 동굴 비유를 사용했어요. 비유는 그 기능이 여러 가지인데, 우리가 평소 인지하지 못하는 사물 간의 관계를 비춤으로써 그 관계에 관심을 갖도록 만들어요.

즉, 동굴 비유는 인간의 이성에 호소하는 한편(여러 단계와 이 단계들 간의 관계를 보여 줌), 인간의 다른 면모도 보여 주면서(인간이 세계의 본질을 이해하려는 순간 그 모습이 어떠한지 생생한 이미지를 제공) 상당히 자기지시적인 성격을 띠어요.

나이절 누군가가 건축을 얼어붙은 음악이라고 말한다면, 우리는 이 세상을 새롭게 바라볼 거예요. 이게 플라톤의 생각인가요?

타마 맞아요. 그런데 비유가 언제나 긍정적인 것만은 아니에요. 비인간화를 다룬 일부 문헌을 보면 20세기 중반에 파시스트 정부는 기타 많은 일들을 했지만 그중에서도 특히 특정 집단의 사람들을 비인간동물에 비유했어요. 세상을 이해하는 방식은 사물을 이해하는 방식에도 아주 깊이 영향을 끼쳐요.

나이절 비유는 사실상 예시인가요?

타마 재미있는 질문이네요. 이분법을 적용할 때 한 사물을 딱 두 개로만 나누는 건 어렵잖아요. 아시다시피 추상적 논리 관계라는 개념이 있어요. 추상적 논리 관계는 수학과 논리학에 나타나는 가장 순수한 형태예요.

플라톤이 수학과 논리학에 완전히 매료된 까닭도 이것들이 인간의 다른 면에 오염되지 않았기 때문이에요. 추상론은 오직 인간의 비이성적인 면에만 영향을 주는 것처럼 보이거든요.

예를 들면 『국가론』 중반에 이르면 플라톤은 음악적 리듬과 군무, 춤동작 등 비이성적인 면과 상호작용하는 것들에 관심을 보여요. 예시, 비유 등은 이 스펙트럼 중간 그 어딘가에 있어요.

나이절 『국가론』은 철학자와 같은 통치자 즉 철인왕을 지향해요. 이 철인왕들은 열정이 아닌 이성에 따라 움직여야 하지 않을까요?

타마 저는 모든 인간을 진화 생명체로 이해해요(플라톤도, 아리스토텔레스도, 근대 철학자들도 이 점을 인지했어요). 아리스토텔레스의 『니코마코스 윤리학』도 플라톤의 『국가론』도 모두 유아기에 주목해요. 그 이유는 비이성적인 면을 지닌 인간에게 올바른 본능과 습관 함양이 중요하다고 생각했기 때문이에요.

아리스토텔레스는 바르게 성장하지 못한 인간이 무엇을 할 수 있을지에 대해 내내 고민했어요. 올바른 본능과 습관을 함양해 이성과 기개, 욕구가 서로 조화를 이룬 이상적인 모습이 될 수도 있지만, 사실 국가론을 읽은 사람 중에서도 플라톤이 말한 대로 성장한 사람은 없어요. 아리스토텔레스의 『니코마코스 윤리학』을 읽은 사람도 진정한 의미에서 '바르게 성장'한 사람은 아무도 없어요. 따라서 논증은 인간의 비인성적인 면도 고려해야 해요.

나이절 그래서 플라톤이 비유를 사용한 거군요. 영혼에 대한 이데아 이론을 설명하기 위해서요. 그런데 서양철학은 전부 플라톤의 각주인가요?(철학자 알프레드 노스 화이트헤드Alfred North Whitehead가 한 말–옮긴이) 차후에 나온 철학사와 인간사는 플라톤의 말을 좀 더 자세히 설명할 따름인가요?

타마 음…… 재미있는 건, 영혼에 대해 플라톤만 비유를 사용한 게 아니에요. 비서구 지역의 전통 철학도 영혼에 대해 플라톤과 비슷한 비유를 해요.

불교 전통은 코끼리를 탄 사람을 예시로 들어요. 플라톤은 이륜마차를 모는 마부와 두 말에 비유했지만 불교는 그 대신 영혼을 코끼리를 탄 사람과 코끼리에 비유한 거죠.

전 세계 전통 철학은 대부분 영혼을 설명할 때 인간과 비인간 동물이 등장하는 식으로 비유를 들어요(어떤 전통 철학에서든 인간이 이성을 대표한다는 점이 흥미로워요). 서양철학이 항상 예시를 사용하고 모든 내용이 플라톤의 각주라면, 플라톤은 형이상학적으로 말해서 다윈의 각주예요. 사실 인간은 모두 진화 생명체이고 뇌의 특정 부분은 진화한 형태대로 반응할 따름이니까요.

나이절 플라톤이 다윈의 각주라니 저는 그 생각이 마음에 들어요. 그런데 저는 제가 일반화한 게 무엇인지 보여 주기 위해 주로 예시를 사용해요. 한두 가지 사례를 제시함으로써 청자나 독자들이 제가 뜻하는 바를 정확하게 따라올 수 있도록 하죠.

타마 이해해요. 어떤 사례에서나 참이라면 일반화가 가능하죠. 그런데 재미있는 한 가지는 일반화와 특수 사항에 대한 정보처리 방식이 서로 아주 다르다는 거예요. 일반화에 대해서는 플라톤이 말하는 이성을 사용해 정보를 처리하는 반면, 특수 사항에 대해서는 이성 그 밖의 성질을 전부 사용해 정보를 처리해요. 추상적 도덕 원칙과 이 원칙들이 실제로 적용되는 사례를 서로 비교할 때, 다시 말해 윤리 특수주의에 대해 토론을 벌일 때 일반화에 대해 이야기해요.

특수론자들은 실제로 우리가 무언가를 일반화하는 것이 불가능하며 특정 사례를 살펴야 할 뿐이라고 말해요. 이때 보편성이란 게 있을 리 없다고 주장하는 사람들은 이 두 가지 정보처리 방식이 서로 상충된다며 고민해요.

나이절 보통 수사학적인(의미 전달에 효과적인 문장과 어휘를 사용해 설득 효과를 높인다－옮긴이) 방식으로 사례를 선정해요. 상대에게 카드를 내미니까요. 내가 내린 일반화를 상대가 믿길 바라니 나는 상대를 설득할 최상의 예시 카드를 골라요.

타마 맞아요. 그리고 여기에는 철학자와 수사학자 간의 논쟁이 숨어 있어요. 이성을 통해 이해에 이르기도 하지만 마음을 바꿔 이해에 이르기도 해요. 고대 그리스 철학도 그렇지만 다른 지역의 전통 철학도 똑같아요.

마음을 돌리는 방식으로 이 두 가지가 가장 유명해요. 하나는 '사실 폭로'이고(갑작스레 얻은 통찰력으로 인해 마음에 변화가 일어나요), 다른 하나는 '수사법'이에요(통찰력을 불러오지만 어떤 경우에는 태도의 변화도 가져와요. 과거에 대한 반성으로 생기는 태도의 변화는 아니에요).

나이절 재미있네요. 보통 철학은 이성에 초점을 둔 학문으로, 수사학을 비롯해 감정에 호소하는 방식은 철학의 수준을 깎아 내린다고들 이해하잖아요.

타마 그렇죠. 하지만 철학자들이 하는 말을 모두 실천할 수는 없어요. 이와 관련해 가장 완벽한 사례를 하나 들어 볼게요. 굉장히 난해하고 심오한 말인데, 도덕과 관련해 칸트가 한 말이에요. '자유는 스스로 법칙을 부여할 때 오며 정언명령이야말로 나 자신에게 법칙을 부여하는 길이다.'

칸트는 정언명령을 다양하게 공식화해서 사람들이 정언명령을 그냥 들어도 쉽고 올바르게 이해할 수 있도록 해야 한다고 주장했어요. 또한 여러 가지 사례를 제시해서 이 관념이 뜻하는 바가 무엇인지 분명히 나타내야 한다고도요.

서양 전통 철학의 일각에서 아무리 이성을 최고로 삼았다고 할지라도, 이렇듯 거의 대부분 철학자들은 인간의 비이성적인 면에 기대어 논증을 펼칠 필요가 있다고 인정했어요.

나이절 실제로 〈철학 한입〉에서 인터뷰를 진행할 때도 명확한 의미 전달을 위해서 그리고 제시한 일반화가 정확히 무엇인지 이해하지 못한 청중을 위해서 예를 들어 달라고 부탁해요.

타마 그렇죠. 보통 우리는 관념적인 차원에서는 이해를 잘 못하고 삼각측량(삼각형 한 변의 길이와 두 개의 끼인각을 알면 그 삼각형의 나머지 두 변의 길이를 알 수 있다-옮긴이)을 통해 사안을 이해하는 경우가 있어요. 예시를 보여 주면 정확하게 이해하기가 쉬워요.

나이절 보편성과 특수성 사이에서 움직이는 일종의 반성적 평형을 말씀하시는 건가요?

타마 글쎄요. 반성적 평형에 도달해 본 적이 있는지 모르겠네요. 반성적 평형은, 원칙과 사례를 차례대로 평가한 후 다시 원칙에 맞게 사례를 수정할 때 어떤 일이 일어나는지 명확하게 보여 줘요.

반성적 평형에 따르면 원칙과 사례가 안정적인 관계를 이루는 지점이 있어요. 그런데 원칙은 이성에 호소하지만 사례는 이성이 아닌 그 밖에 다른 부분에 호소한다면 반성적 평형에 도달할 수 있을까요? 그리고 원칙과 사례 이 둘은 서로 충돌할 수밖에 없는지 묻게 돼요.

나이절 예시를 사용하는 소통 형태가 신경과학 분야가 밝혀낸 뇌 작동 방식을 도식화한다고 생각하시나요?

타마 확실한 건 뇌 앞부분에 자리한 정말 아주 작은 부분이, 즉 전전두엽피질(전두엽의 앞부분을 덮고 있는 대뇌 피질)이라는 작은 부분이 플라톤이 말한 마부가 하는 일(이성)을 수행해요. 그리고 하루 종일 행하는 거의 모든 행동은, 규칙과 습관 그리고 과도하게 학습된 진화 과정으로서, 뇌 뒷부분과 관련되어 있다는 거고요.

우리가 예측을 원한다면 신경과학은 뭐라고 할까요? 신경과학은 영혼을 비유적으로 나타내는 게 오히려 예측을 어렵게 만든다고 얘기할 거예요.

우리가 행동에서 뭔가를 인지할 때, 그 인지는 제한된 감각기관을 통해서예요. 말을 통해 혹은 팔다리로, 눈으로 인지하죠. 언어적 소통과 비언어적 소통 간의 불일치를 설명하는 문헌에 따르면, 다시 말해 시선으로 반응을 예측한다는 문헌에 따르면, 우리의 거의 모든 반응은 다양한 요인이 작동한 결과물이에요. 지배적인 요인은 하나겠지만 나머지도 항상 존재감을 뽐내는 거죠.

나이절 교수님의 생각을 정리하자면, 철학자들이 관념과 보편성이라는 세계만 맴돌지 않고 예시를 사용하고 감정에 호소하는 게 좋다는 말씀이지요?

타마 음, 뇌를 가진 인간을 위해서라면 그런 식으로 철학을 해야 할지도 모른다는 뜻이에요. 뇌를 가졌다는 의미는 동물의 왕국 구성원으로서 인간이 진화를 겪었다는 뜻이니까요. 천사를 위해 철학을 한다면 다른 노력을 해야 할 테지만, 인간을 위해 철학을 한다면 말씀하신 방식이 좋을 거예요.

서양철학은 플라톤의 각주에 불과하다?

28

철학의 발전

리베카 뉴버거 골드스타인

Rebecca Newberger Goldstein

『불완전성: 쿠르트 괴델의 증명과 역설』, 『스피노자의 배신: 근대시대를 알린 변절자 유대인*Betraying Spinoza: The Renegade Jew Who Gave Us Modernity*』, 『신의 존재를 입증하려는 36가지 주장: 소설 같은 이야기*36 Arguments for the Existence of God: A Work of Fiction*』를 포함해 총 10권의 책을 집필했다. 2015년 오바마 전 미국 대통령에게서 인문학 훈장을 수여받았다.

데이비드 '서양철학은 플라톤의 각주에 불과하다.' 유명한 말인데, 좀 우울하기도 하네요. 기원전 4세기 이후로 철학이 발전하지 않았다는 말이니까요. 리베카 뉴버거 골드스타인 씨가 철학자들을 응원하기 위해 나와 주셨습니다.

나이젤 '철학의 발전'이 오늘 주제입니다. 플라톤이 고민했던 문제와 똑같은 문제를 지금도 논의하고 있으니 사람들은 철학이 발전하지 않았다고 느낄지도 몰라요.

리베카 뉴버거 골드스타인(이하 '리베카') 음, 어떤 의미에서는 그렇게 느낄 수도 있는데, 플라톤이 처음 제기하고 고민했던 문제들은 이후에 꾸준히 발전했어요. 문제가 더 분명해지기도 했고요.

플라톤은 두말하면 입 아플 정도로 철학사에서 중요한 인물이에요. 현재 논의 중인 철학 문제는 거의 모두 플라톤이 최초로 제기했고, 플라톤이 문제들을 논의하면서 다른 철학 영역도 생겨났어요. 언어철학, 수학철학, 과학철학, 종교철학, 인식론, 현상학, 정치이론, 윤리 등등 말이에요. 이런 의미에서는 '서양철학은 모두 플라톤의 각주에 불과하다'는 철학자 화이트헤드의 말은 일리가 있어요.

그런데 화이트헤드의 이 말이 이런 의미라면 타당하지 않아요. 플라톤이 문제를 제기하고 그 문제를 스스로 해결했다는 의미라면 말이에요. 또한 철학 문제를 제기하면서 플라톤이 던진 질문이 모두 적절했음을 의미한다면요.

예를 들어 플라톤은 정의의 본질과 관련해 아주 핵심적인 질문을 했지만, 정작 노예제도가 정당한지에 대해서는 생각조차 하지 않았거든요. 정의의 본질과 관련해 정답이라고 생각했던 답들이, 노예를 물건으로 취급하는 노예제도의 부당함 앞에서 힘을 잃는 걸 보기까지 몇백 년이 걸렸어요.

미국에서는 결국 노예제도 폐지를 두고 남북전쟁이 일어났죠. 그렇지만 지구상에서 노예제도가 완전히 사라진 건 아니에요. 정의라는 문제를 테이블에 올려놓은 플라톤에게 고마움을 느껴요. 하지만 이후로도 그 문제는 꾸준히 발전되어 왔어요.

나이절 사회도 확실히 발전해 왔죠. 노예 문제는 어느 정도 해결이 됐어요. 그런데 형이상학과 정신의 본질은 여전히 미스터리예요. 어떤 사람들은 말 그대로 몇천 년 동안 논의해 왔음에도 아직 갈 길이 머니 포기하는 게 낫지 않겠냐고 해요.

윤리학에 대해서는 여전히 아리스토텔레스를 찾아요. 왜 그럴까요? 철학이 할 만큼 했다면 이제 과학에 맡겨야 하지 않나요?

리베카 삶을 이해하기 위해서는 두 가지 근본적인 질문을 다뤄야 해요. 첫 번째는 '존재란 무엇인가'고 두 번째는 '무엇이 중요한가'예요.

저는 첫 번째 질문에 대해서는 과학이 더할 나위 없이 훌륭한 답변을 내놓았다고 생각해요(그리고 철학에서도 해당 질문에 대해 논의할 필요가 있고요). 우리는 에너지와 물질, 공간과 시간이 합쳐진 세계에서 살고 있고, 이것들은 우리가 감각기관으로 인지하는 바와 달라요. 이론물리학이 이 점을 밝혀냈어요.

정신의 본질에 대해서도 과학이 답을 했어요. 아무리 우리가 정신에는 실체가 없다고 믿어도, 이제는 이 생각을 놔줘야 할 것 같아요. 진화생물학과 신경과학이 정신의 본질에 대해 밝혀냈으니까요.

그런데 방금 제가 한 말은 이른바 과학적 실재론에 따른 입장으로 철학적 논증을 거쳐야 해요. 과학적 실재론은 철학적 관점이기 때문에 철학적 논쟁을 거치지 않을 수가 없어요. 이런 의미에서 아무리 과학이 이전 시대보다 훨씬 분명하게 존재에 대해 설명한다고 한들, 과학은 철학 없이 존재에 대해 아무런 주장을 펼치지 못해요.

나이절 방금 하신 말을 좀 더 쉽게 이해할 수 있도록 예를 하나 들어 주시면 좋겠어요.

리베카 과학철학은 과학의 의미에 대해 두 가지 질문을 해요. 하나는 존재를 감각으로만 인지하지 않도록 과학이 존재론을 확장시키냐는 질문이고요. 다른 하나는 과학이 하나의 예측 기계로서 감각이 무엇을 인지하는지에 대해 추가적인 예측을 가능케 하냐는 질문이에요.

과학을 예측 기계로 생각하는 과학자들이 훨씬 많아요. 사실 예측 기계로서의 과학은, 즉 도구주의는 물리학에서 큰 인기예요. 양자역학 해석 문제 때문이에요. 양자역학은 아주 난해하고 비직관적 이론이에요. 덴마크 물리학자 닐스 보어Niels Bohr에게 감사를 표하고 싶은 '코펜하겐 해석'이라 불리는 양자역학 해석이 있어요(제5차 솔베이회의 때 덴마크 코펜하겐에서 온 물리학자 닐스 보어가 양자역학에 대해 새로운 해석을 제시했고, 이 해석은 훗날 '코펜하겐 해석'으로 불린다—옮긴이). 코펜하겐 해석은 양자역학에 대한 반실재론적(존재 부정) 해석으로 과학 전반에도 반실재론적인 태도가 있음을 보여줘요.

최근에 과학의 의미라는 이 근본적인 질문을 고민하기 시작한 물리학자들은 코펜하겐 해석을 내려 두고 물리학자 데이비드 봄David Bohm의 이름을 딴 '봄 해석'이나 아니면 '다중세계해석'을 취해요. 봄 해석이든 다중세계해석이든 둘 다 코펜하겐 해석과 달리 실재론적 양자역학 해석으로, 존재를 설명하는 방식이 코펜하겐 해석과 판이하게 달라요.

정리하면 양자역학이라는 하나의 과학이론이 있고, 양자역학은 뛰어난 예측력을 자랑하기 때문에 그 유용성이 엄청나요. 그리고 양자역학을 해석하는 방식은 세 가지예요. 하지만 양자역학, 즉 경험적 예측을 제공하는 이 과학이론은 과학의 의미가 무엇인지 묻는 이 질문을 해결해 주지는 못해요.

코펜하겐 해석을 따르든, 봄 해석을 따르든, 아니면 다중세계해석을 따르든 모두 양자역학이 경험적 예측을 제공한다는 데 동의하지만, 양자역학이 존재에 대해 말하는 바에 대해서는 의견이 양극단으로 나뉘어요. 과학의 의미를 묻는 질문은 경험을 바탕으로 해결할 수 있는 질문이 아니에요. 과학적 질문이 아니죠. 그래서 철학에서 논의해야 돼요.

나이절 그건 철학적 논증을 어떻게 이해하느냐에 달린 것 같은데요. 이 시점에서 '철학이 무엇인지'에 대한 교수님의 생각을 들어 보고 싶어요.

리베카 제가 철학을 이해하는 방식은 20세기 철학자 윌프리드 셀러스 Wilfrid Sellars가 이해하는 방식과 비슷해요. 영향을 받았죠. 제 개인사를 좀 들려드릴까 해요.

저는 과학, 구체적으로 물리학을 하다가 철학으로 넘어왔어요. 양자역학이 하고자 하는 말이 무엇인지 해석하는 데 어려움이 있었고, 이 어려움이 저를 철학으로 인도했어요. 그런데 철학으로 방향을 바꾸고 나니, 양자역학을 어떻게 해석하느냐는 결국 과학의 문제가 아닌가 하는 생각이 들었어요.

그래서 윌프리드 셀러스가 쓴 『철학과 인간의 과학적 이미지 Philosophy and the Scientific Image of man』를 읽게 됐어요(안타깝게도 셀러스는 인간을 뜻하는 단어로 *man*을 사용했는데, *human*과 비슷한 걸 썼다고 생각하도록 해요). 셀러스는 철학이 과학과 직관을 서로 조화시킨다고 말해요.

다시 말해 철학은, 인간에 대한 과학적 설명과 과학 이전의 직관적 설명을 서로 조화시켜요. 한쪽에는 과학적 이미지(과학으로 이해하는 세계-옮긴이)라 부르는 과학이 있고 반대편에는 현시적 이미지(사람들이 세계를 이해하고 헤쳐나가는 방식-옮긴이)라 부르는 직관이 있어요.

현시적 이미지에 속하는 직관은 더러 과학적 이미지에도 활용돼요. 직관을 활용하는 과학적 이미지는 흄이 말하는 자연의 일관성에 대한 믿음 같은 거예요. 이런 의미에서, 현시적 이미지와 과학적 이미지는 서로 조화를 이뤄요. 게다가 과학적 이미지는 사실 현시적 이미지의 구성요소에 따라 좌지우지돼요.

하지만 가끔 이 둘은 서로 충돌하거나 일치하지 않을 때가 있어요. 과학은 이 충돌을 해결할 수 없어요. 셀러스에 따르면 철학이 개입해야 해요.

예를 들어, 영혼이라는 개념은 우리에게 익숙한 개념으로 우리는 육신이 죽어도 영혼은 살아 있으며, 이러한 비물질적인 실체에 의식과 정체성이 있다고 생각해요. 이제 이 생각을 버려야 할 것 같아요. 진화생물학과 신경과학이 영혼을 달리 이해하거든요.

그런데 그렇다고 자아라는 개념도 버려야 할까요? 자아가 있기 때문에 나는 나 자신을 아끼고 의미 있는 삶을 살기 위해 노력해요. 신경과학과 자아가 서로 화해할 수는 없나요? 철학은 양측을 화해시키려고 노력하니 일종의 결혼 생활 전문 상담사예요.

나이절 철학을 그런 식으로 단정해도 될까요? 자아라는 건 존재하지 않는다며 이를 극복해야 한다고 주장하는 심리학자나 신경과학자들이 있어요. 그런데 철학은 자아를 중요하게 보고 있어요.

리베카 말씀하신 대로 심리학과 신경과학의 연구 결과, 직관적으로 알아채는 자아와 과학이 발견한 자아가 다르다면 이 문제도 철학이 다뤄야 할 거예요. 자아가 없어도 삶을 살아갈 수 있으니 이에 맞는 새로운 개념을 생각해 내야죠.

하지만 제 생각에 과학은 아직 논리적으로 그 지점에 도달하지 못했어요. 직관적 자아 개념에서는 일종의 통일된 자아가 있다고 보았으나, 신경과학이 연구해 보니 통일된 자아란 보이지 않았어요. 여기까지가 과학이 도달한 지점이에요.

자아란 존재하지 않으니 자아 개념을 폐기해야 한다는 결론은, 영혼에 실체가 없으니 영혼은 없는 거라는 말처럼 빈약해요. 단정적으로 그런 결론을 내리는 사람들은, 현대 신경과학이 자아가 없다는데 무슨 할 말이 더 필요하냐고 말해요.

그런데 오늘날 뇌 신경과학은 의식에 대해 명확한 설명을 내놓지 못했어요. 의식은 수수께끼 같기로 유명하죠. 간단히 말해 오늘날 신경과학은 아직 미완성이에요. 철학자 데렉 파핏Derek Parfit처럼 철학의 관점에서 자아란 존재하지 않는다고 주장할 수 있을지는 몰라도, 신경과학을 토대로 그런 주장을 펼치기에는 아직 일러요.

나이절 자유의지의 본질과 의식의 본질, 이 난해한 질문에 답하기 위해 철학자들은 지난 수천 년 세월 동안 노력했어요. 그렇지만 질문에서 점점 더 멀어질 뿐이에요. 과학은 철학보다 이 문제에서 한 걸음 더 나아갈 수 있을까요?

리베카 네, 그럴 거예요. 그렇지만 과학이 존재에 대해 여전히 결론을 내리지 못하고 있을 때 철학은 지적할 수 있어야 해요. 존재에 관한 모든 질문에 과학만이 답할 수 있다는 의견에는 저도 동의해요. 하지만 과학 밖에 서서, 우리는 과학이 가져온 발견이 얼마나 유의미하고 얼마나 유의미하지 않은지 그 의미 여부를 정확하게 밝혀야 해요.

과학적 발견에 대해 설명할 때 과학자들은 이따금 도가 지나쳐요. 난해하고 복잡한 의식 문제는 단언컨대 아직 해결되지 않았어요. 뇌 신경과학을 아무리 살펴봐도 우리가 왜 의식을 뇌 안에 있다고 느끼는지 그 이유를 여전히 모르겠어요. 의식이 뇌의 일부라고 말하는 신경과학은 없어요.

이에 대해 신경과학자들은 아마 이런 말을 할지도 몰라요. 현재 신경과학이 의식에 대해 언급하지 않는다면, 이는 의식이란 없다는 뜻이라고요. 과학적 설명에만 기댄다면, 그래요. 의식이란 없겠죠. 하지만 덕분에 철학이라는 깊고 심오한 바다를 돌아다니게 돼요.

의식이란 건 없고 단지 그렇게 느낄 뿐이라는 게 이해가 되나요? 의식이 없으면 우리가 느끼는 모든 사실을 어떻게 설명할 수 있을까요?

철학이 할 일은 과학이 무엇이며, 어떤 일을 하고, 어떤 것을 발견하는지 살피는 거예요. 철학은 과학을 계속 주시해야 해요. 셀러스가 말한 대로 과학과 직관을 서로 조화시키는 게 철학의 주된 역할이라면 말이에요.

2018년에 세상을 떠난 물리학자 스티븐 호킹Stephen Hawking은 과학에 대해 전혀 모른다며 철학자들을 맹비난했어요. 이는 모르고 하는 소리예요. 철학자들은 오늘날 어떤 과학적 발견이 일어났는지, 다시 말해 최신 발견에 대해 철학자는 모르는 게 없어야 해요.

알고 난 다음에는 생각을 해야 하죠. 해당 과학적 발견이 무엇을 드러내고 무엇을 드러내지 못하는지, 그리고 그걸 바탕으로 어떤 직관을 고수하고 버려야 하는지 말이에요. 사실상 철학자들은 과학과 직관 사이를 중재하도록 훈련받았어요. 철학과 과학은 한 몸이지만 서로 하는 일이 다를 뿐이에요. 재능에 따른 역할 나누기로 보시면 돼요.

나이절 두 가지 질문이 중요하다고 말씀하셨어요. 첫 번째는 '존재란 무엇인가'였고(과학을 통해 막 다뤘어요), 두 번째는 '무엇이 중요한가'예요. 철학 중에서도 도덕철학과 정치철학이 두 번째 질문을 다루지 않나요?

리베카 맞아요. 그런데 우리가 진리를 중시한다는 점에서 인식론도 두 번째 문제를 어느 정도 다룬다고 봐요. 진리를 중시하니 타당성을 중시하고 그러자니 타당성의 시시비비를 가려야 한다고요.

그래서 저는 규범과 관련된 질문을 다루는 철학 영역으로 윤리학과 미학, 정치철학 그리고 인식론까지 포함시켜요. 과학이 인식론에 상응하는 답을 내놓기 때문에 과학이 철학에 상응한다고 볼 수 있죠.

나이절 도덕적 상대주의인(또는 그렇게 표방하는) 사람들이 많기 때문에, 도덕적 발전에 대해 이야기할 때 생각보다 많은 논란이 발생할지도 몰라요. 고대 그리스에도 도덕적 상대주의자들이 많았어요. 그래서 그 이상을 넘어서지 못한 것 같아요. '도덕은 각자 다 달라. 그러니 판단을 해서는 안 돼' 하고 생각한다면 결국 아무런 진전이 없는 거죠.

리베카 글쎄요. 저는 도덕적 상대주의자란 없다고 생각해요. 있다면 그저 젠체하는 게 아닐까요? 권리를 침해당하면 누구나 분개하는데 이는 권리를 인지한다는 뜻이에요. 권리를 침해당했을 때 한 번도 분개한 적이 없다면, 단 한 번도 없다면, 좋아요, 도덕적 상대주의라고 인정할게요.

가령 당신이 해변에 누워 있는데 어떤 남자가 당신의 배를 밟고 지나갔다고 상상해 보세요. 당신은 당연히 화를 내겠죠. "무슨 짓이에요? 얼마나 아픈 줄 아세요? 그냥 돌아서 가면 됐을 텐데 도대체 이게 무슨 짓이에요?" 하고 말하면서요. 저는 도덕을 바탕으로 이야기하고 있어요. 이때 분개라는 일반적인 정서적 반응을 보이면서 저는 상대주의의 조건을 이미 위반했어요.

나이절 그럴 수도 있겠네요. 아, 앞서 노예제 폐지를 언급하셨어요. 노예제가 완전히 폐지되었다고 할 수는 없지만 확실히 대부분의 사람들이 노예제도가 잘못되었다고 생각해요. 플라톤이 살았던 시대와 달리요. 이런 의미에서 도덕은 발전했어요. 그런데 철학자들이 도덕적 진보와 관련해 인정받아야 할 공로가 있나요?

리베카 없어요. 노예제 폐지와 같은 사회운동이 없었더라면 도덕적 진보를 이루기 힘들었을 거예요.

그래도 방금 하신 질문을 좀 더 확장해 볼게요. 저는 도덕적인 사람은 행동에 스스로 책임을 지는 사람이라고 말하곤 했어요. 그런데 대체 누구를 위해서 내 행동에 스스로 책임을 져야 할까요? 그 누군가가 돈 많은 백인 남성일 수도 있겠죠. 도덕이 어느 정도 발전했는지 그 수준을 헤아려 볼 수 있는 한 가지 방법은 그 누군가의 범위를 확대해 보는 거예요.

가난한 사람들을 위해서, 나라를 빼앗기고 권리를 박탈당한 채 노예가 된 사람들을 위해서, 여자들을 위해서, 아이들을 위해서, 동물을 위해서…… 내 행동에 스스로 책임을 지나요? 누구를 위해 행동에 책임을 지는지 이 질문에 답하면서 우리는 도덕적 진보를 이뤄 왔어요.

여기에 철학자들이 어떤 기여를 했을까요? 철학자는 없어서는 안 될 존재라고 생각해요. 그리고 도덕 발전과 사회 진보 역사를 돌이켜 보면 항상 그 시작은 철학적 논쟁이었고요.

현대사회에서 철학자 피터 싱어가 인간이 동물에게 무엇을 빚졌는지에 대한 철학적 논쟁을 최초로 벌인 것과 똑같아요. 싱어는 이 논쟁을 시작으로 우리는 동물을 위해서도 우리 행동에 스스로 책임을 져야 한다고 주장했어요.

그런데 이 주장을 진지하게 받아들이기 시작하면 그다음은 사회운동이 절대적 필수 단계예요. 사람들이 동물의 고통에 귀를 기울이도록 말이에요. 동물의 고통을 중시해야 한다는 이 주장은 원칙적으로 우리가 행동에 책임을 져야 한다는 말이에요. 그리고 대대적인 행동 수정을 동반하고요. 우리는 이런 변화를 원치 않아요. 지적 게으름도 한몫하지만 그보다는 하고 싶은 대로 행동하지 못하리라는 걸 알기 때문이에요.

그렇지만 우리에게는 공감이라는 축복받은 능력이 있어요. 한계가 있는 듯 보이지만요. 더욱이 우리는 모순을 좋아하지 않아요. 도덕적 모순을 포함해서요. 철학자들은 우리가 참을 수 없을 때까지 그 모순을 지적하고 또 지적해야 해요. 싱어는 저를 끊임없이 불편하게 했고 결국 제 삶을 바꿨어요.

나이절 인류 역사상 지금보다 철학자들이 많은 시대는 없었어요. 그 어느 때보다 공부를 많이 한 철학자들이죠. 이 현상을 보면 철학이 꽤 발전했다는 생각이 들어요. 대학교 제도하에서 지금 이 순간에도 철학자들이 배출되고 있어요. 우리에게 '철인왕'은 없지만 철학을 공부한 사람은 많아요.

리베카 플라톤이 꼬집은 많은 문제들이 있어요. 철학자들이 사회에 문제를 일으키리라는 점도 꼬집어 냈죠. 『프로타고라스』에서 이 문제를 언급해요.

철학을 만들어 낸 핵심 인물로서 플라톤이 항상 인지했던 사실이 있어요. 어쩔 수 없이 사람을 분노케 하는 게 철학의 본질이라고요. 플라톤은 철학이 동트는 시기에 있었고, 왜 철학이 사람을 분노케 하는지 그 이유에 대해 스스로 고민했어요. 플라톤은 두 가지 이유를 생각해 냈어요.

첫 번째 경우는, 연주 실력이 형편없는데도 플루트 연주자가 되고 싶어 하는 어떤 남자가 있어요. 그는 재능이라고는 전혀 없지만 관객 앞에서 연주하고 싶어 했죠. 차마 입 밖으로 꺼내기 힘든 진실을 얘기하며 가족이 그를 만류할 거예요. 남자와 가족 전체가 창피를 당하지 않기 위해서요. 그는 자신에게 플루트 연주자로서 미래가 없다는 사실을 알고 실망하겠죠. 하지만 음악적 능력이 있다고 믿었던 그 착각에서 벗어나 마음을 쏟을 다른 무언가를 찾아 이내 적응할 수 있을 거예요.

다음으로 두 번째 경우예요. '나는 진실과 거짓을 가려낼 수 있어. 진실에는 합당한 이유가 있지. 확실히 나는 옳고 그름을 구별해. 나는 가치 있는 삶을 살고 있어' 하고 어떤 남자가 생각을 해요. 그리고 어느 날 직업이 철학자인 사람들을 만나게 돼요. 철학자들은 그런 식으로 생각할 권리가 남자에게 없다고 말해요. 왜냐하면 그건 자신들과 같은 철학자들의 영역이기 때문이에요.

남자는 인식론과 윤리학에 대해 아마추어적인 견해를 내놓은 자신이 부끄러웠어요. 인식론과 윤리의 세부사항에 대해 남자는 어떤 식으로 생각을 시작해야 할지조차 몰랐고 그냥 잊어버리는 게 옳았어요. 하지만 남자는 잊을 수가 없어요. 그러려면 인간이길 포기해야 하거든요. 철학자들은 어떤 의미에서 남자의 인간성(인간의 본질) 자체를 무시했어요. 진실을 알고 옳은 일을 행하며 가치 있는 삶을 추구하는 게 인간이거든요.

플루트 연주자와는 다른 경우고 이론물리학자가 "끈 이론에 대해 내가 더 잘 아니까, 조용히 앉아서 전문가인 제게 맡기세요" 하고 말하는 경우와도 달라요.

하지만 철학자만이 삶을 관통하는 철학 문제를 논해야 한다면 받아들이기가 힘들어요. 인간이라면 내가 왜 그렇게 믿고 행동하며, 왜 가치 있는 삶을 추구하는지에 대해 누구나 말할 수 있는 전문가예요. 그런데 학교에서 배웠다는 일부 지식인들은 이러한 인간의 핵심 활동이 본인들의 영역이라고 말해요. 타인의 인간성을 깎아내린다고밖에 볼 수 없어요.

이게 플라톤이 창조한 바로 그 분야예요. 즉 철학에 암시되어 있던, 플라톤이 꼬집은 진짜 문제죠. 플라톤은 철학자가 아닌 사람들이 재능 없는 플루트 연주자처럼 유연하게 행동할 수 있도록 사회를 재배열해야 한다고 말했어요.

이 방식에 동의하지 않아도 돼요. 하지만 적어도 이 문제를 발견한 플라톤의 공로만은 인정해야겠죠. 화이트헤드가 말했던 '서양철학은 플라톤의 각주에 불과하다' 이 말에 숨은 뜻은 바로 이거예요.

죽고 싶을 때 죽을 수 있는 권리

29

철학과 대중의 삶

메리 워녹

Mary Warnock

저명한 철학자. 특히 사르트르를 비롯해 상상력을 논하는 글을 발표하며 명성을 얻었다. 많은 논란을 낳았던 『지식인의 윤리학 안내서*An Intelligent Person's Guide to Ethics*』를 집필한 저자이기도 하다. 세간의 이목을 집중시켰던 다수의 정부조사위원회에서 의장직을 수행했다. 1985년 비세습 귀족 작위를 받았다. 2019년에 작고했다.

데이비드 철학자들이 대중의 삶에 기여할 수 있고, 또 기여해야 하는 건가요? 음, 일단 한 명의 철학자 메리 워녹 씨는 확실히 대중의 삶에 기여했어요. 메리 씨는 현재 상원의원으로 활동하고 계시고, 정부는 메리 씨를 조사위원회 의장으로 임명하며 두 가지 조사를 맡겼어요.

하나는 어떻게 하면 현행 교육제도가 정신적 장애나 신체적 장애가 있는 아이들을 수용할 수 있을지 조사하는 거였고(전문용어로 '특수교육'이라고 해요), 다른 하나는 정부가 불임 치료와 배아 연구를 규제할 수 있는 방법을 조사하는 거였어요. 대리모부터 체외수정까지 수많은 사안을 다뤘죠. 14일 미만의 배아만 실험에 사용할 수 있다는 권고 사항도 이때 만들어졌어요.

나이절 그렇군요. 메리 씨가 대중의 삶에 어떤 기여를 하셨는지 자세한 이야기를 들어 보고 싶네요. 대중의 삶에 직접적으로 기여한 철학자를 찾아보기가 생각보다 힘들어요. 메리 씨는 여러 위원회의 의장직을 맡은 적이 있고 지금까지도 상원의원으로 활동하고 계세요. 이런 일들을 하시는 데 철학이 어떤 영향을 끼쳤을지 궁금해요.

메리 워녹(이하 '메리') 철학자가 되면 하나의 개념으로 치부되는 것들을 구분 짓고 싶어서 못 견디죠. 개념이 분명치 않다면 하나씩 다 따져 보고 싶어요. 그리고 말하는 방식이 대단히 중요하다는 점을 알게 돼요. 제가 의장직을 수행할 때, 뭔가에 본능적으로 거부감을 느끼는 것과 그게 실제로 해로운지는 서로 다른 문제라고 얼마나 지적을 해 댔는지 몰라요. 사례를 하나 말씀드릴게요.

몸이 마비되어 호흡 보조 장치에 의존해 살아가는 한 여성이 자신이 원할 때 이 장치의 전원을 꺼 달라고 요청했어요. 의사들에게 이 요청은 죽여 달라는 소리와 같았죠.

환자에게는 더 이상의 치료를 원치 않는다고 말할 권리가 있는데, 이 여성은 그 의견을 거부당했어요. 여성은 온몸이 다 마비되었기 때문에 혼자서 장치를 끌 수가 없었어요. 여성에게 치료 중단을 선택할 자유가 없다고 말할 권리가 있나요?

제 생각에 철학자들은 이런 식의 구분을 좋아해요. 특히 의장 노릇을 할 때, 그리고 "나는 그 부분에 대해서 행복하지 않아" 하고 말하는 사람들을 대할 때 구분 짓기는 도움이 돼요. 저는 제 구성원들이 이렇게 말했으면 좋겠어요. "저는 당신이 행복하기를 바라는 게 아니에요. 행복하려고 이 세상에 태어난 게 아니에요" 하고요. 인간 배아를 사용하는 연구를 진행할 때, 연구에 참여한 여성이 계속 행복하지 않다고 말했어요. 저는 이렇게 반응할 수밖에 없었어요. "선생님께서 행복한지 아닌지 아무도 신경 쓰지 않아요. 아닌가요?"

나이절 교수님은 의정 활동을 하셨는데, 주로 어떤 분야를 위해 일하셨는지 들어 볼 수 있을까요?

메리 특수교육의 필요성을 조사하는 정부조사위원회에서 처음 의장직을 맡았어요. 굉장히 즐겁게 일했어요. 정부가 특수교육에 재정적인 지원을 하려면 누구든 교육을 받을 권리가 있다는 생각이 기저에 깔려 있어야 하거든요. 다시 말하면 정부가 이 사람들을 위해서 돈을 지불할 필요가 있다는 뜻이에요.

다음으로 의장을 맡았던 두 번째 조사위원회는 조사 분야가 전혀 달랐어요. 인공 수정과 배아 분야였는데 첫 출근을 할 때만 해도 해당 분야에 대해 아는 바가 별로 없었어요. 상당히 즐겁게 일했지만 첫 번째 조사위원회에서 일할 때보다 걱정이 더 많았어요.

첫 번째의 경우 장애 아동의 발전이라는 원하는 바가 분명했어요. 두 번째는 뭘 원하는지 뭔지 모르겠더라고요. 새로운 기술이 어떤 결과를 가져올지 아무도 몰랐고 그렇기 때문에 결과 예측에 힘썼어요. 훨씬 힘들 수밖에 없었죠.

나이절 윤리위원회의 경우 대개 종교인들이 구성원으로 선임되더라고요. 이런 사람들은 타협이 불가한 자기만의 신조가 있을 텐데, 메리 씨는 이런 사람들을 어떻게 대하셨을지 궁금해요. 철학은 이성과 증거로 말하기 때문에 막무가내식인 태도를 싫어하는 편이잖아요.

메리 가장 중요한 점인데, 철학을 공부하면 독단적인 태도를 경계하게 돼요. 특히 입법으로 이어질 사안의 경우 독단적인 태도는 더더욱

받아들일 수 없어요. 철학자들이라면 법안을 아주 교양 있게 따질 수 있는 사람들이죠. 만약 상원이 철학자로만 구성되어 있다면 저는 불평하지 않았을지도 몰라요. 상원은 법안을 검토하고 평가하는 곳이잖아요.

하지만 철학자들은 전문 지식이 부족해요. 다른 전문 분야에 기생해서 살아가는 게 철학이라고 말할지도 모르죠. 그렇게 생각할지라도 의사나 변호사, 엔지니어, 환경에 대해 잘 아는 사람들이 입법 활동을 할 때 철학자가 곁에 있으면 아주 도움이 돼요.

나이절 방금 전에 종교에 대해서 질문드렸는데 다시 한번 질문드리고 싶어요. 어떤 영역에서는 종교가 권위와 윤리를 대신하기도 하더라고요.

메리 종교의 역할을 설명하기는 어렵지만, 종교가 필요하다는 점을 부인하고 싶지는 않아요. 누군가 저를 두고 무신론자라고 말할 수 있겠지만 정확한 표현은 아니에요. 저는 종교의식과 예법을 좋아하고 종교적인 감사와 겸손, 후회를 표현할 수 있다고 생각하거든요.

문제는, 어떤 사람들에게는 종교의식과 예법이 불편하게 느껴질 수 있다는 거예요. 그래서 법보다 특정 교리를 앞세우는 건 적어도 제가 보기에는 완전히 잘못됐어요. 이 점을 얘기할 때면 감정이 격해져요.

안락사와 조력자살(의료진에게 도움을 받아 스스로 목숨을 끊는 행위—옮긴이)과 관련된 법을 제정하는 데 노력을 많이 했어요. 이런 법에 반대하는 사람들은 생명은 신이 준 선물이라고 주장하지만 다른 사람의 입장은 고려하지 않은 주장이에요. 모두가 그렇게 생각하지는 않으니까요.

종교가 있는 사람이 아무리 훌륭하고 이치에 맞는 도덕관을 가졌어도, 도덕 문제를 다루는 법을 제정할 때는 설득력 있고 확실한 근거를 제공하지 못하는 경우가 많아요.

나이절 철학자들은 주장의 타당성에 대해 이성을 바탕으로 분석하잖아요. 이런 전문성이 철학자들에게 정말 있을까요? 교수님의 생각이 궁금해요. 가령, 도덕 전문가가 있을까요?

메리 도덕 전문가 같은 건 없다고 생각해요. 다만 남들에 비해 도덕 문제를 다루는 데 익숙한 사람이 있을 거예요. 철학과는 무관하지만요. 의사나 정신과의사, 사회복지사들이 도덕 문제에 익숙한 사람들이고, 그런 점에서 도덕 전문가라고 볼 수 있을지도 모르겠네요.

저는 예나 지금이나 도덕 문제를 논의할 때는 철학자들이 필요하다고 생각해요. 철학자들은 문제를 명확하게 구분할 줄 아니까요.

공공정책은 나만의 도덕적 결정을 내릴 때와는 달라요. 해당 정책을 통과시켰을 때 어떤 결과가 일어날지 생각해야 하는데 이때 내 반응이 곧 결과라고 생각해서는 안 돼요. 저는 역겨움을 느끼는 감정과 진정한 양심은 서로 다르다고 생각해요. 이런 식의 구분이 정말 중요해요.

나이절 철학자를 상아탑(현실을 떠나 정적인 학구 태도를 이르는 말-옮긴이)에 비유하기도 해요. 사실상 계란도 삶을 줄 모르고 현실적으로 할 줄 아는 게 하나도 없는 사람으로요. 이런 사람들을 이론 정립이 아닌 삶과 죽음을 결정짓는 공적 영역에 투입시키는 건 위험하지 않나요?

메리 철학이 엄청나게 변했다고 생각해요. 확실히 제2차 세계대전이 끝난 전후 시대 이후로요. 이 시대에 저는 철학을 읽고 철학을 가르치러 다녔는데 이때만 해도 상아탑과 같은, 구름 속을 걷는 철학자들이 많았어요. 모두 그랬죠. 현실 문제를 생각하는 건 철학이 할 일이 아니라고 생각했어요.

하지만 오래전에 많은 것들이 급격하게 달라졌어요. 베트남전쟁이 변화를 촉발했다고 봐요. 이때 강제징병에 반발하는 대규모 학생시위가 있었거든요. 학생들은 징병을 피하고 싶어 했고 철학과를 포함한 다른 과 교수들에게 병역기피를 정당화해 달라고 도움을 요청했어요. 철학사에서 손에 꼽힐 정도로 중요한 전환점이었어요.

이후로 철학자들은 정치문제에도 의견을 내놓을 수밖에 없었어요. 커다란 변화였죠.

나이절 그런데 영국 대학들은 한때 철학을 전문화시키려는 일종의 이상한 시도를 했어요. 범위가 한정된 학술지에 상호 심사를 거친 논문을 잇달아 게재하라고 줄기차게 요구했거든요. 대학에 고용된 사람들이 사회 공공문제에 관여하지 않도록 일부러 그러지 않았나 싶어요. 교수님도 저와 같은 생각이신지 궁금해요.

메리 제가 걱정하는 부분인데요. 정말 안타까워요. 미국식 철학이기도 하고, 정부 부처와 재정 지원을 담당하는 정부 기관이 학자들을 평가하는 끔찍한 방식이기도 하죠. 논문 게재는 필수가 됐어요. 가르치기만 해서는 안 된다는 말이에요. 게다가 논문도 미국식으로 발표해야 해요. 비평가가 필요하고 동료를 언급해야 하며 같은 분야의 전문가들을 끊임없이 소환해야 하죠. 그렇지 않으면 전문학술지에 논문을 게재할 수 없어요.

저는 이런 일들이 철학을 무의미하게 만든다고 생각해요. 저를 철학자로 부르신다면, 제가 더 이상 학자적인 의미의 철학자가 아니라는 뜻으로 받아들일게요. 저는 철학을 가르치는 게 정말 좋고 이 일만큼 멋진 일도 없어요. 이제는 아무도 관심을 갖지 않지만요.

적어도 참고문헌을 찾아 줄 연구 보조가 6명은 있어야 상호 심사 논문을 쓸 수 있는데, 저는 그러고 싶지 않아요. 그래서 저는 철학을 이제 대학 강의실보다는 학교 교실에서 가르치는 게 더 낫다고 생각해요.

감사의 말

1978년 BBC는 〈생각하는 사람들*Men of Ideas*〉이라는 TV 시리즈를 방영했다. 철학자 브라이언 매기Bryan Magee가 진행을 맡아 그 당시 저명한 철학자들을 인터뷰했다. 마치 남자들만 생각이란 걸 하는 것처럼, 당시 해당 시리즈에 출연한 여성 철학자는 아이리스 머독Iris Murdoch뿐이었다.

40년이 흐른 뒤 세상은 좋아졌고 기념할 만한 일도 많아졌다. 하지만 영국 고등교육 통계청이 2018년에 진행한 설문조사에 따르면, 영국에 있는 대학교 전체에서 여성 철학 교수는 고작 29.7퍼센트에 불과했다. 과학, 기술, 공학을 뺀 다른 학과와 비교해 여성의 비율이 현저히 낮은 것이었다. 미국의 경우, 국립교육통계센터에서 발간한 2011년판 데이터를 보면 전체 철학자 중 여성이 차지하는 비율은 21퍼센트뿐이었다. 인종과 민족을 고려하면 그 수가 훨씬 더 적다. 갈 길이 멀다.

이 책은 철학자 나이절 워버턴과 데이비드 에드먼즈가 〈철학 한입〉이라는 팟캐스트를 운영하면서 진행한 인터뷰를 모아 엮은 인터뷰 모음집이다. 〈철학 한입〉은 엄청난 인기를 누리며 4천만 이상의 다운로

드 수를 기록했으며, 옥스퍼드대학교 출판사를 통해 『철학 한입』, 『철학 한입 더』, 『다시 철학 한입*Philosophy Bites Again*』이라는 총 3권의 시리즈 책이 발간되었다. 나이절과 데이비드, 그리고 인터뷰의 주인공인 여성 철학자들과 함께 이 책을 만들 수 있어서 영광이었다. 그 기회를 준 나이절과 데이비드, 그리고 옥스퍼드대학교 출판사 피터 몸칠로프Peter Momtchiloff에게 감사의 말을 전하며, 적극적으로 돕고 협조해 준 여성 철학자들에게도 감사드린다.

팟캐스트 〈철학 한입〉에서 영향력 있는 여성들과 나눈 인터뷰를 찾아보니 거의 100편에 달했다. 하나같이 흥미로운 주제들이었다. 이 중에서 30편 이내로 고르자니 고난에 가까웠다. 안타깝게도 모든 것을 고려할 수는 없었다. 이런 의미에서 이 책이 여성 철학자들 모두의 의견과 생각을 담고 있다고 생각해서는 안 된다.

인터뷰를 살펴보기 전에 여성 철학자로 산다는 게 어떤 건지 각 철학자들에게 물어보았고 다양한 답변을 들을 수 있었다. 여성의 범주가 특히 다양하다는 점을 생각하면 놀랄 일은 아니었다. 가령, 이 책의 첫 번째 인터뷰인 아미아 스리니바산 씨와 '여자란 누구인가'를 주제로 진행한 인터뷰를 보면, 교차성에 대한 이야기가 나오고 성을 다시 생각해 볼 필요성에 대해 언급한다. 이 책을 읽다 보면 알겠지만 사람들의 생각과 경험은 각기 다르다. 다양한 질문에 다채로운 답변을 내놓으며 기쁨과 신남, 혼란 등 보이는 반응도 각양각색이다. 이 책을 통해 접하게 될 여러 다양한 생각들이 독자들에게 자극제가 되기를 바란다.

오디오로 녹음된 음성 인터뷰다 보니, 인터뷰를 글의 형식에 맞게 편집했다. 이 책에 실린, 아쉬위니 바산타쿠마르의 인터뷰는 원래 팟캐스트 〈철학247*Philosophy 247*〉을 위해 진행된 거였고, 마사 C. 누스바움,

앤 필립스와 나눈 각각의 인터뷰는 영국의 방송통신대학교가 운영하는 팟캐스트 시리즈 〈다문화주의 한입*Multiculturalism Bites*〉을 위해 녹음된 것이었다. 미란다 프리커 인터뷰는 같은 대학이 운영하는 또 다른 팟캐스트 〈윤리학 한입*Ethics Bites*〉을 위해 진행된 것이었다. 해당 인터뷰를 실을 수 있도록 허락해 주셔서 감사드린다. 그리고 런던대학교 철학연구소와 옥스퍼드대학교 우에히로 실천윤리학센터를 위해 진행된 인터뷰도 포함하고 있는데 마찬가지 이유로 감사드린다.

또한 공부에 있어서 제 어머니이자 조언자이며 진정으로 멋진 철학자이자 한 여성인 M에게 이 책을 바치고 싶다. 영국여성철학학회의 회원들과 함께 일할 수 있어서 또 그분들에게 응원을 받아서 영광이었다. 특히 모든 면에서 멘토 역할을 해주신 J에게 깊이 감사드린다. 감사하게도 철학자로 일하고 공부하며 훌륭한 여성 교수님과 동료, 친구들을 만날 수 있었다. 나의 롤 모델인 이분들 덕분에 용기를 내서 철학자로서 한 개인으로서 나의 길을 닦아 나갈 수 있었다고 생각한다. 이분들이 내 인생에 미친 커다란 영향을 생각하면 앞으로도 계속 감사드릴 수밖에 없다. 끝으로, 나의 엄마 수전 핀Susan Finn, 그리고 아빠 로렌스 핀Laurence Finn에게 큰 소리로 감사의 말씀을 드린다. 아, 빼놓을 수 없는 내 동생 레이첼 핀Rachel Finn, 고맙다. 모두 사랑합니다.

생각을 멈추지 않는 과거의, 현재의, 그리고 미래의 우리 여성분들 모두 고맙습니다.

수키 핀

필로소피 유니버스

1판 1쇄 인쇄 2022년 3월 17일
1판 1쇄 발행 2022년 3월 24일

지은이 수키 핀
옮긴이 전혜란

발행인 양원석 **편집장** 정효진 **책임편집** 문예지
디자인 남미현, 김미선 **영업마케팅** 양정길, 윤송, 김지현, 김보미

펴낸 곳 ㈜알에이치코리아
주소 서울시 금천구 가산디지털2로 53, 20층(가산동, 한라시그마밸리)
편집문의 02-6443-8843 **도서문의** 02-6443-8800
홈페이지 http://rhk.co.kr
등록 2004년 1월 15일 제2-3726호

ISBN 978-89-255-7853-8 (03100)

※ 이 책은 ㈜알에이치코리아가 저작권자와의 계약에 따라 발행한 것이므로
본사의 서면 허락 없이는 어떠한 형태나 수단으로도 이 책의 내용을 이용하지 못합니다.

※ 잘못된 책은 구입하신 서점에서 바꾸어 드립니다.

※ 책값은 뒤표지에 있습니다.